W. Keith Campbell
con Carolyn Crist

Narcisismo
Una nueva mirada

*Comprender y afrontar uno
de los retos psicológicos de nuestro tiempo*

Traducción del inglés de Fernando Mora

editorial Kairós

Título original: THE NEW SCIENCE OF NARCISSISM

© 2022 by W. Keith Campbell, PhD and Carolyn Crist
Traducción publicada por acuerdo exclusivo con Sounds True, Inc.

© de la edición en castellano:
2023 by Editorial Kairós, S.A.
www.editorialkairos.com

© de la traducción del inglés al castellano: Fernando Mora

Revisión: Amelia Padilla

Fotocomposición: Grafime Digital S.L. 08027 Barcelona
Diseño cubierta: Katrien Van Steen
Impresión y encuadernación: Romanyà-Valls. 08786 Capellades

Primera edición: Junio 2023
ISBN: 978-84-1121-140-6
Depósito legal: B 9.121-2023

Para aquellos que, por cualquier razón,
tratan de entender el narcisismo, y para Murphy

Sumario

Prefacio
Por qué es necesario este libro

No hace falta ir demasiado lejos para encontrarnos con el narcisismo. Aparece en los titulares de las noticias referentes a nuestros dirigentes políticos, en los comentarios sobre los *influencers* de las redes sociales y en los debates *online* sobre relaciones manipuladoras entre amigos, familiares, parejas, compañeros de trabajo y organizaciones. El término *narcisista* –definido, por lo general, como la persona que tiene un exagerado interés o admiración por sí misma– genera hasta un millón de búsquedas mensuales en Internet, donde decenas de miles de personas buscan información relacionada con «rasgos narcisistas», «comportamiento narcisista» y «síntomas de narcisismo». También son cientos las personas que desean obtener un conocimiento específico de si están «casados con un narcisista» y cómo «tratar con un narcisista». El *narcisismo* es un término familiar en nuestra época, y queremos saber qué significa en nuestra vida. La buena noticia es que, en el mundo de la investigación, entendemos ahora mucho más sobre el tema que hace veinte, diez e incluso cinco años.

Al mismo tiempo, cuando hablo con la gente sobre el narcisismo y cómo afecta a nuestra vida, percibo que existe una gran brecha entre la forma en que pienso sobre el narcisismo, como alguien que hace investigación científica sobre el tema, y la manera en que el término se utiliza a menudo. El narcisismo es más complejo y está más lleno de matices de lo que supone la gente, y la forma en que nos referimos a él en las conversaciones cotidianas y en las noticias resulta un tanto confusa. El término *narcisismo* significa varias cosas distintas, siendo un rasgo básico de la personalidad que la mayoría de nosotros exhibe en cierta medida, o bien un trastorno de la personalidad en toda regla que es grave, diagnosticable y debe ser tratado. Cuando tenemos definiciones mezcladas como estas, nadie en una conversación sobre el tema sabe exactamente lo que dice su interlocutor, lo cual genera confusión. Mi esperanza es que este libro nos proporcione el conocimiento suficiente para entender el narcisismo en sus múltiples modalidades. Aprenderemos cómo funciona en el mundo y de qué manera se aplica a nuestra vida. Mi objetivo es capacitar al lector para que entienda el narcisismo y se enfrente a él en el mundo actual, utilizando para ello la investigación científica más vanguardista que puedo compartir.

De hecho, nuestras conversaciones sobre el narcisismo se han vuelto más difuminadas y confusas porque la ciencia en torno al narcisismo también se ha vuelto más difuminada y confusa. También es posible hablar de una «nueva ciencia» porque durante la última década se ha disparado la investigación en torno al narcisismo, y los psicólogos de las universidades de Estados Unidos –y del resto del mundo– entienden mucho mejor que antes que es tanto un rasgo de personalidad como un trastorno. El lector merece conocer las últimas ideas en este campo. Para describir la ciencia más reciente sobre el narcisismo, también proporciono algunos antecedentes sobre la ciencia de la personalidad y los trastornos de la personalidad, de modo que, si el lector se pregunta por qué ha tropezado con una charla de «Introducción a la personalidad» al principio, le pido disculpas de antemano.

En este libro, hablaré del narcisismo de diversas maneras, pero, en su mayor parte, no me referiré a él como un trastorno, sino como un rasgo de personalidad, si bien los detalles sobre el trastorno narcisista de la personalidad aparecen en el capítulo 5. Tal vez sorprenda que el comienzo del libro esté tan centrado en la personalidad. Es algo totalmente intencionado; gran parte de lo que sabemos en la actualidad considera que el narcisismo es un rasgo de la personalidad que abarca un espectro, que no es del todo positivo o negativo. En última instancia, creo que debemos estudiar el narcisismo para entenderlo mejor en los demás y en nosotros mismos, así como las razones por las que resulta útil o perjudicial. La gente a veces teme el narcisismo y quiere eliminarlo. Comprendo ese sentimiento, especialmente por parte de las muchas personas que se han visto perjudicadas por él. Pero la realidad es que el narcisismo está aquí, y podemos aceptarlo y trabajar con él (o luchar contra él según sea necesario). Con este libro, el lector podrá aprender todos estos matices y estrategias para lidiar con el narcisismo.

Mi propio interés en el narcisismo muestra algunas de estas complejidades. No crecí queriendo dedicarme a investigar este tema. Quería estudiar el yo y el ego y filosofar sobre quiénes somos y qué es lo que nos motiva. Cuando asistí a la escuela de posgrado, me interesó el pensamiento budista y el «no-yo», o lo que existe más allá de nosotros mismos y del alma. Al crecer en la sociedad occidental, a menudo no se nos enseña a pensar de esta manera, y yo quería aprender más. Sin embargo, en un laboratorio de psicología es difícil estudiar y medir la idea del no-yo. En su lugar, se estudia el ego, y así lo hice. A medida que me adentraba en la investigación, mi interés por el ego iba más allá de la autoestima y la identidad y se desplazaba cada vez más hacia el narcisismo: ¿Qué significa el narcisismo? ¿Cómo lo utiliza la gente? ¿Cuáles son sus efectos sociales?

Llevo más de treinta años estudiando el narcisismo y, como imaginará el lector, la comprensión de esta cuestión ha cambiado drásticamente. Crecí en una época en la que los psicólogos sociales, que tradicionalmente estudiaban el ego y el yo, acostumbraban a ignorar la personalidad. Ahora parece una locura, pero eran los años 80. Los psicólogos sociales solíamos pensar que las personas buscaban la automejora y la autopromoción. Y hasta cierto punto, eso es cierto. Sin embargo, cuando empecé a estudiar el narcisismo, me di cuenta de que no siempre sucede de ese modo. Por lo general, las personas son bastante generosas y amables, sobre todo en el plano individual. Por otro lado, cuando nos encontramos con alguien con tendencias narcisistas, es una mezcla. Como rasgo, no es bueno ni malo, pero, como trastorno, puede ser horrible. Y quería saber más al respecto.

Mientras estudiaba el narcisismo, los acontecimientos actuales empezaron a cambiar nuestra comprensión de este como rasgo y el modo en que se manifiesta en las personas. En primer lugar, mientras realizaba mi investigación posdoctoral con el psicólogo Roy Baumeister, en la Universidad Case Western Reserve, se produjo el tiroteo de Columbine. Mi compañera de posgrado Jean Twenge y yo estudiábamos en ese momento el rechazo social, y nos pusimos a estudiar este caso. Y nos dimos cuenta de que, vaya, aquellos tiradores utilizaban un lenguaje narcisista. Querían que se hiciera una película sobre ellos, y más que eso, querían que Steven Spielberg la dirigiera. Ese acontecimiento nos llevó a relacionar el narcisismo con la agresión grupal.

Años después, las redes sociales se apoderaron de nuestras vidas. Recuerdo encontrarme en el laboratorio con mi estudiante Laura Buffardi mientras me enseñaba Facebook en el ordenador de sobremesa. Sabía que era el mayor cambio cultural que había visto jamás (Facebook ha eclipsado a Woodstock, por ejemplo), y que estaba profundamente ligado al narcisismo. Le dije a Laura que buscara la forma de estudiarlo, y ella elaboró un maravilloso estudio inicial sobre Facebook que publicamos en el año 2008, en el que se mostraba que el narcisismo no solo predecía mayores niveles de actividad social en esa página, sino que también estaba relacionado con la publicación de más contenidos de autopromoción.

Después de eso, la gente se interesó por el cambio cultural, que Jean y yo llevábamos años estudiando de diversas maneras –desde los cambios en los nombres de los bebés hasta el uso de pronombres–, especialmente en relación con el individualismo. En el año 2009 escribimos un libro titulado *La epidemia del narcisismo*, que recogía el auge temprano de los *smartphones* en la década del 2000, así como los factores financieros, educativos y sociales que influyen en el narcisismo cultural. En general, parecía que nuestra cultura (al menos en Estados Unidos) estaba cambiando hacia una mentalidad más narcisista y centrada en el individuo. El mensaje de YouTube era «Transmítete a ti mismo», y Netflix empezó a crear sugerencias personalizadas solo para nosotros. Parecía que las generaciones más jóvenes estaban cambiando hacia perspectivas y actitudes más narcisistas (aunque ahora, como explicaré más adelante, eso está empezando a cambiar).

Durante estos treinta años, sobre todo durante la última década, la ciencia sobre el narcisismo ha progresado a gran velocidad. Cuando comencé, teníamos una escala básica, denominada Inventario de personalidad narcisista, que medía los rasgos narcisistas. Funcionaba bastante bien para un determinado aspecto del narcisismo, pero obviaba por completo el lado vulnerable del fenómeno y no estaba particularmente bien hecha. A medida que crecía el interés por la investigación del narcisismo, mantuvimos varias disputas académicas, pero, con el tiempo, los psicólogos de la personalidad social como yo empezamos a reunirnos con psicólogos clínicos, psicólogos organizacionales, especialistas en medición y evaluación, y expertos en muchos otros campos, y comenzamos a trabajar en colaboración para entender los matices del narcisismo, tal como es percibido en terapia, así como en la vida cotidiana. Mi propia comprensión del narcisismo se basa ahora en gran medida en el trabajo que he realizado con mi colega Josh Miller y su laboratorio en la Universidad de Georgia. Hablaré de esos nuevos hallazgos a lo largo de este libro y de lo que significan en relación con el modo en que opera en muchas facetas de nuestra vida.

Como veremos, el libro se inicia con una conversación sobre la personalidad, los rasgos de personalidad y la receta que compone el narcisismo. Por supuesto, podemos leer los capítulos como deseemos, pero me parece importante conocer los aspectos fundamentales del narcisismo para estar en condiciones de percibir cómo funciona en los capítulos de la «vida real» que siguen acerca del liderazgo, los medios sociales y las relaciones. Una vez que conozcamos los ingredientes, podremos tratar de cambiar nuestras propias tendencias o ayudar a otras personas en nuestra vida. Conocer la receta del narcisismo también nos ayudará a mantenernos al día con las futuras investigaciones que se presenten en la esfera pública.

Además, en los últimos años, los psicólogos investigadores de la personalidad y de las áreas clínicas han llegado por fin a un acuerdo sobre los ingredientes básicos de la personalidad narcisista. Antes de eso, discutíamos sobre qué era, cómo mensurarla y qué hacer al respecto. Resulta que ambos grupos teníamos razón a nuestra manera, y ahora ese conocimiento se ha integrado dando lugar a una visión cohesiva del narcisismo. Esto nos prepara para un gran debate durante los próximos veinte años. He escrito este libro para invitar a todas las personas interesadas a formar parte de ese debate.

Pero no deseaba que ese debate terminase yéndose por las ramas y se dividiera en demasiadas derivaciones. Por eso, al final de la mayoría de los capítulos, encontraremos dos secciones extra tituladas «Entre bastidores» y «Una visión más profunda». Si es usted un intelectual como yo, apreciará los detalles más sutiles que hay detrás de los conceptos científicos, mientras que la sección «Una visión más profunda» le permitirá profundizar en la investigación. Del mismo modo, la sección «Entre bastidores» ofrece un vistazo más profundo a mis propias ideas sobre algunas de las investigaciones existentes, incluidos los estudios que he realizado con estudiantes y colegas, así como algunas de las discusiones y debates que tienen lugar en el mundo de la investigación psicológica actual.

Antes de que nos sumerjamos en la lectura, desearía subrayar un punto importante: el objetivo de este libro no es insistir en el horror del narcisismo, especialmente en su vertiente extrema, la forma patológica, su modalidad más negativa. El objetivo es entender el narcisismo en sí mismo, lo cual significa tomar perspectiva y verlo desde una distancia psicológica. Para ello, me sirvo de metáforas y de mucho humor. Esta distancia no pretende despreciar los sentimientos intensos o las experiencias personales, sino que se trata de proporcionar un poco de espacio psicológico para dar sentido a las cosas y seguir avanzando.

En última instancia, espero que el lector salga de este debate con más conocimiento y poder en torno al narcisismo en nuestra vida. En una reciente investigación, hablé con varios amigos sobre el narcisismo en la vida de sus clientes, en la política de varios países, en las salas de juntas, en los quirófanos y en las plataformas emergentes de las redes sociales. A medida que la conversación y la comprensión sigan creciendo en nuestra sociedad, podremos identificar mejor dónde funciona el narcisismo y dónde no, y qué podemos hacer al respecto. Percibo esperanza y positividad para la próxima generación, y es mi deseo que el lector también participe de esa percepción.

W. KEITH CAMPBELL
Athens, Georgia
Enero 2020

I
Definir el narcisismo en la actualidad

1. Definir el narcisismo

El narcisismo abarca desde acciones cotidianas hasta comportamientos más extremos. Quiero empezar expresamente con un ejemplo extremo que nos resulta familiar a todos: un tiroteo indiscriminado impulsado por el narcisismo. Es un caso extremo y desgarrador, pero proporciona un punto de partida general para abordar los elementos del narcisismo que impulsan ciertos comportamientos. Este ejemplo es similar al tiroteo de Columbine, ocurrido en el año 1999, que incorporé en mi investigación sobre el rechazo social, pero es una ilustración más reciente que se inserta en el contexto cultural actual de los medios de comunicación social. Aunque este caso es extremo y patológico, todos podemos sentirnos rechazados. Y algunos de estos sentimientos de tener derecho a determinadas cosas pueden resultar familiares en pequeñas dosis en uno mismo o en amigos.

Nuestro ejemplo se centra en Elliot Rodger, el hijo de veintidós años de un director de cine de Hollywood que, en mayo del año 2014, asesinó a seis estudiantes e hirió a otros catorce en la ciudad universitaria de Isla Vista, California. Cerca del campus de la Universidad de California, en Santa Bárbara, Rodger apuñaló a tres hombres –sus dos compañeros de piso y un amigo de estos– en su apartamento y, tres horas después, condujo hasta la casa de la hermandad Alpha Phi y, en el exterior, disparó a tres mujeres. A continuación, pasó por delante de una tienda de *delicatessen* y disparó a un estudiante, y luego cruzó a toda velocidad la pequeña ciudad, disparando e hiriendo a varios peatones y atropellando a otros tantos con su coche. Durante la persecución, Rodger intercambió disparos con la policía en dos ocasiones y recibió un disparo no mortal en la cadera. Al final, estrelló su coche contra un vehículo aparcado. La policía lo encontró muerto en el coche, él mismo se había disparado en la cabeza.

Las autoridades encontraron más tarde un vídeo que había subido a YouTube, titulado «Elliot Rodger's Retribution», en el que se describía el ataque y sus motivos. En el vídeo, Rodger decía que quería castigar a las mujeres por haberle rechazado, así como a los hombres que conseguían ligar con mujeres. También envió por correo electrónico un manuscrito, titulado «My Twisted World: The Story of Elliot Rodger», a dos docenas de personas, entre ellas su terapeuta y algunos miembros de su familia. Lo que se conoce como su «manifiesto» detalla su infancia relativamente acomodada, los conflictos familiares, el odio a las mujeres, el desprecio a las parejas, la frustración por su virginidad y sus planes de venganza. En la sección final del documento, Rodger afirma: «Yo soy la verdadera víctima en todo esto. Yo soy el bueno».[1]

El caso de Rodger apareció en los principales medios de comunicación como un ejemplo extremo de narcisismo con un desenlace trágico, y se pidió a los psicólogos que comentaran sus fantasías grandilocuentes, sus motivaciones retorcidas y sus delirios continuos en YouTube, que podrían haber indicado un trastorno diagnosticable. Utilizaremos este ejemplo para explicar qué es el narcisismo, cómo motivó las acciones de Rodger y cómo se manifiesta en nuestra sociedad. En primer lugar, definamos el narcisismo, y luego desgranaremos el caso a lo largo del capítulo con el fin de entender mejor los detalles.

Abordar el debate sobre el narcisismo

Aunque el *narcisismo* se ha convertido en un término enormemente popular, a menudo no tenemos una idea clara de lo que significa. ¿Se trata de ser arrogante o vanidoso? ¿Se trata de ser un idiota? ¿Se trata de manipulación? ¿Se trata de inseguridad? ¿Es un rasgo normal, un trastorno psiquiátrico o bien algo intermedio? La verdad es que, si bien la respuesta a todas estas preguntas es «sí», también es un poco más sutil que todo eso. El narcisismo posee matices y se sitúa en un tipo de espectro. Por ejemplo, los siguientes tres individuos demuestran diferentes tipos de rasgos y comportamientos narcisistas:

- Nuestra bloguera favorita habla de la gente de alto *standing* que conoce y de los lugares elegantes a los que va. No deja de mencionar diferentes nombres, y tenemos la sensación de que se considera superior a la mayoría de la gente. Es una experta en desviar las conversaciones hacia ella misma y sus experiencias, sin importar el tema. Sin embargo, también resulta encantadora y divertida, lo que la hace simpática a pesar de su egocentrismo. Creo que podríamos ser amigos.
- Un conocido nuestro es tímido e inseguro. Parece deprimido, pero al mismo tiempo está un poco pagado de sí mismo. Quiere que todo se haga a su manera, no muestra

demasiada compasión por los demás y se queja de que la gente no se percata de lo inteligente que es. Hemos hablado con él sobre su depresión, pero es incapaz de asumir su responsabilidad. Para él, todos sus problemas son el resultado del trato injusto que el mundo le dedica. Si el mundo reconociera su brillantez, todo iría bien.

• Nuestro compañero de trabajo utiliza su cuenta de Twitter para presumir de sus logros laborales, aunque nosotros no los consideremos tan importantes como él. Menosprecia a sus compañeros de trabajo y es incapaz de mostrar gratitud a quienes le ayudan en sus proyectos. Espera un trato especial y, cuando no lo consigue, es mezquino y vengativo. Algunos le llaman «espinoso» porque es muy sensible a las críticas. A pesar de todos estos defectos, al jefe le gusta. Él lo ve como una persona ambiciosa, aunque los demás lo vemos más como un adulador.

Estas tres personas parecen diferentes, pero cada una de ellas muestra rasgos narcisistas. La primera es extravertida y encantadora, la segunda es insegura y está deprimida, mientras que la tercera es una combinación de las dos anteriores, es decir, arrogante pero también a la defensiva.

En esencia, el narcisismo consiste en darse importancia uno mismo, el antagonismo y la sensación de que se tiene derecho a algo. Los narcisistas creen que son más importantes que otras personas y que merecen ser tratados de esa manera. Aunque cada uno de estos tres individuos comparte la esencia egoísta del narcisismo, también difieren en aspectos importantes que la ciencia del narcisismo está empezando a revelar.

El primer individuo es lo que llamamos un *narcisista gran-dilocuente*. Se trata de individuos ambiciosos, motivados y seductores. Tienen una elevada autoestima y, por lo general, se sienten bien consigo mismos. Estos son los narcisistas que veremos más a menudo en nuestra vida: trabajamos para ellos, salimos con ellos y nos entretienen. A menudo nos sentimos atraídos por su audacia, pero también nos repele su egocentris-mo y su falta de empatía. Muchos personajes de ficción son narcisistas grandilocuentes, como Tony Stark en *Iron Man*, Gil-deroy Lockhart en las películas de *Harry Potter*, Gastón en *La bella y la bestia* y Miranda Priestly en *El diablo viste de Prada*. Estos personajes oscilan desde el humor, como Ron Burgundy en *Anchorman*, hasta la maldad, como el personaje de Nicole Kidman en *Todo por un sueño*. Históricamente, muchas etique-tas describen a los narcisistas grandilocuentes, entre las que se incluyen las de *abierto*, *exhibicionista* y *especial*. Es posible que pensemos en este primer ejemplo con mayor frecuencia a medida que avancemos en el libro.

Por otro lado, también podemos empezar a pensar en el segundo ejemplo, la persona que se considera *narcisista vul-nerable*. Estas personas son introvertidas, depresivas y se sien-ten fácilmente heridas por las críticas. Dicen tener una baja autoestima, pero, a pesar de ello, se consideran merecedores de un trato especial. Los narcisistas vulnerables resultan más difíciles de identificar en la vida, tanto que los psicólogos sue-len llamarlos narcisistas «ocultos». El narcisismo vulnerable también es más difícil de identificar en la ficción. Woody Allen interpreta a un narcisista vulnerable en muchas de sus pelícu-las –neurótico y ensimismado–, siendo Alvy Singer en *Annie*

Hall un buen ejemplo de ello. Otro personaje dotado de estas cualidades es George Costanza en *Seinfeld*. Las etiquetas para los narcisistas vulnerables incluyen *encubierto*, *cerrado* y *vergonzoso*. La tabla 1.1 enumera los términos que se han utilizado históricamente para identificar a los narcisistas grandiosos y los vulnerables. De este modo, empezaremos a entender a estos narcisistas y qué es lo que los motiva.

Tabla 1.1. Etiquetas históricas de narcisismo

NARCISISTA GRANDIOSO	NARCISISTA VULNERABLE
Manipulador	Ansioso
Abierto	Encubierto
Niño mimado y maleducado	Niño mimado e infantilizado
Insensible	Insensible
Olvidadizo	Hipervigilante
Exageradamente grandioso	Vulnerabilidad manifiesta
Exhibicionista	Encerrado
Niño especial	Niño vergonzoso
Arrogante	Tímido
Carente de principios	Compensatorio

El individuo del tercer ejemplo es una combinación de los dos tipos anteriores de narcisismo. Posee las cualidades extravertidas y ambiciosas del narcisismo grandioso, así como las cualidades más defensivas del narcisismo vulnerable. Y sí, para hacer las cosas más confusas, algunos individuos pueden ser tanto grandiosos como vulnerables y vivir en la «zona intermedia» entre ambos tipos. El expresidente estadounidense Richard Nixon es un buen ejemplo de grandiosidad y vulnerabilidad combinadas. Otra figura más reciente que parece tener tanto una alta grandiosidad como una alta vulnerabilidad, al menos en su imagen pública, es el rapero e icono de la cultura pop Kanye West, que es conocido por tener una elevada opinión de su propio trabajo, pero que no acepta las críticas demasiado bien. Aunque técnicamente no definimos los tipos de narcisismo en un espectro, puede ser útil concebirlo de ese modo. Tal vez percibamos un poco de grandiosidad o de vulnerabilidad en nosotros mismos; en general, la mayoría mostramos cierta dosis de narcisismo, pudiendo manifestarse de diferentes maneras, tanto positivas como negativas.

¿Uno u otro? Narcisismo grandioso versus narcisismo vulnerable

Hasta hace poco, muchos psicólogos no separaban estos términos y normalmente investigaban la modalidad de narcisismo grandioso, por lo que los primeros estudios sobre el narcisismo se centraban en sus cualidades extravertidas y arrogantes. Al mismo tiempo, los psicoterapeutas atendían a pacientes que mostraban más la modalidad vulnerable del narcisismo. Como podemos imaginar, la mayoría de las personas acuden a psicoterapia cuando se sienten mal –ansiosos o deprimidos– o tienen problemas sociales. Y no solo mal, sino lo suficientemente mal como para buscar tratamiento psicológico, a pesar de sus costes y de su potencial estigmatización. La psicoterapia no suele ser el plan A en la vida.

Debido a esto, los psicoterapeutas no solían ver a los narcisistas grandiosos, quienes no creen necesitar ayuda. Los narcisistas grandiosos no tienden a tener problemas sociales, ni a sentirse deprimidos por sus circunstancias, ni a percibir en sí mismos conductas angustiosas que necesiten abordar mediante la terapia. De hecho, a menudo se sienten llenos de autoestima y son socialmente exitosos. Algunos narcisistas grandiosos buscan tratamiento para problemas ajenos a la depresión y la ansiedad, como el consumo de sustancias o la terapia relacional, pero aun así no con tanta frecuencia como los narcisistas vulnerables. La consecuencia de este sesgo es que los narcisistas que se someten a tratamiento muestran más vulnerabilidad que el narcisista grandioso medio. Y puesto que se anima a las personas a expresarse o a «abrirse» en terapia, los narcisistas grandiosos que acuden a tratamiento pueden ser más propensos a hablar de sus debilidades personales en terapia de lo que lo harían en caso contrario. En esencia, es probable que los terapeutas vean más vulnerabilidad en los narcisistas grandiosos que el mundo exterior, incluso en los estudios que realizamos en los laboratorios de psicología.

Y aquí es donde interviene la nueva ciencia. Cuando los psicólogos y psiquiatras se reunieron en los últimos años para definir y debatir el narcisismo, quisieron incluir las dos caras de lo que los investigadores y los clínicos estaban viendo. Sabíamos que era un problema tener dos formas de narcisismo, y también era extraño que un solo término describiera dos estructuras de personalidad distintas.

Al principio, la distinción grandioso/vulnerable se resolvió asumiendo que los narcisistas grandiosos se sienten vulnerables

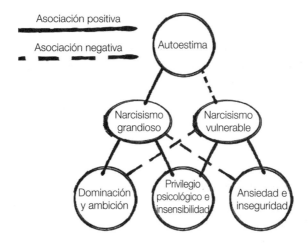

Narcisismo grandioso y vulnerable

en el fondo y que esconden un núcleo vulnerable revestido con una máscara grandiosa, algo que en ocasiones se denomina el «modelo de la máscara» del narcisismo. Bajo esta interpretación, sin embargo, significaría que cuando el presidente Donald Trump va a casa por la noche y se mira en el espejo, ve a Woody Allen mirándole fijamente. Se trata de una idea muy atractiva, pero que, como muchas otras, no se sostiene. Los investigadores (entre los que me incluyo) han intentado identificar esta vulnerabilidad oculta en los narcisistas grandilocuentes con las herramientas disponibles, incluidos los test de asociación de palabras, los test proyectivos, la neuroimagen y el ingeniosamente denominado «falsa canalización» (*bogus pipeline*), que es esencialmente un falso test detector de mentiras. Hay algunos indicios de la vulnerabilidad oculta de los narcisistas grandiosos, pero sigue siendo un poco como el Bigfoot: difícil de localizar y, probablemente, un humano disfrazado de simio. Lo que encontramos es que los narcisistas grandiosos se vuelven reactivos ante las amenazas. Además, no suelen sentirse tristes o deprimidos, sino agresivos y furiosos; y se ensañan con quienes creen que les critican o les tratan injustamente.

A medida que los psicólogos investigadores y los terapeutas clínicos fueron construyendo sus teorías, descubrimos que cada grupo tenía razón a su manera, por lo que desarrollamos un modelo cohesivo que combina todo y aporta un sólido fundamento para el debate. Este nuevo modelo, llamado «modelo trifurcado del narcisismo», conecta el narcisismo grandioso y el vulnerable como dos rasgos relacionados pero independientes. Ambos comparten un núcleo de desagrado, autoimportancia y privilegio psicológico, pero difieren mucho en los rasgos adicionales que mezclan con ese núcleo. En el narcisismo grandioso, se observa confianza, audacia y autoestima; en cambio, en el narcisismo vulnerable, se observa escasa confianza, ansiedad y baja autoestima.

Volviendo a la historia de Elliot Rodger, es posible identificar en ella ciertos elementos de narcisismo vulnerable. Sintió el rechazo social y escribió un manifiesto acerca de sus frustraciones y lo que creía merecer. También se observan aspectos de narcisismo grandioso y de privilegio psicológico, ligados en cierto modo a su educación privilegiada y a su origen acomodado. A lo largo del libro, proporciono ejemplos de ambas formas de narcisismo para que el lector vea cómo el nuevo modelo ha cambiado nuestra comprensión. A medida que aclaramos y unimos ambos conceptos de narcisismo grandioso y narcisismo vulnerable, vemos un incremento importante en la comprensión del funcionamiento del narcisismo en su conjunto, desde la violencia hasta los selfis. Esta nueva comprensión debería contribuir a cambiar el debate cultural sobre el funcionamiento del narcisismo en nuestra sociedad.

¿Cómo empezaron los psicólogos a estudiar el narcisismo?

Dado que el narcisismo suele considerarse un trastorno de la personalidad o un rasgo de la personalidad (y ahora sabemos que está relacionado con ambos), quiero dedicar unos momentos a explicar brevemente cómo los psicólogos empezaron a dar sentido a los mundos superpuestos de la personalidad y los trastornos de la personalidad. Esto sentará las bases para nuestra comprensión del narcisismo y el modo en que se manifiesta en nuestra vida.

En esencia, los psicólogos de la personalidad observan el mundo de unas cuantas maneras generales que han influido mucho en la forma en que nos referimos a la personalidad y a los trastornos de la personalidad en las conversaciones cotidianas. Uno de los modelos más amplios y «anticuados» para pensar en la personalidad es el *modelo psicodinámico*, que estudia las fuerzas psicológicas que subyacen a la conducta humana, especialmente el consciente y el inconsciente. Sigmund Freud, conocido por ser el fundador del psicoanálisis, habló de este modelo y de las principales pulsiones psicológicas de sexo, agresión y búsqueda de placer. Según el modelo freudiano, la energía sexual y las experiencias de la primera infancia –a menudo influidas por los padres– son las que conforman el ego y la personalidad. Los investigadores posteriores, como el célebre psiquiatra Carl Jung, ampliaron las ideas de Freud al hablar de las formas en que se representan las relaciones entre nuestro inconsciente y el inconsciente colectivo. Con este modelo psicodinámico, se podría decir que el narcisismo y los rasgos narcisistas provienen de nuestras primeras experiencias en la vida. Aunque los psicólogos que se dedican a la investigación ya no utilizan tanto este modelo, seguimos pensando en Freud y Jung con frecuencia. Numerosas teorías modernas se basan en estas ideas, y algunos clínicos todavía utilizan variantes modernas de los métodos derivados de los modelos psicodinámicos.

Otro modelo amplio y generalizado es el *modelo humanista*, que hace hincapié en la empatía y los aspectos positivos en el comportamiento humano. En este modelo, se afirma que la personalidad se desarrolla a partir de necesidades básicas como alimentación, refugio, amor, autoestima y autorrealización, y, basándose en ello, los psicólogos se centran en el modo óptimo de ayudar a las personas a mejorar su imagen. Es posible que conozcamos la teoría de la jerarquía de necesidades del psicólogo estadounidense Abraham Maslow, la cual señala que, en primer lugar, tenemos que atender nuestras necesidades fisiológicas (como comida, agua y sueño) y, luego, la seguridad, la amistad, la autoestima y la autorrealización. En relación con el narcisismo, se podría hablar de la autoestima y de cómo el narcisista grandioso tiene un alto sentido del yo, o de qué modo el narcisista vulnerable tiene un sentido herido del yo. Este modelo es útil, pero, al igual que los modelos psicodinámicos, los modelos humanistas han sido descartados o asimilados por otras ideas.

En la actualidad, la cultura popular suele utilizar, en los Estados Unidos, lo que yo denomino el «modelo psicológico estándar», una mezcla de psicodinámica y humanismo moderados, para explicar la personalidad. Básicamente, las personas consideran que sus problemas se basan en la infancia, pero también creen en la posibilidad de una mayor realización a través de la superación personal. Y, aunque no todo el mundo cree esto, es bastante común en la cultura occidental. Pensemos en los problemas a los que se enfrentan los personajes de la televisión: suelen tener su origen en conflictos de la infancia y se resuelven mediante la confrontación con verdades duras. Esto lleva a un camino de crecimiento trascendente y a una vida mejor llena de más amor, autenticidad y alegría, lo que es paralelo al «viaje del héroe» que los escritores suelen utilizar. Por decirlo de otro modo, estas tramas rara vez giran en torno a personajes que se dan cuenta de que sus síntomas depresivos o sus problemas de ansiedad son en buena medida de origen genético y bioquímico, que piden a sus padres historiales familiares detallados de enfermedades mentales y modifican luego su psicobiología mediante una combinación de intervenciones dietéticas, físicas, sociales, cognitivas y farmacológicas. A pesar de que este proceso funciona, no se presta a un emocionante drama televisivo.

Sin embargo, este último ejemplo se alinea con el pensamiento clínico en los estudios actuales de psicología de la personalidad y áreas afines. Las áreas clínicas, como la medicina y la psicología clínica, utilizan el *modelo biopsicosocial*, que afirma que biología, personalidad y dinámica social están conectadas entre sí. Por eso, si nuestro amigo nos confiesa: «Necesito medicarme. Mis hijos me están volviendo loco y odio mi trabajo», asentimos con comprensión. La personalidad, al igual que el narcisismo, emerge a partir de la biología, la psicología y la sociedad.

Dado que la mayoría de modelos se construyen para las necesidades humanas, tienden a centrarse en el tratamiento de la enfermedad más que en el aumento del potencial. Por eso, primero se estudiaron los trastornos de la personalidad más que las fortalezas de esta, y también por eso tendemos a concebir el narcisismo como su forma más negativa, el trastorno narcisista de la personalidad que trataremos en el capítulo 5. El estamento médico quiere comprobar qué riesgos presenta la personalidad para los seres humanos. Con este objetivo, desarrollan líneas divisorias para definir los extremos, los clasifican como trastornos y luego tratan a los pacientes para que vuelvan a los «niveles normales», o los aíslan de la población en las cárceles. Estos mismos sesgos se aplican al trabajo sobre el narcisismo y, en realidad, a toda la salud mental. El *Manual diagnóstico y estadístico de los trastornos mentales*, o *DSM*, formalizó en el año 1982 un diagnóstico de trastorno narcisista de la personalidad, junto con el resto de la selección original de trastornos de la personalidad. Este interés clínico en el narcisismo como trastorno de la personalidad fue anterior al interés de la investigación en el narcisismo como rasgo, que es en lo que nos centramos en este momento.

¿Cómo estudian los psicólogos
en el momento actual el narcisismo?

A medida que la ciencia de la personalidad se fue ampliando, los investigadores superaron los modelos generales antes mencionados y pasaron a modelos más centrados en explicar el funcionamiento de la personalidad. Por ejemplo, los modelos de rasgos se centran en la personalidad como parte normal de la naturaleza humana, y las personas pueden oscilar entre los rasgos más altos y los más bajos, lo cual no constituye un problema clínico. A menudo pensamos que la personalidad es una gigantesca red de correlaciones entre rasgos, más formalmente conocida como *red nomológica*, la cual conecta las diferentes variables de la personalidad. Al estudiar el narcisismo, por ejemplo, los investigadores observan la asociación entre este y las puntuaciones en autoestima o ansiedad. Si alguien obtiene una puntuación alta en una determinada escala, también puede tener una puntuación alta en la otra. Esta red nomológica es importante para la ciencia de la personalidad porque es el equivalente a un sistema de navegación. Todos los aspectos de la personalidad deben relacionarse (o no relacionarse) con el resto de aspectos. Si medimos el narcisismo en un grupo concreto y descubrimos que se correlaciona positivamente con la amabilidad y los problemas de memoria (lo que no suele ser el caso), sabemos que algo está mal en nuestras ideas sobre el narcisismo, en la medición o en los datos.

Otro marco utilizado por los investigadores de la personalidad es el *modelo autorregulatorio*, que afirma que la personalidad está relacionada con los objetivos y los logros. En esencia, nuestras personalidades son diferentes porque estamos programados para perseguir objetivos de forma diferente, como ser feliz, iniciar una relación romántica o evitar el daño. Algunas personas, por ejemplo, se preocupan más por las amenazas en su vida. Se centran en cómo las circunstancias pueden ir mal y tratan de evitar los riesgos, lo que puede manifestarse como germofobia, ansiedad social o miedo a los lugares públicos. Otras personas no están en sintonía con estos miedos y pueden comer la comida unos segundos después de que se caiga al suelo, conocer a extraños sin miedo y ver películas de terror. Esto influye en la forma en que las personas se autorregulan o actúan frente a los acontecimientos de su vida, lo cual también puede explicar algunas de las motivaciones que subyacen a las acciones de los narcisistas.

Un tercer modelo de personalidad, denominado *psicología evolutiva*, sostiene que la personalidad evoluciona para hacer frente a los retos comunes del entorno, como la alimentación, el refugio, el apareamiento, la guerra y la dinámica social. Para quienes tienen personalidades temerosas o ansiosas, esto presenta beneficios evolutivos evidentes, puesto que les permite evitar mejor las amenazas. Pensemos en una ocasión en la que hayamos volado en un avión que sufrió grandes turbulencias, o en la que hayamos estado atrapados en un ascensor que se detuvo entre dos plantas. Lo que percibimos en esas situaciones es que la gente empieza a charlar entre sí. En presencia del peligro, tienen el deseo natural de acercarse a otros seres humanos. Como les digo a mis alumnos, los antepasados que, cuando aparecían los leones, huían de la tribu no sobrevivían para reproducirse.

Además del modelo evolutivo, un cuarto modelo sostiene que la personalidad está formada por la *cultura*. A menudo, estos dos modelos de personalidad –evolutivo y cultural– entran en competencia. Las personas son producto de la evolución o de la cultura. En realidad, la cultura y la evolución probablemente trabajan al unísono para moldearnos.

Cada uno de estos cuatro modelos o enfoques es útil para entender el narcisismo, por lo que utilizamos los cuatro a lo largo de este libro. El modelo nomológico de rasgos funciona bien para cuestiones relacionadas con la estructura del narcisismo, como, por ejemplo, «¿Cómo encaja el narcisismo con otros rasgos?». El modelo autorregulatorio es útil para pensar en el modo en que opera el narcisismo, incluyendo preguntas del tipo «¿Cómo consigue alguien mantener una opinión tan elevada de sí mismo?». En cierto nivel, el narcisismo también es adaptativo en un sentido evolutivo. Esto es útil para entender las similitudes del narcisismo en el mundo, sobre todo en lo que respecta al comportamiento de apareamiento.

El narcisismo también está relacionado con la cultura, y como mi colega Jean Twenge y yo documentamos en *La epidemia del narcisismo* hace ya más de una década, ciertas sociedades apoyan el narcisismo más que otras. En China, por ejemplo, existen dos grandes prácticas agrícolas históricas: el cultivo de trigo en el norte y el de arroz en el sur. En comparación, el cultivo de arroz requiere más cooperación entre los agricultores. El agua tiene que fluir de un arrozal a otro de manera sincronizada para que todos se beneficien de ella. El cultivo de trigo requiere menos cooperación. Las puntuaciones de narcisismo siguen el mismo patrón, con un narcisismo más bajo en el sur que cultiva arroz y un narcisismo más alto en el norte que cultiva trigo.

La tabla 1.2 muestra cómo cada uno de estos cuatro modelos considera el narcisismo.

Tabla 1.2. Modelos psicológicos y narcisismo

MODELO	DESCRIPCIÓN	EJEMPLO
Red nomológica o modelo de rasgos	El narcisismo es un rasgo estable que existe en una red junto con otros rasgos	El narcisismo está relacionado con el privilegio psicológico
Modelo de autorregulación	El narcisismo es un rasgo, pero necesita ser mantenido activamente mediante el cumplimiento de objetivos	El narcisismo conduce a la formación de amistades, lo que a su vez propicia la autoestima
Modelo evolutivo	El narcisismo evolucionó para cumplir con ciertos objetivos de aptitud	El narcisismo predice a corto plazo el éxito en el apareamiento
Modelo cultural	El narcisismo es creado, modificado y difundido por fuerzas culturales	El narcisismo se formó y se extendió debido al enfoque más acusado en el individualismo

Unamos ahora estos modelos: volvamos a Elliot Rodger

Ahora que estamos familiarizados con los diferentes modelos, podemos abordar el caso de Rodger desde el punto de vista de la ciencia de la personalidad. Desde una perspectiva psicológica general, el razonamiento de Rodger para matar es complejo e incierto, pero destacan algunos aspectos que este caso presenta en común con varios otros tiroteos masivos recientes, ocurridos en los Estados Unidos.

En primer lugar, Rodger sentía amenazado su ego, algo que puede derivarse de desencadenantes narcisistas como el rechazo social, ser despedido del trabajo, una separación matrimonial o un trabajo académico fallido. Como escribió Rodger: «Todo mi sufrimiento en este mundo ha sido provocado por la humanidad, sobre todo por las mujeres». Parece que uno de sus grandes problemas era que las mujeres no salían con él, pero sí con sus compañeros asiáticos de piso. Rodger era birracial y pensaba que su blancura debía darle una ventaja. Además, era un joven apuesto que conducía un BMW y tenía un padre exitoso, lo que pudo aumentar su ego. El reto, en el caso de Rodger, es que parecía ser un narcisista vulnerable. Tomemos como ejemplo este extracto de su «manifiesto»:

> Todo lo que mi padre me enseñó demostró ser erróneo. Me educó para ser un caballero educado y amable. En un mundo decente, eso sería lo ideal. Pero el caballero educado y amable no vence en el mundo real. Las chicas no eligen a los caballeros, sino al macho alfa. Buscan a los chicos que parecen tener más poder y estatus. Y era una lucha despiadada llegar a esa altura. Era demasiado para mí. Todavía era un niño pequeño con una mente frágil.

Tras esta epifanía, Rodger decidió trasladarse a Santa Bárbara y a la cercana Isla Vista, que creía que era una ciudad festiva llena de mujeres atractivas. Según su documento, lo vio en una película:

Todo se debió a que vi la película *Alpha Dog*. La película tuvo un profundo efecto en mí porque mostraba a un montón de guapos jóvenes disfrutando de una vida sexual placentera. Pensé en ello durante muchos meses, y leí constantemente sobre la historia en Internet. Me enteré de que tenía lugar en Santa Bárbara, lo que me llevó a leer sobre la vida universitaria en Santa Bárbara. Me enteré de la existencia de Isla Vista, la pequeña ciudad adyacente a la UCSB en la que todos los universitarios viven y celebran fiestas. Cuando me enteré de esto, tuve la infundada esperanza de que, si me mudaba a ese lugar, también viviría esa vida. Esa era la vida que quería, una vida de placer y sexo.

Sin embargo, cuando Rodger arribó a Isla Vista, no encontró una vida de placer y sexo, ni siquiera una novia. Aunque una vez intentó pedirle a alguien una cita, ella no le escuchó ni le hizo caso. En lugar de enfrentarse a su fracaso con las mujeres, Rodger optó por el plan B, «El día de la venganza». El primer paso fue comprar una pistola, una Glock 34. El arma le proporcionó parte del subidón de ego que necesitaba:

> Después de recoger la pistola, la llevé a mi habitación y sentí una nueva sensación de poder. Ahora estaba armado y pensé para mis adentros con respecto a todas las chicas que me habían despreciado en el pasado: «¿Quién es el macho alfa ahora, perras?». Rápidamente admiré mi nueva arma.

Y ya sabemos lo que ocurrió después. Este caso es un ejemplo extremo, pero nos permite reflexionar sobre el narcisismo y los cuatro modelos mencionados. Según el modelo de rasgos,

Rodger mostraba ciertamente los rasgos clásicos de la personalidad narcisista de autoimportancia, antagonismo y privilegio, y su comportamiento y creencias eran en gran medida coherentes a lo largo del tiempo. Describió un sentido básico de privilegio y una falta de éxito o respeto (que él creía merecer) que se remontaba a la infancia. Lo documentó para que el mundo pudiera conocer el mal trato que había recibido.

Según el modelo autorregulatorio, Rodger también intentó mantener activado su ego cumpliendo sus objetivos de autoestima. Se mudó a Isla Vista en un intento de llevar una vida de placeres y sexo. Compró una pistola para sentirse más poderoso. Quitó la vida a otras personas en un esfuerzo por obtener el estatus de macho alfa. Se esforzó por alcanzar sus sueños más grandiosos, pero fracasó.

En lo que respecta al modelo evolutivo, este incidente pone de relieve la dinámica cambiante en torno al estatus social masculino y el acceso sexual a las mujeres, tanto en Estados Unidos como en muchos países occidentales, que ha incluido en ocasiones un sistema patriarcal de dominio y control. Aunque las normas sociales han cambiado y siguen cambiando, Rodger se sentía con derecho a recibir atención y admiración, sobre todo por parte de las mujeres. Otra versión de esta historia es la del narcisista grandilocuente que se siente marginado y rechazado y reivindica su estatus vengándose de todos los que le han perjudicado.

Al mismo tiempo, esta historia nos muestra cómo los elementos culturales moldearon el narcisismo de Rodger. El estilo festivo de vida de Isla Vista le atrajo de entrada a ese lugar. Pudo acceder a un arma. Las víctimas también simbolizaban una cuestión cultural. En un homicidio más típico, un hombre (habitualmente) se siente rechazado y ataca a esa persona en concreto. En el caso de Rodger, sin embargo, atacó a mujeres que simbolizaban a quienes le rechazaban. En cierto sentido, fue un acto terrorista. No fue tanto un acto de rencor o de venganza personal como una declaración cultural y política.

¿Qué modelo es el correcto para interpretar los aspectos narcisistas del caso de Rodger? Todos ellos aportan una pieza del rompecabezas para entender su situación, y los científicos de la personalidad hacen lo mismo cuando tratan de entender a los narcisistas y cómo opera el narcisismo en nuestro mundo actual. En el próximo capítulo, daremos un nuevo paso y exploraremos de qué modo los científicos de la personalidad miden el narcisismo y cómo saben que esa medición es precisa.

Una visión más profunda: pensar en los modelos como si fueran mapas

Cuando los modelos psicológicos se tornan confusos, parece útil pensar con mapas en la ciencia de la personalidad. En otras palabras, al igual que los mapas, los modelos de personalidad son guías del terreno. Mientras conducimos, queremos un mapa que destaque las carreteras y el tráfico, pero probablemente no nos importe la altitud. Pero, si vamos de excursión, querremos un mapa que no muestre el tráfico pero sí la altitud. Cuando se navega, se necesitan cartas de navegación especiales que incluyan arrecifes y escollos. Al hacer una perforación, se necesitan mapas geológicos. Al igual que los modelos de las ciencias sociales, utilizamos muchos tipos de mapas, que son más precisos para unas tareas que para otras. El mapa que nos lleva a la estación de esquí no es el mismo que nos ayuda a subir la montaña.

Los modelos predictivos también son importantes. Esto resulta obvio en el caso de los mapas: tienen que predecir que el lugar al que nos dirigimos estará allí. Los callejeros son buenos en este sentido porque las calles cambian lentamente, por lo que los cartógrafos pueden seguir el ritmo. Pero la predicción también es importante en la ciencia de la personalidad. Si mi modelo dice que los narcisistas se enfadan cuando se ven avergonzados en público, debería ser capaz de avergonzar a un grupo de personas en público y luego medir su enfado. Las personas de este estudio que son más narcisistas deberían mostrar una mayor ira. Este poder predictivo de la psicología de la personalidad es muy importante en áreas aplicadas, como la selección de líderes o la evaluación clínica para diagnosticar un trastorno.

Al igual que los mapas, los modelos científicos deben ser útiles y mejorar de continuo. Si se observan los mapas antiguos del mundo, suelen ser precisos en algunas zonas, normalmente las más cercanas al domicilio del cartógrafo, y muy inexactos en otras. En los mapas más antiguos, los bordes se vuelven imprecisos, y algunos incluso dicen: «Aquí hay dragones», con dibujos detallados de dragones y bestias. Es importante destacar que los mapas han mejorado al tiempo que lo han hecho las medidas y los informes. Cuando yo era pequeño, era impresionante tener mapas en libros que podías hojear mientras conducías, y ahora tenemos GPS en tiempo real en nuestros móviles, lo cual es increíble. Los modelos de la personalidad también han mejorado ostensiblemente, evolucionando desde los humores básicos de los griegos hasta los modelos descriptivos y, en la actualidad, los complejos modelos estadísticos. Y es posible que en el futuro se conviertan en modelos de datos en tiempo real.

Entre bastidores: las muñecas rusas del narcisismo

Mi abuela tenía un juego de muñecas rusas. Cuando abrimos la muñeca de madera tirando de ella por la mitad, encontramos otra similar, aunque más pequeña, en su interior. Abrimos esa y vemos otra muñeca más pequeña, y así sucesivamente durante varias capas. En el centro, hay una muñeca en miniatura que no se puede dividir. La personalidad se parece a estas muñecas anidadas. Se puede ver la personalidad desde diferentes capas y, para los investigadores, estas capas se consideran *niveles de análisis*: biológico, cultural y ecológico.

En el plano biológico de la personalidad, los rasgos se basan en la genética, se ven exacerbados por ciertas moléculas y están asociados a patrones de activación neuronal. A nivel psicológico, los rasgos se relacionan con el procesamiento emocional y cognitivo, predicen la toma de decisiones y se integran en el yo. Entre dos personas, entre grupos pequeños y en equipos más grandes, la personalidad se predice por otras variables y está basada en ellas, incluyendo el amor o el liderazgo. A nivel organizativo, la personalidad también se relaciona con los comportamientos laborales, como el trabajo en equipo y el servicio al cliente. A nivel cultural, los patrones y tendencias más amplios apoyan los rasgos de personalidad, como la adicción al trabajo o el individualismo.

Los científicos de la personalidad consideran el narcisismo de la misma manera. A nivel biológico, puede estar influenciado por la testosterona y otras moléculas. A nivel psicológico, como se ha visto en este capítulo, el narcisismo está relacionado con el ego y el privilegio psicológico. En los grupos y equipos, las tendencias narcisistas pueden surgir con ciertos líderes. A nivel organizativo, el narcisismo está vinculado a comportamientos sistémicos como el acoso sexual. Culturalmente, el narcisismo está relacionado con el aumento de la cirugía plástica y los procedimientos cosméticos y la obsesión por los selfis, lo que fue uno de los temas de mi libro anterior, *La epidemia del narcisismo*.

En realidad, entender el narcisismo –o cualquier rasgo de personalidad– es un trabajo ingente, puesto que significa entenderlo a través de todos estos niveles de análisis y cómo estos niveles trabajan juntos. Se trata de un sistema complejo e interactivo, y la mayoría de las veces los investigadores dedican su tiempo a descubrir las conexiones en el nivel psicológico, donde el narcisismo predice la personalidad, las actitudes o las emociones. Con menos frecuencia, examinamos el narcisismo en niveles de análisis más bajos, como los circuitos cerebrales o la genética. Sin embargo, cuando se trata de la financiación de la investigación, puedo realizar un estudio completo de personalidad con 250 participantes utilizando medidas de autoevaluación por el mismo precio que un solo participante en un estudio de neuroimagen.

Lo que nos hace falta son estudios que pongan en común estos niveles. ¿Cómo funcionan en el liderazgo o en el amor los rasgos de personalidad narcisista, el concepto que uno tiene de sí mismo y la neuroquímica? Tenemos la idea de que los narcisistas son más propensos a considerar el liderazgo y el amor como lugares en los que obtener estatus. Este aumento de estatus podría estar relacionado con la liberación de testosterona en los hombres narcisistas, que puede infundir energía a su búsqueda, o estar relacionado con la dopamina y la necesidad de buscar recompensas. Con el tiempo, esto podría crear un bucle de *feedback* que aumente la deseabilidad del liderazgo y el amor, pero aún no lo sabemos. Esta investigación es posible, pero es cara y, por tanto, tardará en llegar.

En general, los niveles inferiores –como las hormonas o la genética– son causa de los niveles superiores, como la psicología individual. Sin embargo, los efectos también pueden ir en sentido contrario, y una mala relación o un mal jefe pueden tener efectos psicológicos negativos e incluso fisiológicos. Esto significa que se puede intervenir a muchos niveles, lo que nos proporciona cierta esperanza. En el caso de la ansiedad, por ejemplo, la medicación ayuda a nivel molecular, la terapia cognitivo-conductual ayuda a nivel psicológico y el yoga ayuda a nivel psicofisiológico. Aunque todavía no existen tratamientos similares para el narcisismo, tal vez no estén lejos.

2. La medición del narcisismo

¿Cómo nos identificamos y nos definimos a nosotros mismos? Estoy seguro de que el lector habrá hecho uno o dos test de personalidad, ¿a quién no le gustan? Según el Myers-Briggs Type Indicator, podemos ser un ENTJ (extraversión, intuición, pensamiento, juicio: un líder natural) o un ISFT (introversión, sensibilidad, sentimiento, pensamiento: una persona que apoya a otros). En el mundo de Harry Potter, encajaríamos en Gryffindor o Slytherin. Si estuviésemos en *Stranger Things*, nos pareceríamos a Mike, Steve o Eleven.

Existen muchas variantes de estos test de personalidad, y lo más probable es que muchos de ellos tengan poca o ninguna base científica, sobre todo si están relacionados con la cultura popular. Estos test populares parecen funcionar por un par de razones. En primer lugar, tienen *cierto* sentido. Si alguien hace el «Test del novio deseado» y una pregunta nos dice: «¿Prefieres una pareja que quiera bailar tango o leer libros?», la persona que seleccione «tango» será emparejada con el amante bailarín en lugar del académico empollón. Las preguntas tienden a emparejarse con respuestas obvias.

En segundo lugar, los encuestadores se encuentran a menudo con lo que los psicólogos llaman el «efecto Barnum», llamado así por P.T. Barnum, el *showman* estadounidense y cofundador del Circo Barnum y Bailey que apócrifamente dijo: «Cada minuto nace un tonto». El efecto Barnum funciona dando una respuesta vaga y ambigua que se aplica a todo el mundo. Con el test de citas mencionado anteriormente, por ejemplo, una respuesta podría decir: «Puedes comprometerte en una relación, pero a veces sientes que las cosas podrían no funcionar a largo plazo». El efecto Barnum ha mantenido el negocio de las galletas de la suerte y los horóscopos durante años.

Cuando se trata de test y escalas de personalidad en el campo de la psicología, la buena noticia es que toda una ciencia y práctica en torno a la evaluación ha evolucionado durante el último siglo. Debido a la gran demanda de evaluación de la personalidad, estas escalas se han ido probando y mejorando con el tiempo. En primer lugar, hablaremos de la evolución de los test básicos de personalidad y, a continuación, desvelaremos los detalles de los test específicos de narcisismo utilizados en la actualidad.

El nacimiento del test de personalidad

Los test de personalidad han recorrido un largo camino. El primer test de personalidad formal celebró su centenario en el año 2020. El psicólogo estadounidense Robert S. Woodworth lo desarrolló durante la Primera Guerra Mundial para el Ejército de los Estados Unidos. La Hoja de datos personales de Woodworth se diseñó para evaluar la resistencia de los reclutas militares a la neurosis de guerra, lo que ahora llamamos trastorno de estrés postraumático (TEPT). Las 116 preguntas de que constaba eran directas y se respondían con una simple escala de sí/no. Por lo general, planteaba preguntas como: «¿Se pone nervioso con facilidad?» o «¿Suele sentirse bien y fuerte?». La Office of the Surgeon General lo aceptaba y establecía un programa de selección preliminar que remitía a los reclutas a un psicólogo para que los evaluara si obtenían una puntuación elevada en el test. Aunque el test se diseñó demasiado tarde para ser utilizado durante la guerra, influyó en los test de personalidad posteriores, especialmente en los que medían rasgos como la ansiedad y la depresión, que a menudo agrupamos bajo la etiqueta *neuroticismo*.

Durante los primeros años después de esto, la mayoría de los test psicológicos eran revisiones del trabajo de Woodworth, ya que tenía muchas preguntas. Pronto aparecieron los test de personalidad por todas partes. Los industriales querían los test para la selección de empleados, los psiquiatras querían los test para diagnosticar enfermedades mentales, mientras que los investigadores académicos de psicología y otros campos querían entender la personalidad. Ahora, tras un siglo de progreso, existen cientos o quizá miles de medidas de personalidad con base científica para explicar diversos estilos de trabajo, situaciones sociales y rasgos de la personalidad. Los creadores de cada uno de esos test y medidas de la personalidad empezaron con alguna idea de lo que querían medir –ya sea la resistencia al choque, la extraversión o la impulsividad–, lo cual es más difícil de hacer de lo que parece. En esencia, la definición de un constructo psicológico y su medición están entrelazadas porque no podemos saber exactamente de qué estamos hablando hasta que lo midamos, pero tampoco podemos medirlo hasta que sepamos de qué estamos hablando, de manera que estas pruebas de evaluación se desarrollan en ciclos. Del mismo modo, las primeras pruebas de narcisismo tuvieron que averiguar qué medir exactamente.

¿Cómo definimos lo que estamos midiendo?

Al describir personalidades, la gente tiende a utilizar la «psicología popular», o el lenguaje informal que transmite un significado. Por ejemplo, para describir el antagonismo de los demás, podemos llamarlos estúpidos. Aunque nuestro lenguaje funciona bien en la vida cotidiana, es muy impreciso. También utilizamos términos científicos o profesionales de manera coloquial. En este caso, decimos que alguien es narcisista, pero eso significa «estúpido» o «vanidoso», según el contexto. Aunque «estúpido engreído y narcisista» capta una fuerte emoción, no nos proporciona un uso matizado del término *narcisista*.

La ciencia de la personalidad, sin embargo, adopta un enfoque un tanto diferente para definir el narcisismo, que formaliza y combina nuestros enfoques cotidianos. La ciencia de la personalidad dispone de tres pasos básicos en la medición de un determinado rasgo: 1) definir el aspecto de la personalidad que se quiere medir, 2) construir buenas herramientas para medirlo, y luego 3) relacionar esa nueva variable con otras de interés. Cuando nosotros o un ser querido nos sometemos a una evaluación psicológica formal del narcisismo, queremos estar seguros de que se ha medido y probado muchas veces antes de su uso generalizado.

Permítanme mostrarles cómo funciona esto con una variable relativamente sencilla como la autoestima, la cual suele asociarse con el narcisismo. Si quiero estudiar la autoestima, primero tengo que definirla. Esto parece fácil, ya que todos sabemos lo que es la autoestima, al menos tal como se utiliza el término en las conversaciones cotidianas. Por lo general, la gente utiliza la palabra *autoestima* sin demasiada confusión. Sin embargo, la literatura sobre la autoestima, incluido el uso histórico, las tradiciones filosóficas y los trabajos de investigación, muestra que nuestra comprensión del término es un tanto confusa.

Históricamente, la palabra *autoestima* surgió en el siglo XVII, cuando en la época de la Ilustración se hizo hincapié en añadir el prefijo *auto* a las palabras, marcando el auge del individualismo. Sin embargo, en sus primeros usos, la palabra tenía una serie de significados, según el Oxford English Dictionary. El primer uso registrado de *autoestima*, en 1619, tiene el carácter de un insulto: «Siendo su ingenio tan superficial, y tan grande la autoestima que tiene de su propia valía y obras…». No mucho después, el autor de *El paraíso perdido*, John Milton, incluyó la autoestima en su poema épico de 1667 como un rasgo positivo, «basado en lo justo y lo correcto». Ya en el siglo XVII, la autoestima adoptó una forma negativa y otra positiva, y la diferencia parece basarse en si la autoestima está basada en la realidad.

En la psicología académica, la *autoestima* fue adoptada por primera vez, en el año 1890, por el famoso psicólogo estadounidense William James, quien describió la autoestima de manera más formal, utilizando la fórmula «autoestima = éxito real / pretensiones». Lo interesante de esta idea es que la autoestima podía aumentar si se tenía más éxito o si disminuía la aspiración. James pone el ejemplo de un hombre que lo perdió todo en la Guerra Civil y «en realidad se revolcó en el polvo, pero dijo que no se había sentido tan libre y feliz desde que nació». La explicación de James muestra aquí una visión más paradójica de la autoestima: en particular, la mayor autoestima la tiene alguien con los mayores logros y el menor sentido de derecho a esos logros.

A continuación, la autoestima hizo otras dos grandes apariciones históricas. Los psicólogos humanistas, en especial Maslow, ubicaron la autoestima como una necesidad central en el desarrollo humano. En lugar de ser una bendición mixta o un concepto psicológico periférico, la autoestima se convirtió en una necesidad indisociable del desarrollo, ubicándose justo entre la pertenencia y la autorrealización en la jerarquía de necesidades. Esto situó el desarrollo de la autoestima como un tema importante para cualquier persona con una orientación humanista o de crecimiento, lo cual incluye a muchas personas que se dedican a la educación y el asesoramiento. En la sociedad actual, por ejemplo, el campo del desarrollo personal se basa en gran medida en el fortalecimiento de la autoestima y la autorrealización de los objetivos.

Posteriormente, el significado de la autoestima tomó otra dirección cuando el psicoterapeuta Nathaniel Brandon publicó el primer libro sobre el tema, *Los seis pilares de la autoestima*, a finales de los años 60. Esta obra, muy popular, amplió la definición de autoestima para incluir la responsabilidad por los propios actos, el uso de la asertividad para crear límites y la aceptación de uno mismo. Esta visión de la autoestima combinaba la visión humanista con el objetivismo, un sistema filosófico desarrollado por la escritora Ayn Rand, que hace de nuestra propia felicidad un objetivo en la vida y del logro productivo, la mayor actividad. El libro de Brandon tiene una visión muy orientada a la acción, pero también recoge numerosas variables que los psicólogos actuales situarían más allá de la autoestima, como el mindfulness y la autoeficacia.

A la postre, la definición se vuelve confusa, ¿no es cierto? Medir la autoestima, u otro aspecto de la personalidad, parece fácil, pero las diferentes definiciones suelen restarle sentido y capacidad de explicación a los detalles concretos. Cuando las cosas se descontrolan demasiado, algún investigador desarrolla un modelo minimalista, o la forma más sencilla de pensar en un concepto con el que casi todo el mundo está de acuerdo. En este caso, un investigador sociocognitivo definió la autoestima como el vínculo existente entre la positividad y el yo, pasando a definirse una alta autoestima simplemente como la fuerza de la relación «yo = bien».

Los investigadores debatieron entonces la estructura de la autoestima. ¿Se basa la autoestima en una profunda fuente de bienestar, o se trata más bien de la repetición de experiencias positivas? ¿Existe una autoestima o varias autoestimas, como la de la apariencia, la de la inteligencia y la de la capacidad social? ¿Es la autoestima algo de lo que tenemos que ser conscientes, o nuestra autoestima puede ser inconsciente? ¿La «estima» en la palabra *autoestima* se refiere a sentirse bien y gustarse a uno mismo o a creerse competente y capaz? ¿O se trata de ambas cosas? En lugar de descartar estas cuestiones o elegir un único concepto, los científicos observan lo que ocurre empíricamente poniendo a prueba las propias preguntas. El proceso deja de ser atractivo cuando los investigadores se enamoran de sus propias medidas, se pelean por los significados y a veces hacen trampas con las definiciones, pero es el mejor sistema de que disponemos en la ciencia de la personalidad.

Como he mencionado, los científicos de la personalidad han luchado durante décadas por llegar a una definición del narcisismo, y hemos llegado a un acuerdo en torno a los aspectos grandiosos y vulnerables con el «modelo trifurcado», no obstante, siempre estamos probando nuestras teorías y mejorando lo que sabemos.

Y entonces, ¿cómo medir lo que estamos midiendo?

La medición es una cuestión fundamental en todos los ámbitos científicos. Incluso las medidas más básicas tienen una larga historia. Aunque el tiempo es clave para la medición en muchos campos, también hubo que inventar la medición del tiempo. Los primeros esfuerzos incluyeron relojes de agua que utilizaban el movimiento del agua para medir el tiempo. Todavía hoy utilizamos versiones de estos relojes basados en la arena. En la Edad Media, los relojes utilizaban muelles y engranajes para dar la hora. Esta técnica se sigue utilizando en los relojes mecánicos, pero no siempre funciona de la manera adecuada. Por ejemplo, comparemos la hora de un Rolex de 8.000 dólares con la de un Casio de 25 dólares: el Casio da mejor la hora porque utiliza tecnología de cuarzo. Sin embargo, a nivel científico, esto no es suficiente, y los ingenieros y físicos siguen construyendo cada vez mejores relojes. Algunos relojes atómicos son ahora tan precisos que pueden utilizarse para medir la masa y el tiempo. Si siguiéramos utilizando relojes mecánicos, no podríamos hacer mucho en el campo de la física, y tampoco en el de la psicología, donde las mediciones se hacen a menudo con una precisión de milésimas de segundo.

Pensemos en los diferentes tipos de mediciones que se realizan en la consulta médica: la presión arterial con un manguito, la temperatura con un termómetro y la química sanguínea a través del trabajo de laboratorio. Sin embargo, durante siglos se pensó que no se podía medir el contenido mental o psicológico. Aunque se produjeron grandes avances en otras disciplinas, el contenido mental parecía demasiado oculto para ser mensurado adecuadamente. Por fortuna, eso cambió cuando los psicólogos experimentales desafiaron esta idea. El físico y filósofo alemán Gustav Fechner puso a prueba la capacidad de las personas para advertir las diferencias entre distintos pesos. Imaginemos que tenemos los ojos vendados y sostenemos dos pesos de tamaño similar, por ejemplo, una bola de bolos de 3,5 kilos de peso y un cuenco con idéntico peso. ¿Advertiríamos la diferencia? De ese modo nació la psicofísica con la idea de que podíamos medir el contenido psicológico de forma similar a la física.

Los investigadores descubrieron entonces que, si la idea funcionaba en el caso del peso, podía funcionar para otros aspectos como la actitud y la capacidad cognitiva. Louis Leon Thurstone, fundador del laboratorio psicométrico de la Universidad de Carolina del Norte, en Chapel Hill, empezó a construir escalas, durante la década de 1950, capaces de detectar pequeños cambios en las actitudes. Tal vez nos resulte familiar el psicólogo social estadounidense Rensis Likert, que desarrolló la escala epónima de cinco puntos que se utiliza a menudo en las encuestas: Likert o escalas tipo Likert. He aquí un ejemplo:

ME GUSTA HONDA
De acuerdo 1 2 3 4 5 En desacuerdo

ME GUSTA TRUMP
De acuerdo 1 2 3 4 5 En desacuerdo

ME GUSTO A MÍ MISMO
De acuerdo 1 2 3 4 5 En desacuerdo

En la actualidad disponemos de una gran variedad de medidas de personalidad, desde modelos amplios y completos de rasgos básicos hasta evaluaciones más específicas y centradas en temas concretos como la autoestima y el narcisismo. Lo que comparten todas estas medidas de personalidad (suponiendo que se realicen correctamente) es la validez y fiabilidad. *Validez* significa acertar en el blanco correcto, y *fiabilidad* quiere decir acertar en el blanco de manera coherente. Imaginemos que dos cazadores van juntos al bosque a cazar codornices. El primer cazador abate dos de las cinco codornices que ve, mientras que el segundo cazador abate cinco de los cinco faisanes que ve. El primer cazador tiene validez porque ha dado en el blanco correcto, pero no fiabilidad porque ha fallado más de la mitad de las veces. Por otro lado, el segundo cazador tiene más fiabilidad porque ha acertado en el blanco cada vez, pero no validez porque era el blanco incorrecto. En la ciencia, el mejor cazador acertaría cinco de cada cinco codornices y sería tan válido como fiable. Cuando probamos nuestras evaluaciones de personalidad, buscamos validez y fiabilidad.

En la ciencia moderna de la personalidad, la validez es el objetivo más complicado. ¿Cómo sabemos que medimos lo que creemos que estamos midiendo? Si construimos un nuevo tipo de termómetro, como, por ejemplo, uno capaz de leer la temperatura de la frente de la persona, podemos comparar el nuevo termómetro con los probados anteriormente. Si el termómetro lee las mismas temperaturas que los otros, asumiremos que es válido. La medición de la personalidad se basa en la misma idea, pero no siempre hay medidas válidas ya probadas para comparar. En consecuencia, los investigadores de la personalidad construyen medidas que tienen cierto sentido. Por ejemplo, una medida del narcisismo preguntaría acerca del sentimiento de superioridad de los demás, pero no sobre la creatividad. Esto se denomina *validez aparente*, es decir, la escala parece buena a primera vista. Los populares cuestionarios de las revistas sobre estilos de citas y las encuestas *online* sobre los personajes de *La guerra de las galaxias* se detienen en la validez aparente. Aunque resultan divertidos, son muy limitados.

La ciencia de la personalidad va un paso más allá al comparar una determinada escala con otras, al igual que un nuevo termómetro se compararía con otros. Por ejemplo, una nueva escala de narcisismo grandioso debería relacionarse *positivamente* con otras escalas de narcisismo, así como con medidas relacionadas con el narcisismo, como la autoestima y la necesidad de poder. La nueva escala también debería relacionarse *negativamente* con medidas no asociadas por regla general con el narcisismo, como la empatía emocional y la amabilidad.

Por último, dado que las personas que responden a los cuestionarios pueden informar sobre su propia personalidad de forma incorrecta, la nueva escala debe probarse con las opiniones de otras personas, lo cual constituye un proceso de triangulación. La personalidad de alguien se mide con una escala de autoevaluación, y luego se compara con el informe de un amigo cercano, un padre o un profesor, que debería mostrar cierta concordancia. Cuando se trata de narcisismo clínico, o del tipo extremo e inflexible que puede ser diagnosticado como un trastorno de la personalidad, la escala de autoevaluación puede compararse con una entrevista clínica formal por parte de un profesional o con el estudio de archivos de casos clínicos. Ninguno de ellos supone una medición «correcta» de la personalidad, pero todos apuntan a ella de alguna manera. La buena noticia es que las medidas de autoevaluación funcionan bien. Por ejemplo, las personas que son psicópatas creen que sus creencias depredadoras y centradas en sí mismas tienen sentido, por lo que están contentas de expresar esas opiniones en un entorno de bajo riesgo, como un estudio psicológico confidencial. Un psicópata no sería tan comunicativo en una cita o durante una entrevista policial, pero los cuestionarios de autoevaluación suelen funcionar bien en este contexto.

En comparación con la validez, la fiabilidad es más sencilla en la ciencia de la personalidad. Si una escala de personalidad tiene diez preguntas, por ejemplo, las respuestas a esas preguntas deben ser coherentes. Hace años, los primeros test de personalidad se limitaban a dividir el cuestionario por la mitad para comprobar si ambas mitades se respondían de la misma manera. Aunque, hoy en día, esas medidas son más sofisticadas, funcionan de manera similar. Realizar pruebas al mismo grupo de personas a lo largo del tiempo es también una prueba de fiabilidad. Si la medida de la personalidad es estable, las puntuaciones también deberían serlo.

¿Por qué dedico tanto tiempo a explicar esto? La medición de la personalidad es la cuestión más importante en la ciencia de la personalidad; y en el narcisismo en particular, las medidas han ido cambiando a lo largo del tiempo. Antes de estudiar un tema, hay que saber cómo medirlo. Sin embargo, con el método científico, este proceso puede ser circular. En ocasiones, los científicos utilizan una medida durante años y luego empiezan a percibir fallos, por lo que pueden revisar la medición o crear una nueva. Además, la sociedad cambia y las definiciones también cambian, como ha ocurrido en el caso de la autoestima. Los científicos construyeron una variedad de medidas de la autoestima para recoger sus ideas, siendo la más popular la «escala de autoestima» de Rosenberg. Desarrollada por el sociólogo Morris Rosenberg, la escala de diez ítems pide a los encuestados que estén de acuerdo o no con afirmaciones de validez aparente, como «Tengo una actitud positiva hacia mí mismo» o «A veces pienso que no soy bueno». Aunque esta escala ha resistido la prueba del tiempo como medida de la autoestima general, muchas otras medidas se han desarrollado conforme los científicos han ido interesándose en tipos específicos de autoestima, incluyendo las opiniones en torno a la destreza atlética o la apariencia física. Como cabe imaginar, a medida que cambiaban las medidas relativas a la autoestima, también lo hacían las medidas del narcisismo, el cual está relacionado con la autoestima.

Lo más complejo es que los investigadores intentaron desarrollar medidas de autoestima inconscientes, o implícitas. Lo hicieron, pero estas medidas no parecían coincidir. En un estudio efectuado en el año 2000, un equipo de investigación dirigido por Jennifer Bosson puso a prueba la autoestima implícita que se medía de tres formas diferentes y encontró escasa correlación entre ellas. El estudio, titulado «Stalking the Perfect Measure of Implicit Self-Esteem: The Blind Men and the Elephant Revisited?», hace referencia a una historia budista sobre tres ciegos que intentan identificar un elefante a través del tacto. Uno toca la oreja, otro la pata y el otro la cola, por lo que todos llegan a conclusiones distintas. Aquí es donde se encuentran la mayoría de las teorías de los rasgos. En general, el resultado es una gama de escalas construidas para tareas específicas. Un proceso similar condujo a las diferentes escalas de narcisismo, pero la historia, como explicaré a continuación, es un poco más compleja. La tabla 2.1 muestra la variedad de mediciones relacionadas con la autoestima que se han desarrollado a lo largo de los años.

Tabla 2.1. Mediciones de la autoestima

ASPECTO DE LA AUTOESTIMA MEDIDO	MUESTRA DE LA MEDICIÓN	TIPO DE MEDICIÓN
Autoestima general	Escala de autoestima de Rosenberg (1968) Escala de autoestima de un solo ítem (Robins *et al.*, 2001)	Medida general de 10 ítems para la autoevaluación Declaración única de autoevaluación
Autoestima específica	Cuestionario de atributos personales (Pelham y Swann, 1989)	Medida de autoevaluación de 10 ítems (hasta 60)
Estado de autoestima	Escala de autoestima estatal (Heatherton y Polivy, 1991)	Medida de autoevaluación de 20 ítems (abarca los ámbitos de rendimiento, apariencia y social)

ASPECTO DE LA AUTOESTIMA MEDIDO	MUESTRA DE LA MEDICIÓN	TIPO DE MEDICIÓN
Autoestima implícita	Test de asociación implícita (IAT, Greenwald *et al.*, 1998)	Velocidad de asociación del yo con palabras positivas frente a las negativas
Autoestima indirecta	Efecto de la letra del nombre (Nuttin, 1985)	Valoración de la preferencia por determinadas letras y comparación de las letras del propio nombre con otros

¿Qué ocurre con las escalas del narcisismo?

Tras observar el proceso de construcción de una escala en torno a un concepto «simple» como la autoestima, es probable que estemos en condiciones de advertir la complejidad que subyace a las escalas de narcisismo. Cualquier medición del narcisismo dependerá del modo en que concibe el narcisismo el psicólogo que ha creado la escala. Si considera el narcisismo grandioso, la escala reflejará la grandiosidad, y del mismo modo, si considera el narcisismo vulnerable, la escala reflejará la vulnerabilidad. El legendario psicólogo de la personalidad Henry Murray desarrolló la primera escala de lo que denominó «narcisismo» durante la década de 1930. Esta escala contenía contenidos de vulnerabilidad y grandiosidad entremezclados. Las escalas más recientes son más específicas en cuanto al tipo de narcisismo medido. Recorramos ahora algunas de ellas.

Las medidas de narcisismo grandioso están diseñadas para captar la faceta osada, dominante y antagónica del narcisismo. Los psicólogos que elaboran las escalas de narcisismo grandioso suelen incluir preguntas en torno al liderazgo, el poder, la búsqueda de atención, la vanidad, el sentido del privilegio y la disposición a aprovecharse de los demás o explotarlos. Por ejemplo, «¿Le gusta ser el centro de atención?» o «¿Le resulta fácil hacer que la gente crea en lo que dice?».

En la actualidad, el Inventario de personalidad narcisista (NPI) es la medida más popular del narcisismo grandioso. Robert Raskin *et al.* comenzaron a trabajar en esta medición a finales de la década de 1970, pero la escala del NPI se puso de moda en 1988 cuando se publicó la versión de 40 ítems en el *Journal of Personality and Social Psychology*. Esta escala hizo posible la mayor parte de la investigación moderna sobre el narcisismo, aunque en el camino se añadieron varias mejoras importantes. Podemos encontrar el Inventario de personalidad narcisista y otros en nuestro sitio web, narcissismlab.com. Si el lector desea realizar una prueba rápida por sí mismo, consulte el final de este capítulo.

Sin embargo, a pesar de su poder de persistencia, el NPI es peculiar. Por un lado, los ítems están inspirados en una descripción anterior del trastorno narcisista de la personalidad, que se analiza en detalle en el capítulo 5, pero estos rasgos no siempre «aparecen juntos» tal y como se observa hoy en día. El NPI capta al menos dos grandes aspectos del narcisismo: ser audaz y extravertido, y luego sentirse privilegiado y ser manipulador. Para la primera asociación, el NPI pregunta a los encuestados si están de acuerdo con afirmaciones del tipo «me gusta ser el centro de atención» y «me gusta tener autoridad sobre otras personas». Para la segunda asociación, se pregunta si están de acuerdo con la frase «normalmente me salgo con la mía en cualquier situación» y «si gobernara yo, el mundo sería un lugar mejor». Aunque estas afirmaciones pueden revelar a un idiota encantador o a un jefe egocéntrico y dominante, son diferentes sabores del narcisismo grandioso.

El NPI también es extraño porque utiliza un formato de elección forzada con dos frases, como las siguientes:

A. No me gusta especialmente mostrar mi cuerpo.

B. Me gusta mostrar mi cuerpo.

La idea es que ambas opciones son igualmente deseables, por lo que la puntuación del NPI mide el número de veces que el encuestado se inclina por la opción narcisista. Este es otro de los ítems más conocidos del NPI:

A. La idea de gobernar el mundo me da mucho miedo.

B. Si yo gobernase el mundo, sería un lugar mejor. (Algunas versiones insertan la palabra *mucho* antes que *mejor*).

Antes de que existiera Internet, nos pasábamos copias de las escalas y estas iban evolucionando a medida que los distintos laboratorios de psicología las reescribían, cambiaban alguna palabra y las volvían a pasar. (Podemos leer más sobre el NPI en la sección «Una visión más profunda» de este mismo capítulo).

Para el punto anterior, elegí la respuesta B. ¿Realmente creo que, si yo gobernara el mundo, este sería un lugar mejor? Ahora que los acontecimientos actuales están tan complicados, tal vez sí, pero lo más probable es que fuese un desastre absoluto. Por otro lado, gobernar el mundo no me asusta. De hecho, parece que sería un reto enorme, divertido y apasionante... que probablemente terminaría en desastre. Así pues, dadas las dos opciones, me quedo con la B.

Pero consideremos si la pregunta del cuestionario se planteara del siguiente modo:

Verdadero o falso: «Si yo gobernara el mundo, sería un lugar mejor».

Yo elegiría «falso» porque no tengo ese nivel de confianza en mis capacidades como gobernante mundial. A pesar de esta posible debilidad, el NPI sigue funcionando bien con los ítems narcisistas utilizados en la escala Likert de 5 puntos. De hecho, hay versiones más concisas (siendo las opciones de 13 y 16 ítems las más populares) y múltiples traducciones en otros países que funcionan de manera adecuada. El NPI es una fidedigna herramienta para las medidas relativas al narcisismo grandioso. Algunas de las medidas más novedosas en el mercado quizá sean mejores en determinados aspectos, pero el IPN ha resistido la prueba del tiempo.

Otra forma de medir el narcisismo grandioso es a través de adjetivos. La Escala de grandiosidad narcisista (NGS), desarrollada por el psicopatólogo de la Universidad de Yale Seth Rosenthal, utiliza este enfoque. Los participantes en el estudio se califican a sí mismos con 16 adjetivos narcisistas en una escala de 9 puntos, en la que 1 significa que el adjetivo no los describe en absoluto y 9 que los describe muy bien. Las calificaciones se combinan para obtener la puntuación.

En el año 2016, Michael Crowe, estudiante de posgrado de la Universidad de Georgia, valoró la escala y extrajo las siguientes seis palabras clave del rasgo de narcisismo:

Magnífico	Admirado	Estatus elevado
Prestigioso	Prominente	Poderoso

Las personas que se ven a sí mismas como magníficas, admiradas y poderosas también sacan altas puntuaciones en medidas de narcisismo más complejas. Lo bueno de la NGS y de otras escalas de rasgos es que son breves y pueden administrarse a las personas en teléfonos inteligentes durante varios días, o incluso varias veces al día, para comprender y medir los cambios en el narcisismo.

En el otro lado del «modelo trifurcado», las medidas de narcisismo vulnerable captan la cara más neurótica, sospechosa, hostil y privilegiada del narcisismo. Los psicólogos que construyen escalas de narcisismo vulnerable incluyen preguntas sobre la susceptibilidad a los golpes al ego, o lo que los psicólogos psicodinámicos llaman «heridas narcisistas». Al mismo tiempo, estas escalas también intentan captar las cualidades egocéntricas relativas al privilegio que encontramos en el narcisismo grandioso.

La Escala de narcisismo hipersensible (HSNS) es la medición más popular del narcisismo vulnerable. La HSNS se creó tomando el contenido vulnerable de la escala original de Murray de los años 30 y actualizándolo en una medición más moderna. Por su parte, la Escala de vulnerabilidad narcisista (NVS) mide seis rasgos asociados con el narcisismo vulnerable:

Infravaloración	Inseguridad	Vergüenza
Envidia	Resentimiento	Egocentrismo

Varias medidas más recientes del narcisismo captan tanto el narcisismo grandioso como el vulnerable. Todas estas escalas tienen un sabor diferente (vemos un resumen de algunas de las evaluaciones más populares en la tabla 2.2), pero en este libro abordaremos el lenguaje grandioso y el vulnerable por separado. Si lector me ha seguido hasta aquí, tendrá un buen conocimiento básico de cómo los científicos de la personalidad han llegado a entender el narcisismo, y cómo las definiciones han ido cambiando a lo largo del tiempo, a medida que se añadieron los matices de «grandioso» y «vulnerable». Teniendo estas escalas en mente, probablemente podamos entender por qué hay tanta confusión en torno al narcisismo, la forma en que hablamos de él en la sociedad y cómo las diferentes definiciones podrían aplicarse a nosotros, a las personas que nos rodean y a los líderes que pueden mostrar rasgos más extremos de narcisismo que nosotros. Ahora que hemos cubierto los aspectos básicos, podemos hablar de las «cosas divertidas» en el siguiente capítulo: los rasgos específicos del narcisismo y lo que yo llamo la «receta del narcisismo».

Tabla 2.2: Medidas del narcisismo

MEDIDA DEL NARCISISMO	OBJETIVO	ÍTEM DE EJEMPLO	SABOR
Inventario de personalidad narcisista (NPI)	Grandioso	Si yo gobernara, el mundo sería un lugar mucho mejor	Agencia y extraversión con grandiosidad
Escala de narcisismo hipersensible (HSNS)	Vulnerable	Mis sentimientos son fácilmente heridos por el ridículo o por los comentarios despectivos de otros	Neuroticismo egocéntrico
Escala de grandiosidad narcisista (NGS)	Grandioso		Seis rasgos calificativos principales
Escala de vulnerabilidad narcisista (NVS)	Vulnerable		Seis rasgos calificativos principales
Inventario de narcisismo patológico (PNI)	Grandioso + vulnerable	Cuando los demás no se fijan en mí, empiezo a sentirme inútil. A menudo fantaseo con tener un gran impacto en el mundo que me rodea	Más centrado en la vulnerabilidad que en la grandiosidad
Cuestionario de admiración y rivalidad por narcisismo (NARQ)	Grandioso + vulnerable	Merezco que me vean como una gran personalidad. La mayoría de las personas son de alguna manera perdedoras	Centrado en la admiración y la rivalidad
Inventario de cinco factores del narcisismo (FFNI)	Grandioso + vulnerable	A menudo tengo la sensación de que necesito elogios de los demás para estar seguro de mí mismo. Soy extremadamente ambicioso	Más centrado en el antagonismo, la extraversión y la neurosis

Advertencia: los límites
de la escala de personalidad

Las escalas de personalidad son herramientas fantásticas, pero también hay límites en lo que significan. En primer lugar, las conclusiones se derivan en buena medida de patrones de correlaciones, basados esencialmente en qué va con qué y qué no va con qué. Al igual que el modelo de «red», o la red nomológica mencionada en el capítulo anterior, los psicólogos suelen pensar que los rasgos de personalidad «van unidos», como la humildad y la amabilidad. No me malinterpreten: hay ciencia detrás de esto. Los modelos estadísticos pueden ser una locura, pero la idea básica de «ir unidos» está en el centro de la ciencia de la personalidad. ¿Qué significa este concepto en cuanto al poder predictivo de la personalidad? Significa que, por término medio, los rasgos de la personalidad se organizan de cierta manera. Eso es interesante e importante, pero es tan predictivo como decir: «Bueno, tiene un nogal en su jardín. Apuesto a que tiene ardillas».

En segundo lugar, las personalidades difieren cuantitativamente más que cualitativamente. Pocos «tipos» de personalidad, si es que hay alguno, existen de forma pura. En cambio, los rasgos se sitúan en un espectro. Por ejemplo, nuestro nivel de narcisismo existe en la misma escala que el narcisismo de Donald Trump, del mismo modo que nuestra altura en centímetros existe en la misma escala que la altura de Shaquille O'Neal. Esto es lo que ocurre con todos los rasgos: la Madre Teresa y el Dalái Lama no representan un «tipo» de bondad, sino que son ejemplos de niveles de bondad notablemente altos.

Además, las personas tienden a situarse a lo largo del rango de la mayoría de las escalas de personalidad en una distribución algo normal o en forma de campana, con la mayoría de las personas en el medio y menos individuos en los bordes o extremos. Una escala de liderazgo narcisista podría situar a Donald Trump en el extremo superior y al Dalái Lama en el extremo inferior, pero todos los líderes estarían repartidos en el rango con una media algo más cercana al lado de Trump. Además, el centro de la curva en forma de campana depende del rasgo de personalidad medido. En el caso de un rasgo como la autoestima, por ejemplo, la puntuación media está cerca de la parte superior de la escala. Muchas personas muestran una autoestima muy muy elevada y, afortunadamente, muchas menos expresan una autoestima muy muy baja. El narcisismo muestra un patrón opuesto pero menos extremo, con pocas personas que informen de un narcisismo muy alto.

En esencia, buena parte de la ciencia de la personalidad se basa en determinar cómo varía un grupo de personas en una medición de personalidad en comparación con otra. Hay mucho menos esfuerzo dirigido a definir la personalidad de un individuo específico sin relación con la personalidad de grandes grupos. Este fue el ámbito del psicoanálisis y la psicología profunda, pero, para bien o para mal, todavía no ha dado lugar a una ciencia de la evaluación moderna.

Una visión más profunda: evolución del NPI

El Inventario de personalidad narcisista tiene una historia inusual que lo convierte en una escala desordenada, aunque ha resistido la prueba del tiempo. Comenzó como una escala de 223 ítems diseñada para evaluar el trastorno narcisista de la personalidad según la tercera edición del *Manual diagnóstico y estadístico de los trastornos mentales* (*DSM-III*). Los psicólogos de Santa Cruz, Robert Raskin y Calvin Hall, la redujeron y la anunciaron a finales de los años 70. Sospecho que la reducción a 80 ítems probablemente eliminó la evaluación de las formas más vulnerables de narcisismo.

Además, el NPI se desarrolló como una escala de elección forzosa. La idea era que ambas respuestas se consideraran igualmente deseables, y que el encuestado seleccionara una de ellas. Sin embargo, hay una razón por la que no vemos este tipo de escala a menudo. Las escalas de elección forzada afean las estadísticas. En su lugar, las escalas de 5 puntos del tipo Likert captan mejor la gama de resultados y son ahora habituales. El psicólogo de la personalidad Robert Emmons publicó posteriormente varias versiones más breves que, si bien no se pusieron de moda, inspiraron a Raskin a revisar su trabajo y publicar lo que se convirtió en el NPI-40 *de facto* en 1988.

En los años 80 y 90, estas escalas se escribían a máquina y se compartían en copias impresas. La versión original que yo vi era un mimeógrafo obtenido por mi asesor doctoral, Constantine Sedikides, en la Universidad de Carolina del Norte, en Chapel Hill. Como ya he mencionado, algunos laboratorios de investigación de esa época cambiaban un ítem o eliminaban un par de preguntas, y otros convertían los ítems positivos en afirmaciones de tipo verdadero-falso o preguntaban en una escala de 5 puntos. A menudo se transmitían a otros y así evolucionaban con el tiempo. En última instancia, el NPI sigue siendo útil después de todos estos años, pero no es suficiente para captar plenamente el alcance y las complejidades del narcisismo, especialmente el aspecto de la vulnerabilidad. Como ya sabemos, en este libro hablo del narcisismo más como un rasgo que como un trastorno, por lo que el uso del NPI sigue siendo válido, pero es complicado dada su historia en la medición de un trastorno.

Entre bastidores: antecedentes de la NGS

Cuando Seth Rosenthal creó la Escala de grandiosidad narcisista, en la Universidad de Yale, hace una década, los psicólogos de la personalidad se entusiasmaron y pensaron que era muy interesante. Los adjetivos narcisistas parecían ser una gran manera de medir los pensamientos de los participantes sobre sí mismos, y la escala de 9 puntos creaba suficiente diferenciación para un análisis estadístico robusto.

En ese momento, Seth no publicó nada sobre la escala, pero en 2016, Michael Crowe, que era estudiante de posgrado en la Universidad de Georgia bajo la supervisión de mi colega Josh Miller, estaba intrigado por las posibilidades de la escala y se propuso validarla. Un equipo nuestro trabajó conjuntamente para examinar la estructura factorial de la NGS y generar una versión abreviada de la escala para utilizarla en la investigación. Examinamos varias escalas cortas relacionadas con las medidas de narcisismo grandioso y vulnerable, los «cinco grandes» rasgos de personalidad (que veremos en el próximo capítulo), la autoestima y el inventario de personalidad del *DSM*. También se correlacionó con las calificaciones de los expertos en los casos típicos de trastorno narcisista de la personalidad. En general, la NGS resultó ser una medida válida de la grandiosidad narcisista. La versión abreviada también era fiable y coherente con la versión completa, y Crowe esbozó los seis rasgos enumerados anteriormente en este capítulo.

En julio de 2019, Seth publicó un documento oficial de evaluación que posiciona la NGS como una medición que permite distinguir entre la alta autoestima y la grandiosidad narcisista.[1] Al comprobar su validez, él y sus colegas de otras universidades de Estados Unidos y el Reino Unido descubrieron que las puntuaciones de la NGS se relacionaban poderosamente con fenómenos vinculados a la grandiosidad, como la competitividad, la sobreestimación del propio atractivo y la ausencia de vergüenza, mientras que las puntuaciones de autoestima se relacionaban más con el bienestar del individuo, como los altos niveles de optimismo y satisfacción con la vida, y los bajos niveles de depresión, inutilidad y hostilidad. Concluyeron entonces que la NGS podía ser utilizada por los investigadores para aclarar las distinciones entre la grandiosidad narcisista y la alta autoestima, así como otros aspectos del narcisismo.

En la mayoría de los campos se publican investigaciones de este tipo. La gente inicia proyectos, que son retomados por otros interesados, y luego el equipo de investigación original vuelve a producir una actualización. Es un aspecto divertido y fascinante de la investigación académica.

Pongámonos a prueba: uso del NPI-13

Si deseamos llevar a cabo una prueba rápida de nuestra propia medida de narcisismo (o de otra persona), probemos esta versión de 13 elementos que utilizamos en la Universidad de Georgia. Como sabemos, no es definitiva, pero ha sido probada y validada durante años, siendo un buen punto de partida.

En cada uno de los siguientes pares de atributos, elija aquel con el que en buena medida *esté de acuerdo*:

—1.

A. Me resulta fácil manipular a la gente.

B. No me gusta cuando me descubro manipulando a la gente.

—2.

A. Cuando la gente me hace un cumplido, me da vergüenza.

B. Sé que soy una buena persona porque todo el mundo me lo dice.

—3.

A. Me gusta tener autoridad sobre otras personas.

B. No me importa obedecer órdenes.

—4.

A. Insisto en granjearme el respeto que me corresponde.

B. Por lo general, recibo el respeto que merezco.

—5.

    A. No me gusta especialmente mostrar mi cuerpo.

    B. Me gusta mostrar mi cuerpo.

—6.

    A. Tengo una fuerte voluntad de poder.

    B. El poder por sí mismo no me interesa.

—7.

    A. Espero mucho de los demás.

    B. Me gusta hacer cosas por los demás.

—8.

    A. Mi cuerpo no es nada especial.

    B. Me gusta mirar mi cuerpo.

—9.

    A. Estar en una posición de autoridad no significa mucho para mí.

    B. La gente siempre parece reconocer mi autoridad.

—10.

    A. Nunca estaré satisfecho hasta que obtenga lo que me merezco.

    B. Asumiré mis logros como vengan.

—11.

    A. Intento no ser un fanfarrón.

    B. Suelo presumir si tengo la oportunidad.

—12.
  A. Soy un líder nato.
  B. El liderazgo es una cualidad que lleva mucho tiempo desarrollar.

—13.
  A. Me gusta mirarme en el espejo.
  B. No me interesa especialmente mirarme en el espejo.

Puntuación. Puntuamos cada pregunta basándonos en la siguiente clave:

1. A = 1	6. A = 1	11. B = 1
2. B = 1	7. A = 1	12. A = 1
3. A = 1	8. B = 1	13. A = 1
4. A = 1	9. B = 1	
5. B = 1	10. A = 1	

Ahora sumemos el total. Si obtenemos una puntuación de 7 o más, tenderemos a mostrar más tendencias narcisistas, mientras que una cifra más alta indica un mayor narcisismo. Pero no olvidemos que las cifras elevadas no son necesariamente negativas y no indican un trastorno diagnosticable, aunque sí que nos dan una idea de nuestra personalidad y nuestro comportamiento, que ahora podemos controlar.

3. Rasgos básicos y la receta del narcisismo

Antes de hablar de mi metáfora favorita –la receta del narcisismo– y de los componentes que construyen el narcisismo, será útil observar los rasgos de personalidad en general y cómo funcionan en conjunción. Si cocinamos una comida basada en una receta, necesitamos conocer los ingredientes (en nuestro caso, los rasgos) que vamos a combinar. Como cualquier chef, una vez que entendamos cómo se mezclan las grasas, las sales y los carbohidratos y cómo se cocinan de forma diferente, podremos hacer que funcione casi cualquier comida, y podremos experimentar a lo largo del proceso. Del mismo modo, con la personalidad, necesitamos conocer los ingredientes para crear la receta que estamos cocinando.

Para ello, empecemos con una entrevista de trabajo imaginaria. Seguro que el lector conoce esta frase tan célebre: Utilice tres adjetivos para describirse. ¿Qué le viene a la mente? «Trabajador, motivado, orientado al trabajo en equipo». Si somos sinceros con nosotros mismos, también podemos pensar: «Cohibido, inseguro, distraído», aunque nunca se lo diríamos a un posible empleador. Cuando la gente piensa en adjetivos para describirse a sí misma, tiende a hablar de ellos como «rasgos» de personalidad.

Una forma poderosa de pensar en la personalidad desde una perspectiva científica es que esta es una colección de rasgos que sirven como bloques básicos de construcción de la personalidad. Pensemos en los rasgos de personalidad como ingredientes de cocina o elementos químicos de los que se puede hablar por separado o combinados como estructuras de personalidad más complejas.

Se pueden utilizar numerosos rasgos para entender la personalidad, por lo que parece difícil señalar los rasgos específicos que mejor captan la personalidad desde un punto de vista científico. En un diccionario o tesauro, unos cuatro mil adjetivos describen la personalidad tal como la conocemos: simpático, extravagante, cruel, curioso, trabajador, creativo, obediente, tonto, considerado... y hay suficientes para llenar miles de poemas.

De hecho, el lenguaje es un buen lugar para empezar a examinar la personalidad. Hace más de cien años, el brillante erudito británico sir Francis Galton efectuó una observación clave: el lenguaje evolucionó para captar estos rasgos de personalidad. Si la gente necesitaba una manera específica de describir a alguien, por ejemplo, como humilde o excéntrico, se las ingeniaron para hacerlo.[1]

Además, Galton razonó que, si se necesitaba utilizar esa descripción con frecuencia, el lenguaje creaba una *sola* palabra para hacerlo. En lugar de decir: «Juan es el tipo de persona a la que le gusta acaparar dinero y no gastarlo en los demás», el lenguaje evolucionó para que podamos decir simplemente: «Juan es tacaño». Con esta sencilla pero brillante idea, conocida por los científicos de la personalidad como la *hipótesis léxica*, Galton lanzó el modelo de rasgos de la personalidad. En la actualidad, los psicólogos llaman *rasgos* a los adjetivos que definen la personalidad, aunque también se denominan *rasgos de personalidad* o *rasgos de carácter*.

Considerar que los rasgos de personalidad son ingredientes

Para entender mejor las personalidades complejas, pensaremos en ellas como si fueran recetas con ingredientes que componen un plato, como la harina, la levadura y el agua, que juntas forman una masa. Los rasgos pueden mezclarse como los ingredientes de una receta para crear una descripción completa de la personalidad. Tal vez tengamos un amigo que sea amable, tranquilo, extravagante y trabajador. Combinando estos rasgos, tenemos la receta de un friki adorable. Del mismo modo, un amigo que es amable, ruidoso, excitante y enérgico puede ser un fiestero encantador.

Por supuesto, sería demasiado complicado hacer un recetario de personalidad con miles de ingredientes de rasgos independientes. Como humanos, solo podemos dar sentido a unos cuantos elementos a la vez. Los psicólogos han calculado esto de diferentes maneras, y los resultados parecen oscilar entre un extremo alto de siete rasgos, como un número de teléfono del pasado sin el código de zona, y un extremo bajo de cuatro cuando examinamos los objetos. En esencia, cuando los humanos damos sentido al mundo, nos gusta dividir las ideas y los objetos en «fragmentos» manejables. Cuando estos fragmentos son demasiado grandes para recordarlos, construimos fragmentos aún más pequeños y precisos. Por fortuna, los ingredientes se agrupan para formar conjuntos mayores. El término *pasta*, por ejemplo, se refiere a cientos de ingredientes específicos, como el cabello de ángel, los espaguetis o los ziti. Otra categoría incluye la minipasta, las cintas y la pasta de trigo y no de trigo, como los ñoquis. Además, la propia pasta forma parte de un grupo de alimentos más amplio, que es el de los «granos» en el sistema estadounidense y el de los «panes, cereales, arroz y pasta» en otros sistemas. En este capítulo, hablaremos de las formas en que los psicólogos categorizan los rasgos para describir las distintas personalidades, así como de los rasgos que más importan a la hora de investigar y mensurar el narcisismo.

Entender los cinco grandes

Al igual que existen los «tres grandes» ingredientes en la cocina –proteínas, hidratos de carbono y grasas– que subyacen a todas las recetas, los «cinco grandes» rasgos de la personalidad subyacen a todos los rasgos complejos de personalidad y a los trastornos de la misma. Cuando se entienden los «cinco grandes», es posible entender el narcisismo a partir de sus ingredientes.

Basándonos en el sentido común, los rasgos de personalidad pueden agruparse fácilmente: *agradable*, *amable* y *cariñoso* van unidos, y *mezquino*, *insensible* y *desagradable* también van unidos. Al mismo tiempo, estas seis palabras describen los extremos opuestos de un mismo rasgo más amplio, que los psicólogos llaman *agradabilidad*. Otro ejemplo:

los rasgos de *calma*, *paz* y *felicidad* están agrupados, y los de *ansiedad*, *depresión* e *inestabilidad* también están agrupados. Asimismo, describen los extremos opuestos de un rasgo más grande y más amplio, que los psicólogos denominan *neuroticismo*.

Cuando los científicos de la personalidad utilizan esta técnica de agrupamiento con las palabras conocidas para los rasgos de personalidad, obtienen cinco rasgos principales, lo que se conoce en el campo como los «cinco grandes». Estos «cinco grandes» rasgos tienen sentido en ambos extremos, donde *agradabilidad* y *antipatía* forman parte del mismo espectro de rasgos, pero normalmente se describen solo por un extremo. Los «cinco grandes» rasgos (y el polo opuesto de cada uno de ellos) son los siguientes:

Apertura a la experiencia (versus baja apertura)

Responsabilidad (versus baja responsabilidad)

Extraversión (versus introversión)

Agradabilidad (versus desagrado o antagonismo)

Neuroticismo (versus estabilidad emocional)

Son fáciles de recordar mnemotécnicamente porque las primeras letras de los «cinco grandes» rasgos forman, en inglés, la palabra OCEAN (o CANOE). Los «cinco grandes» son los ingredientes que cubren casi todos los demás rasgos de la personalidad. Al mismo tiempo, una receta de la personalidad pierde precisión cuando se utilizan los «cinco grandes» rasgos; es una receta que enumera la carne como ingrediente, si bien no especifica si se trata de ternera, cerdo o pollo. La receta es sencilla y directa pero vaga. Profundizaremos en los «cinco grandes» para perfilar mejor, en la última parte de este capítulo, la receta del narcisismo.

La *extraversión* es un término que solemos emplear para referirnos a la sociabilidad, la amabilidad y la energía. En la ciencia de la personalidad, la extraversión también contiene los ingredientes de impulso, ambición y búsqueda de recompensa. La extraversión es como añadir especias a la personalidad; es energizante. Entre las personas muy extravertidas se encuentran empresarios como Jimmy Kimmel y políticos como Bill Clinton. En el otro extremo del espectro de la extraversión, se observa menos sociabilidad e ímpetu. La introversión, o la baja extraversión, es un rasgo que se observa en celebridades menos extravertidas, como J.K. Rowling, o en líderes empresariales, como Bill Gates.

La *apertura a la experiencia*, que suele denominarse simplemente *apertura*, es una combinación de curiosidad intelectual, espíritu de aventura, aprecio por las nuevas ideas e interés por el arte, la fantasía y la imaginación. Los artistas y los empresarios suelen tener un elevado grado de apertura, con ejemplos como Steve Jobs, Andy Warhol o John y Alice Coltrane. Para contemplar una alta apertura en los medios de comunicación, tenemos que ver a Joe Rogan y a Elon Musk hablar del mundo en YouTube, o ver a Ellen y su humor alocado, o a Oprah con su amplio imperio mediático. Los que tienen una baja apertura suelen ser menos curiosos o abiertos estéticamente. Pienso en el vicepresidente Mike Pence como alguien con baja apertura, al menos esa es su marca, lenta y constante.

La *agradabilidad* es un rasgo que incluye la bondad, la moralidad y la confianza. Las personas agradables se llevan bien con los demás. El extremo inferior de la amabilidad, que a menudo se denomina antagonismo o desagrado, es especialmente importante para comprender el narcisismo. El antagonismo conlleva un sentido de superioridad sobre los demás y un sentido de privilegio, lo que significa que las necesidades de la persona importan más que las de los otros. El antagonismo también se asocia con la desconfianza en los demás. Las personas egoístas ven reflejado su propio rasgo en los demás. Entre las personas muy agradables se encuentran *Blancanieves* y Janet en *The Good Place*. En el extremo inferior, personajes como Bart Simpson y el entrenador Sylvester de *Glee* no son tan agradables.

La *responsabilidad* es un rasgo de los «cinco grandes» que engloba la ética del trabajo, el deseo de orden, la cautela y la autodisciplina. La mayoría de las pruebas que utilizan los empleadores para seleccionar a los trabajadores tratan de detectar la responsabilidad. El valor y la voluntad de esforzarse por alcanzar objetivos difíciles es un componente de ella. En el extremo superior de la responsabilidad se ubican los gerentes y administradores expertos (y sus asistentes, quienes los mantienen en el buen camino). También se ve en este grupo a trabajadores diligentes que siguen las reglas. Hermione Granger, de *Harry Potter*, es muy responsable, al igual que Leslie Knope, de *Parks and Recreation*. En el extremo inferior de la responsabilidad, tenemos al personaje del Nota de *El gran Lebowski.*

El *neuroticismo*, el último rasgo, se asocia con la ansiedad, el miedo, la timidez y la reactividad emocional, que es una forma elegante de decir que las personas con este rasgo suelen enfadarse o volverse agresivas cuando se enfrentan a amenazas. En ocasiones, es útil pensar en el neuroticismo como una forma de detección de amenazas. Las personas con un alto grado de neuroticismo perciben muchas amenazas en el mundo, mientras que personas emocionalmente estables se sienten menos amenazadas. Hay muchos personajes neuróticos. Woody Allen hizo carrera con el neuroticismo, al igual que el personaje de Callista Flockhart en la serie *Ally McBeal.* Por otro lado, tenemos un personaje ultratranquilo y poco neurótico, como la profesora McGonagall en la serie de *Harry Potter*, como una versión más maternal, y personajes de acción ultratranquilos interpretados por Tom Cruise o Denzel Washington.

Desbloquear el grande a las treinta facetas

Los «cinco grandes» rasgos no son una noción similar a la del átomo, es decir, no son los bloques fundamentales de la personalidad. Los rasgos siempre pueden agruparse en unidades más grandes o dividirse en unidades más pequeñas. A 10.000 metros de distancia, un rasgo principal de la personalidad, en realidad un «meta-meta-rasgo», se llama el «grande». El «grande» es la combinación de altos niveles de extraversión, apertura, amabilidad, responsabilidad y bajo neuroticismo. Desde un determinado punto de vista, el «grande» representa lo que en Estados Unidos consideramos generalmente una persona positiva o que funciona bien y que es extravertida, curiosa, amable, trabajadora y tranquila. Aunque tiendo a ver todos los rasgos como compensaciones, si alguien me preguntara si quiero que mis hijas tengan altos niveles del rasgo «grande», la respuesta sería «¡sí!».

Si nos movemos en sentido descendente para observar un poco más de cerca, lo que vemos son dos metarrasgos. La amabilidad, la responsabilidad y el bajo neuroticismo van juntos como un metarrasgo, llamado *estabilidad* o *alfa*. La extraversión y la apertura forman un segundo metarrasgo, llamado *plasticidad* o *beta*. El desglose de los «dos grandes» es útil cuando se piensa en el cambio. La plasticidad es energizante y creadora. Está relacionada con el sistema de recompensa del cerebro. Las personas con una alta puntuación en plasticidad crean redes sociales, sistemas de ideas, arte, fantasía y organizaciones. La plasticidad impulsa el cambio, y el cambio significa la desestabilización e incluso la destrucción de realidades antiguas. Cuando la gente de Silicon Valley habla de moverse con rapidez y romper cosas o volcar quinientos patinetes eléctricos en una ciudad para ver qué pasa, eso es obra de la alta plasticidad.

Por otro lado, la estabilidad solidifica y frena el cambio. Las personas con un nivel elevado en la escala de estabilidad lo consiguen llevándose bien con los demás, siguiendo las normas y la tradición, y manteniendo la calma. Por ejemplo, Elon Musk representa a alguien muy alto en plasticidad, tan alto que la SEC [Comisión del Mercado de Valores de Estados Unidos] y algunos accionistas quieren que se rodee de individuos estabilizadores. Muchos emprendedores son despedidos después de haber conseguido construir una organización porque los emprendedores prosperan en la flexibilidad, pero las grandes estructuras necesitan estabilidad en forma de reglas, políticas estandarizadas y sistemas establecidos. La estabilidad se produce cuando el consejo de administración de una empresa echa al fundador y lo sustituye por un directivo que hace el trabajo aburrido. Esa es la tensión existente: la flexibilidad quiere crear y construir, mientras que la estabilidad aspira a formalizar y reforzar. Este equilibrio se halla tan en el centro de la dinámica de la vida que muchos pueblos antiguos tenían términos para ello: yin y yang, Shakti y Shiva, amor y conflicto.

La jerarquía de rasgos

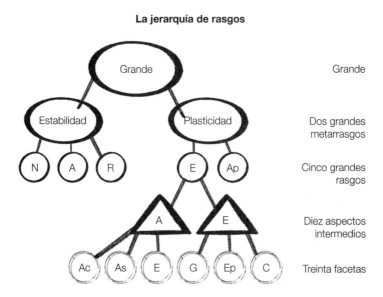

En la otra dirección, cada uno de los «cinco grandes» rasgos se dividen en dos *aspectos*. Yo veo esto como los «diez intermedios». Si bien, en este libro, no nos ocupamos demasiado de esos aspectos, algunos de ellos son relevantes para el narcisismo. Lo más importante es que la extraversión se divide en *entusiasmo* y *asertividad*. La gente se siente atraída por el entusiasmo, o por una personalidad con gran energía positiva, como el *coach* de desarrollo personal Tony Robbins o la copresentadora de *Today*, Hoda Kotb. Además, la gente se siente atraída por la asertividad, es decir, por la idea de imponerse a sí misma, a los objetivos o a una agenda. A veces respetamos la asertividad y otras veces nos oponemos a ella. El narcisismo se correlaciona con ambos aspectos de la versión extra pero especialmente con el aspecto de la asertividad.

En los niveles más específicos de los rasgos de personalidad, los científicos suelen trabajar con *facetas* de personalidad, también conocidas como las «treinta facetas». Las facetas individuales solo se utilizan para responder a preguntas específicas sobre la personalidad, por lo que no suelen utilizarse solas. Donde las facetas de la personalidad brillan es en la construcción de perfiles de personalidad. Un perfil de personalidad es una calificación de un individuo basada en cada faceta de los «cinco grandes». Como se verá en la siguiente sección, estos perfiles pueden ser muy útiles para entender el narcisismo y su receta específica. La tabla 3.1 ofrece una visión general de los niveles de los rasgos de personalidad, desde los metarrasgos de mayor nivel hasta las facetas de menor nivel.

Tabla 3.1. Niveles de rasgos de personalidad

NIVEL DE RASGO	NOMBRE	DESCRIPCIÓN	COMENTARIO
Metarrasgo	Grande	N + A + R + E + Ap	Los polos «positivos» de los «cinco grandes»
Metarrasgo	Los dos grandes	N + A + R E + Ap	Estabilidad (también alfa) Plasticidad (también beta)
Rasgo	Los «cinco grandes»	N + A + R + E + Ap	Es el más útil en general, pero tiene ventajas en cuanto a la precisión y la generalidad
Aspecto	Medio diez	*E*, dividido en entusiasmo y asertividad	Útil para preguntas más específicas
Faceta	Treinta facetas	*E* dividido en actividad, asertividad, búsqueda de emociones, gregarismo, emoción positiva y calidez	Útil para construir perfiles complejos

Elaborando la receta del narcisismo

Un rasgo de personalidad complejo como el narcisismo se compone de numerosos rasgos y patrones de comportamiento específicos, que a veces pueden parecer no relacionados entre sí. Por ejemplo, querer dominar el mundo y querer verse bien en el espejo puede parecer bastante diferente de entrada. Algunas personas desean dominar el mundo y otras desean tener buen aspecto. Sin embargo, estos rasgos van unidos en el narcisismo. A lo largo de la historia, los gobernantes no solo han vestido increíbles galas, sino que también han encargado pinturas, estatuas y fotografías para dejar constancia de su poder y su éxito. Una ciudad antigua como Roma o Giza muestra la historia de gobernantes que superan a otros.

En términos de los «cinco grandes», el ingrediente central del narcisismo, que es el principal ingrediente que se considera necesario para constituir el narcisismo, es la baja amabilidad o el elevado antagonismo. El antagonismo es donde localizamos la actitud pretenciosa de los narcisistas, la falta de empatía, la manipulación y la creencia en su superioridad. Este antagonismo central ha sido llamado *prepotencia pretenciosa* u *oscuridad*. Algunos psicodinámicos utilizan la expresión *narcisismo maligno* para describir los casos en los que la cantidad de antagonismo es especialmente alta en la receta del narcisismo.

Para el narcisismo grandioso, un segundo ingrediente crucial es la extraversión, que incluye la sociabilidad, la audacia y el impulso. Con la extraversión, un individuo que funciona mucho mejor compensa el antagonismo con la simpatía o el éxito. Si alguien poderoso o atractivo es también enérgico y simpático, también puede ser algo malo y salirse con la suya. Esta extraversión es también lo que permite que el narcisismo se extienda por las redes sociales y ascienda a posiciones de poder.

En el narcisismo vulnerable, en cambio, la receta mezcla el componente central del antagonismo con altos niveles de neuroticismo, lo cual aporta inseguridad, ansiedad, depresión e hipersensibilidad. Desde esta perspectiva, un narcisista vulnerable es esencialmente alguien que se considera importante, egocéntrico y pretencioso, pero también inseguro, deprimido y acomplejado. En ocasiones se piensa que los narcisistas vulne-

RASGOS O INGREDIENTES BÁSICOS DEL NARCISISMO

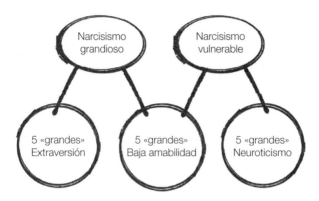

rables tienen la piel muy fina: esperan un trato especial y son hipersensibles a las críticas y a los «desaires percibidos», o a situaciones a las que la mayoría de nosotros no daría importancia, como no ser consultado por los vecinos que pintan su casa, no ser invitado a la boda de un conocido, o simplemente no recibir un mensaje de texto con la suficiente rapidez.

Por supuesto, si la receta combina una baja simpatía con extraversión y neuroticismo, el resultado es una mezcla de narcisismo grandioso y vulnerable. Estas personas son extravertidas y motivadas, pero también tienen la piel muy fina en privado, o cuando se las pilla desprevenidas ante los demás. Como se explicará en el capítulo 5, esta mezcla constituye el trastorno narcisista de la personalidad.

Aunque la receta básica de los rasgos del narcisismo es sencilla, existen numerosas variantes. Pensemos en una hamburguesa con queso básica, que tiene tres ingredientes clave: carne, queso y pan. Incluso con estos tres ingredientes, pueden existir miles de variedades cambiando el contenido de la carne, el tipo de queso y el tipo de bollo o pan, junto con diferentes salsas o aderezos. Y lo mismo ocurre con el narcisismo. Los narcisistas comparten ingredientes clave, pero estos pueden manifestarse de muchas maneras. No todos los narcisistas son iguales, por lo que el narcisismo puede parecerse a muchos otros rasgos, del mismo modo que un «sloppy joe» se parece sospechosamente a una hamburguesa. (Aunque en el caso del narcisismo, el «sloppy joe» sería otro trastorno, como la psicopatía, tal como veremos en el capítulo 6).

Además –y esto es importante no olvidarlo–, la receta no es lo mismo que el plato. Una receta puede producir resultados muy diferentes según la procedencia de los ingredientes y la pericia del cocinero. Asimismo, cada persona disfruta de una receta distinta. A algunas personas les encantan los sabores amargos, mientras que a otras les desagradan profundamente. Del mismo modo, los rasgos o el perfil de rasgos de una persona no es lo mismo que la persona, pero son una forma útil de pensar en cómo está estructurada la persona. En este sentido, alguien puede tener tendencias narcisistas, pero no necesariamente ser catalogado como narcisista.

Unir los rasgos: más sobre la red nomológica

Al crear una receta, los científicos de la personalidad piensan en rasgos que aparecen unidos. Si aplicáramos cien test de personalidad diferentes a mil personas, encontraríamos las siguientes correlaciones: las personas que puntúan alto en extraversión también obtendrán una elevada puntuación en narcisismo grandioso y autoestima. Las personas que puntúan alto en autoestima informarán de altos niveles de felicidad y bajos niveles de depresión. Las personas que puntúan alto en neuroticismo también puntuarán alto en narcisismo vulnerable y bajo en autoestima. Los investigadores han observado estas correlaciones de manera sistemática porque los constructos de personalidad se unen en patrones regulares o legales. A veces, esto es más fácil de percibir gráficamente, como en la siguiente imagen.

Ejemplo de red nomológica

Como ya se ha mencionado brevemente, esta enorme red de correlaciones o relaciones entre rasgos recibe el nombre de *red nomológica*. Es un trabalenguas, pero es importante porque es nuestro mapa del conjunto de rasgos. Si no hubiera relaciones relativamente estables entre rasgos, los científicos de la personalidad carecerían de la ciencia adecuada para explicar sus observaciones. En su lugar, el narcisismo se correlacionaría con la baja amabilidad un día, y con la alta amabilidad al día siguiente. Y sería desesperante.

Gracias a la red nomológica, los investigadores pueden formular predicciones o, cuando menos, suposiciones razonables. Por ejemplo, si alguien declara tener una baja autoestima y depresión, es más probable que sea narcisista vulnerable y no grandioso. Si alguien es feliz, es menos probable que sea ansioso. Al mismo tiempo, la asociación podría no decirnos nada: muchos constructos no se relacionan en absoluto, o tienen relaciones pequeñas e inestables. Los científicos pueden entusiasmarse con estas diferencias observables y considerarlas nuevos descubrimientos, pero a menudo son lo que el gran psicólogo de la personalidad Paul Meehl denominó «desperdicios», o la forma desordenada en que los rasgos pueden a veces unirse.[2] Además, la red nomológica es una noción bien establecida en el mundo académico occidental pero no tanto en otros ámbitos. La verdad es que la mayor parte de nuestra investigación se ha llevado a cabo con estudiantes de psicología y, en los últimos años, con encuestas *online*. Toda la red nomológica puede deformarse o torcerse en otras culturas y poblaciones de estudio.

Como comentario final, diremos que la red nomológica nos permite entender el significado de los rasgos. En esencia, los rasgos se definen por sus relaciones con otros rasgos. A algunas personas esto les resulta incómodo. Sería estupendo tener una protuberancia en el cráneo que sirviera de medida objetiva de la autoestima, como creían los frenólogos de antaño, pero la personalidad no funciona de ese modo. Aquí es donde la metáfora de la comida pierde validez porque sí que tenemos sistemas genéticos específicos y otros sistemas descriptivos para identificar lo que comemos. Sin embargo, el tratamiento de la personalidad humana es difuso y complejo. Los investigadores tienen ahora la capacidad de ver patrones fiables de personalidad en grandes grupos de personas, y esa capacidad va mejorando a medida que se realizan más estudios, pero los científicos de la personalidad también necesitan mucha humildad, especialmente cuando se trata de predecir el comportamiento basado en la personalidad. La situación va de la mano de la máxima popular: «El mejor predictor del comportamiento futuro es el comportamiento pasado». Para adivinar lo que va a hacer una persona, hay que mirar su pasado. Si tenemos que adivinar cuál de dos personas va a ser infiel en el futuro, trataremos de determinar la que ha sido infiel en el pasado. Una variante de esta regla es que, si alguien hace algo, probablemente no sea la primera vez. Si pillamos a alguien engañando, robando o en cualquier otro comportamiento, rara vez es la primera vez que lo hace.

Pero aquí hay otra reflexión: la gente cambia. Buscan nuevas experiencias y relaciones. Crecen y aprenden. El mundo cambia. Incluso la máxima popular no se sostiene con un alto nivel de certeza. Los modelos de rasgos no captan este movimiento ni esta dinámica. En próximos capítulos, hablaremos de cómo las personas, incluidos los narcisistas, pueden cambiarse a sí mismos.

Un rápido estudio de caso: los ingredientes
de la receta de Donald Trump

Donald Trump tiene una *gran* personalidad. Lo dice sin tapujos, sin disimulo. No digo que lo que dice sobre su personalidad sea cierto o falso, sino que lo que digo es que ha sido una figura pública durante décadas por propia elección. Su marca es él mismo. Trump es un buen candidato para la calificación de la personalidad por parte de no expertos. Cientos de millones de personas han visto mucho a Trump.

Trump también es una figura polarizadora. Algunas personas lo apoyan ferozmente, y otras se oponen a él con una pasión similar, por lo que hay que tener en cuenta las ideas políticas cuando se recaba la opinión de alguien sobre su personalidad. Basándonos en el sentido común, podríamos suponer que las personas que le apoyan tendrán una opinión más favorable acerca de su personalidad.

En el año 2018 hicimos un estudio a este respecto en la Universidad de Georgia, dirigido por el estudiante de posgrado Courtland Hyatt. Este se puede ver en la siguiente gráfica, en el que se destacan las facetas de amabilidad y responsabilidad. Pedimos a los partidarios de Trump y de Hillary Clinton que calificaran a Trump según las 30 facetas de los «cinco grandes» y utilizamos esas calificaciones de las facetas para crear perfiles de rasgos. A continuación, comparamos estos dos perfiles de la personalidad de Trump –uno de los partidarios de Trump y otro de los partidarios de Clinton– entre sí, así como con la receta de baja simpatía y alta extraversión del narcisismo grandioso y la baja simpatía y el alto neuroticismo del narcisismo vulnerable.

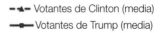

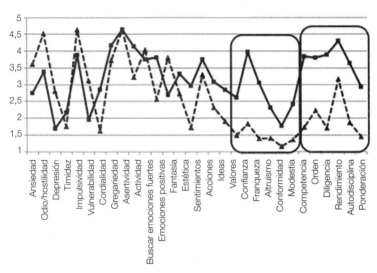

Resulta que ambos grupos consideran que Trump tiene un perfil de rasgos narcisistas grandiosos. Ambos grupos están totalmente de acuerdo, por ejemplo, en que Donald Trump se sale de la norma en cuanto a asertividad y grandiosidad. Sin embargo, las grandes diferencias se dieron en sus percepciones sobre honestidad, franqueza y altruismo. Los partidarios de Trump lo veían como alguien que trabajaba con integridad por el bienestar de los demás, pero los partidarios de Clinton consideraban que Trump era interesado, deshonesto y, para añadir algo de picante, carente de cualquier rasgo de responsabilidad que no fuera el de intentar alcanzar sus objetivos personales. Trump no parece especialmente vulnerable desde ninguno de los dos perfiles de rasgos.

Para los propósitos de este libro, no tengo ningún interés en hacer una declaración política sobre Donald Trump, pero sí creo que el narcisismo grandioso constituye el núcleo de su estructura de personalidad. Lo fascinante es que estos perfiles de facetas nos permiten percibir la gama de lo que es el narcisismo. Los supervisores de Trump podrían decir: «Sí, Trump puede ser un HDP arrogante, pero necesitamos a un HDP para hacer el trabajo. Además, sé que Trump se preocupa por el país a un nivel superior». Por otro lado, los partidarios de Clinton podrían decir: «Trump es un líder muy ambicioso, egoísta, no merece la confianza, perezoso y tremendamente incompetente que está en este campo por la fama y el poder. Es un choque de trenes que destruye el sistema democrático».

Si esto le parece interesante, consulte la inmersión profunda en el narcisismo y el liderazgo en el capítulo 8. En este rápido estudio de caso, el asunto es que el estudio de las facetas de la personalidad esclarece en ocasiones la forma en que diferentes personas ven a alguien. En este caso, los diferentes grupos creen que el mismo individuo narcisista tiene matices más brillantes y más oscuros, o motivos, lo cual es el tema principal del siguiente capítulo.

Una visión más profunda: narcisismo comunitario y retribución

Otra fascinante área de investigación se centra en el narcisismo en situaciones que deberían parecer más desinteresadas que egoístas. Incluso cuando participan en actos de amistad, filantropía y restitución, los narcisistas lo hacen por la estima y el estatus que obtienen al realizar buenas acciones. Denominado *narcisismo comunitario*, la idea es que las personas pueden ser egocéntricas con respecto a los rasgos comunitarios, considerándose a sí mismas como el mejor amigo o el mejor voluntario de la historia.

Este tipo de narcisismo aparece a veces en los grupos religiosos sin ánimo de lucro, cuando la gente habla con orgullo de lo mucho que da, del tiempo que dedica y a quién conocen y se asocian en los círculos de la beneficencia o de la Asociación de Padres de Alumnos. Miran con desprecio a los demás porque tienen una causa o una misión, y a menudo cotillean sobre otros a los que no les va tan bien en la organización. Esto provoca a menudo disputas internas y comportamientos de camarilla en los grupos benéficos. Para una referencia de la cultura pop, piense en el personaje Tahani, interpretado por Jameela Jamil, en la serie *The Good Place*. A lo largo de su vida, hizo donaciones a organizaciones benéficas y organizó eventos atrevidos, pero no para destacar o apoyar a las organizaciones a las que ayudaba, sino con la intención de mostrar su carácter dadivoso y acercarse a los famosos. Jochen Gebauer y sus colegas de la Universidad Humboldt de Berlín (Alemania) desarrollaron el Inventario de narcisismo comunitario para medir este tipo de narcisismo. Lo validaron en 2012, y espero que siga floreciendo esta área de investigación. El inventario pide a las personas que muestren su acuerdo o desacuerdo en una escala de siete puntos con afirmaciones como: «Soy la persona más servicial que conozco», «Soy un oyente increíble» y «Tengo una influencia muy positiva en los demás». Aunque a todos nos gustaría pensar que somos serviciales y buenos oyentes, los narcisistas actúan de ese modo por amor a sí mismos y no por la amistad o la comunidad.

Este tipo de narcisismo también es especialmente delicado porque los líderes que son pilares de la comunidad pueden caer en esta categoría. Aunque los narcisistas comunitarios se dedican a la comunidad y suelen ser positivos en las interacciones públicas, su antagonismo y su naturaleza centrada en ellos mismos perjudican sus relaciones privadas, lo que puede hacer que cónyuges, hijos u otros familiares tengan que enfrentarse a la realidad de la personalidad de su ser querido. Sin embargo, Gebauer señala que los narcisistas comunitarios tienden a caer en desgracia con el tiempo, al igual que los narcisistas «agénticos» o típicamente grandiosos que están motivados por la estima y el poder se vuelven menos populares con el paso del tiempo.[3] A medida que introducen el dramatismo y los patrones destructivos en sus relaciones comunitarias o en sus buenas acciones, la gente se da cuenta, y pierden el favor a medida que los demás ven indicios de los motivos hipócritas de estos narcisistas.

Entre bastidores:
desacuerdo sobre los «cinco grandes»

Si estamos familiarizados con los fundamentos de la psicología y la personalidad, es probable que los «cinco grandes» nos resulten un tema general que está bien fundado en la investigación. Al mismo tiempo, los «cinco grandes» se presentan a menudo como si no hubiera debate en este campo, pero les prometo que sí lo hay. De hecho, a un grupo de investigadores del narcisismo le gusta utilizar los «seis grandes», también abreviados como HEXACO, porque dividen más la afabilidad e intentan captar ese aspecto con más matices que los «cinco grandes».

En el año 2005, los investigadores canadienses Michael Ashton y Kibeom Lee escribieron sobre el sexto factor: honestidad-humildad.[4] Aunque la honestidad y la modestia vinculan la afabilidad con este sexto factor –escribieron–, separarlas proporcionaba una mejor predicción de las cuestiones sobre el engaño sin hostilidad, como la destreza social y el autocontrol. Concluyeron que era importante evaluar la honestidad-humildad por separado. De hecho, utilizaron el Inventario de personalidad HEXACO para evaluar las seis dimensiones principales de la personalidad (honestidad-humildad, emocionalidad, extraversión, amabilidad, diligencia y apertura).

Una década después, investigadores de varias universidades de Ontario (Canadá), dirigidos por Angela Book, evaluaron cómo el modelo HEXACO daba cuenta de rasgos «oscuros» como el narcisismo. Al igual que en el modelo de los «cinco grandes», descubrieron que los rasgos más oscuros se alineaban con la baja honestidad-humildad, la baja emocionalidad, la baja afabilidad, la baja diligencia, siendo la baja honestidad-humildad la que tenía el mayor impacto.[5]

4. Objetivos y motivaciones narcisistas

Pensemos acerca de lo que nos motiva. ¿Cuáles son nuestros objetivos y qué esperamos ser, hacer, tener o poseer? Las investigaciones efectuadas durante las dos últimas décadas evidencian que nuestras tendencias narcisistas están relacionadas con muchas de nuestras decisiones, desde la elección de pareja sentimental hasta las inversiones financieras, e incluso nuestros hábitos de compra. Cuando escuchamos a nuestro ego, a menudo optamos por la opción más sofisticada porque nos hará parecer mejores. Queremos mostrar ostentación, poseer lo que es exclusivo y hacer que las cabezas se giren cuando pasamos, de ahí la palabra *ostentoso* para nuestros grandes anillos de diamantes, collares y bolsos de marca con logotipos. A menudo es nuestro ego el que asoma, con la esperanza de validar una imagen grandiosa de nosotros mismos, aumentando nuestra vanidad y mostrando nuestra colección de alto estatus a los demás. Al mismo tiempo, el deseo de poseer uno de esos automóviles caros Mercedes proviene de sistemas de motivación cotidianos.

Tan pronto como las criaturas de cualquier forma comenzaron a moverse, desarrollaron objetivos y motivaciones básicas. Fundamentalmente, el objetivo en la vida es conseguir cosas buenas y evitar las malas. Un moho unicelular aprende a superar una sustancia amarga como la quinina, un compuesto que se encuentra en el agua tónica, para llegar a una fuente de alimento. La capacidad de dirigir, controlar o regular el comportamiento hacia los objetos o creencias deseados y alejarse de los objetos o creencias perjudiciales o desagradables está presente en toda la naturaleza. Las plantas envían raíces primarias para encontrar agua y dirigen las hojas hacia el sol para maximizar la energía. También producen frutos para reproducirse, que están diseñados para ser atractivas a otras especies que se las comen y esparcen las semillas.

Los seres humanos compartimos estos sistemas de objetivos básicos con los miembros de nuestra especie. Como seres vivos, nos sentimos impulsados a alimentarnos y a alejarnos de los estímulos nocivos o tóxicos. Como especie sexualmente dimórfica, estamos motivados tanto positiva como negativamente en el complejo mundo del apareamiento. Como mamíferos, tenemos motivaciones de apego y cuidado, sobre todo a través de la crianza. Como especie altamente social, estamos motivados para asegurar o mejorar nuestro lugar en la comunidad y en la jerarquía de dominación. A menudo, los psicólogos sociales hablan de las necesidades de pertenencia o conexión y de poder o estatus. Como humanos modernos, tenemos un yo muy complejo que construimos y defendemos. Pero, si bien nos preocupa la imagen y la autoestima, también nos sentimos más solos que nunca.

Las metas y motivaciones de los narcisistas se basan en los mismos sistemas que los del resto de las personas, es decir, existe un pequeño grupo de personas que no tiene ningún motivo u objetivo relacionado con el narcisismo; en cambio, los motivos y objetivos de los narcisistas están fuertemente orientados hacia el yo. En el caso del narcisismo grandioso, las personas se construyen y mejoran a sí mismas, mientras que, con el narcisismo vulnerable, se autoprotegen. En ambos casos, los narcisistas se priorizan ellos mismos antes que a los demás.

Motivos narcisistas fundacionales: aproximación y evitación

El yo narcisista siempre está en riesgo de ganar o perder estatus en cualquier circunstancia. La gloria de la victoria y la agonía de la derrota se basan, en el caso del narcisismo, en los mismos motivos que hacen que un ratón corra hacia el queso o huya de un halcón. Estamos conectados con dos sistemas motivacionales fundamentales –de aproximación y evitación– que se sintonizan de manera distinta según la persona. Uno puede estar más motivado para perseguir el éxito, o bien más atento a la hora de evitar el castigo. Al igual que los cachorros, algunas personas son temerosas y tímidas, mientras que otras son alegres y nerviosas. Es importante destacar que, si bien la orientación de aproximación y la de evitación no equivale a narcisismo, sí que proporciona el «empuje» o el «tirón» que impulsa el comportamiento. Con el narcisismo, las motivaciones de acercamiento y evitación se canalizan a través del yo. Por ejemplo, los narcisistas pueden preguntarse cómo conseguir más estatus o cómo obtener riqueza o poder para ellos mismos. No se trata de jugar por amor al juego o por el bien de la comunidad, sino que se trata más bien de uno mismo.

Por ejemplo, los narcisistas grandiosos se centran en parecer buenos, por lo que buscan constantemente oportunidades para despuntar. Los narcisistas vulnerables se centran en no quedar mal, por lo que escudriñan el entorno en busca de posibles amenazas para su ego. El resultado en ambos casos es una vida llena de correcciones de rumbo. Los narcisistas buscan constantemente oportunidades a corto plazo para quedar bien o evitar sentirse mal.

Estas dos motivaciones son incluso fáciles de detectar en diferentes especies. Los depredadores, como los halcones o los leones, tienen ojos que miran al frente y acechan con una intensa concentración el objetivo. Cuando estos depredadores se proponen llevar a cabo una acción, van a por todas y, aunque fallen muchas veces, nunca dejan de cazar. Su motivación se considera una táctica de *aproximación*.

Los animales de presa son diferentes. Sus ojos están situados a los lados de la cabeza, por lo que tienen un gran campo de visión. A menudo son asustadizos y confunden una sombra que pasa o una rama que se rompe con un posible depredador. Su motivación se considera una táctica de *evasión*.

Mientras viajaba por Botsuana, un bosquimano del Kalahari hizo una sencilla afirmación sobre la caza del oryx que me resultó bastante profunda. Dijo: «Nosotros [las personas] somos depredadores. Seguimos la caza como los leones». Esto es correcto, por supuesto. Los seres humanos terminaron con la mayor parte de la megafauna antes de dedicarse a la ganadería y la agricultura. También estamos constituidos como depredadores con nuestros ojos en la parte delantera de la cabeza, y tenemos la capacidad de concentrarnos, planificar y llevar a cabo cacerías en grupo. Al mismo tiempo, también somos presas. No somos tan pequeños y asustadizos como una ardilla, pero muchas otras especies –como los osos, las arañas y, sobre todo, otras personas– pueden hacernos daño. Los seres humanos tenemos que equilibrar nuestros objetivos de aproximación con los de evitación para regularnos, y todos lo hacemos de forma diferente.

Los narcisistas grandiosos, en particular, están orientados a la aproximación y, en ocasiones, se consideran depredadores. Por ejemplo, un narcisista grandioso puede pedir a diez personas una cita para conseguir que alguna de ellas le diga «sí». En el mundo natural, ocultar el fracaso es difícil. Por eso los surfistas de grandes olas suelen ser humildes. En el mundo social, sin embargo, es más sencillo. La investigación muestra que la motivación del narcisista grandioso está relacionada con el aprendizaje a través de las recompensas a su propio ego. Por otro lado, los narcisistas vulnerables están especialmente orientados a la evitación y suelen ser suspicaces, temerosos y desconfiados. El mundo es visto como depredador. El narcisista vulnerable se protege de ello y lucha por el reconocimiento que se le debe. La mayor parte de esta lucha es mental y emocional, porque los narcisistas vulnerables suelen ser demasiado temerosos para enfrentarse a la gente directamente. En la investigación, estos narcisistas dicen estar enfadados, pero no se muestran especialmente agresivos.

Acercamiento versus evitación:
lo que impulsa la motivación

El impulso básico de acercarse o evitar es fundamental para la forma en que nos vemos a nosotros mismos. Nadie está completamente orientado en todo momento a la aproximación o a la evitación. De continuo tiene lugar esta tensión entre alto riesgo y alta recompensa y bajo riesgo y baja recompensa. El lado orientado a la aproximación quiere ir de vacaciones al Caribe, asumiendo que será una experiencia maravillosa, pero el lado orientado a la evitación se pregunta si es arriesgado y se preocupa de que puedan causarnos problemas los mosquitos, las algas tóxicas y los dolores de cabeza de la aduana.

Estos enfoques suelen estar dentro del rango normal de temperamento, y la mayoría de nosotros nacemos con un poco más de vacilación o un poco más de excitabilidad. Genéticamente, algunos somos más propensos a amar la idea de una fiesta ruidosa, y otros sueñan con la tranquilidad y la soledad. Además, como podemos imaginar, las experiencias de la primera infancia también nos moldean y, dependiendo de nuestros padres, se nos puede inculcar una motivación temprana de deber, éxito o aventura. A medida que experimentamos la vida, las situaciones traumáticas pueden cambiar si nos volvemos más ansiosos o descarados. A medida que envejecemos, nuestras prioridades y motivaciones también tienden a cambiar y suavizarse con el tiempo.

Como parte de nuestra experiencia humana, tendemos a desarrollar hábitos o rutinas que inclinan de diferentes maneras la balanza entre el acercamiento y la evitación. Las drogas que activan el sistema de recompensa, como la cocaína, hacen que las personas estén más orientadas al acercamiento. Otras drogas, como el alcohol, reducen el sistema de evitación. Las personas toman decisiones estúpidas cuando están borrachas porque se minimiza su conciencia de las consecuencias negativas, lo que es especialmente cierto si no tienen demasiada inhibición de entrada. Clínicamente, esto es lo que hacen las recetas como Ritalin y Adderall. Estos estimulantes aumentan la orientación o la concentración en algunos individuos. Por otro lado, las medicinas contra la ansiedad, llamadas por los médicos *ansiolíticos*, como el Valium o el Xanax, reducen las motivaciones de evitación.

Las personas difieren en sus orientaciones de aproximación y de evitación, medidas por los psicólogos con las escalas de evitación e inhibición conductual que se desarrollaron a mediados de la década de los 90 para tratar de entender de qué modo las motivaciones subyacen y afectan a las acciones. El sistema de evaluación de la conducta, también conocido, en inglés, como BAS, es el mecanismo fisiológico que regula las motivaciones apetitivas, o el objetivo de aproximación para avanzar hacia lo que se desea. El sistema de inhibición conductual, también conocido como BIS, regula los motivos aversivos, o el objetivo de evitación para alejarse de lo desagradable. Ambas motivaciones influyen en la toma de decisiones y en los rasgos de la personalidad.

Los individuos orientados a la aproximación son optimistas, enérgicos y se centran en las recompensas. En cuanto a los rasgos, suelen ser extravertidos y tienen una visión algo inflacionada de sus propias capacidades. Las personas que se centran en vencer suelen ser abiertas y sobreestiman sus posibilidades. Los individuos orientados a la evitación son más pesimistas, ansiosos y centrados en evitar las amenazas. En cuanto a los rasgos, esto se alinea con el neuroticismo, con lo que tienden a tener una menor autoestima. Las personas que se centran en no perder suelen tener una visión más precisa de sus capacidades, aunque sobreestiman sus posibilidades de perder.

Si tenemos curiosidad por conocer las formas de apreciar nuestra orientación de aproximación frente a la de evitación, consideremos estas afirmaciones de las escalas BIS/BAS de Carver y White:

Cuando quiero algo, suelo hacer todo lo posible para conseguirlo.

Cuando consigo algo que quiero, me siento emocionado y lleno de energía.

Me preocupa cometer errores.

Me preocupa cuando creo que lo he hecho mal en algo importante.

Los dos primeros ítems están relacionados con la orientación de acercamiento, mientras que los dos segundos miden la evitación. Como probablemente adivinará, la orientación de acercamiento está asociada con la extraversión, mientras que la orientación de evitación está asociada con el neuroticismo.

Objetivos extrínsecos versus intrínsecos

Más allá de la aproximación versus la evitación, los investigadores que estudian la motivación también dividen los objetivos en dos tipos principales: los *extrínsecos*, que provienen de lo externo, y los *intrínsecos*, que surgen de lo interno. Los objetivos extrínsecos tienen que ver con la aclamación pública y el poder, evidenciando una relación más acusada con el narcisismo grandioso. Las metas intrínsecas, como la motivación para aumentar la felicidad personal, el crecimiento o la empatía, no están asociadas al narcisismo. No olvidemos que el objetivo principal del narcisismo es engrandecer el ego. Los objetivos extrínsecos de la aclamación pública, el estatus, el poder y la conquista sexual –que yo denomino las tres *S*: sexo, situación profesional y sector económico– son instrumentos diseñados para elevar el ego narcisista.

Para los narcisistas, el «sexo» se basa en la deseabilidad y el éxito. Quieren ser sexualmente atractivos, tienden a iniciar relaciones sexuales a corto plazo y tienen cónyuges «trofeo». El sexo no está relacionado con el poder social, sino con la intimidad. Debido a que para los narcisistas el sexo tiene que ver con el ego, rechazar las solicitudes sexuales de los demás también puede ser un objetivo. En este caso, el sexo en sí mismo no es el objetivo, sino el hecho de que el narcisista sea deseable.

La «situación profesional» también está relacionada con la posición social. Los narcisistas quieren ser admirados y dominar a los demás. Quieren estar en la cima de la jerarquía social, ya sea como líder de una organización o como creador de tendencias y persona sofisticada. En este caso, el liderazgo no tiene que ver con ayudar a la organización, sino con el estatus, la influencia y el protagonismo.

Por último, el «sector económico» significa poseer bienes de gran valor, como un coche caro, accesorios de moda de alta gama o ropa de moda. Sin embargo, los narcisistas no son acaparadores. Desean objetos que mejoren su propia imagen y no se preocupan tanto por la artesanía o el arte.

Del mismo modo, aunque su objetivo principal es proteger el ego en lugar de potenciarlo el narcisista vulnerable se ocupa de los motivadores extrínsecos. Por ejemplo, los individuos vulnerables no quieren ser vistos como estúpidos, tienden a inventar excusas para el fracaso y creen que los demás están celosos de ellos o que los quieren engañar. Viven su vida en su cabeza, donde es fácil poner excusas y ocultar los fracasos. En lugar de tomar medidas para conseguir una posición de liderazgo o un cónyuge «trofeo», se entregan a fantasías de poder, agresión y deseabilidad.

La autorregulación: de qué modo nos impulsa la autoestima

Para comprender los motivos narcisistas, los investigadores de la personalidad también deben pensar en la autorregulación, que implica el control de la conducta, las emociones y los pensamientos en la búsqueda de objetivos a largo plazo, incluidas las emociones e impulsos perturbadores. Al igual que los sistemas de control mecánico, los seres humanos también debemos autorregularnos. Pensemos en un termostato: si queremos mantener nuestra casa a una temperatura acogedora, pero práctica, de 20 grados durante todo el invierno, ponemos el termostato a esa temperatura y nos olvidamos. El termostato se encargará de regular la temperatura de la casa, lo cual es sencillo desde el punto de vista de la información. Lo único que tiene que hacer el termostato es comprobar la temperatura y tomar una decisión: encender o apagar la caldera en función de esa temperatura.

Como segundo ejemplo, los coches tienen un sistema de autorregulación del combustible. Aunque es algo más complejo, también es sencillo. El indicador señala el nivel de gasolina y el conductor rellena el depósito antes de que este se vacíe. Los coches modernos también tienen luces de advertencia y alerta para recordar a los conductores que deben llenar el depósito cada vez que se pone en marcha el automóvil, así como cuando utilizamos el combustible de reserva.

Este mismo proceso existe en los sistemas psicológicos sociales (véase la tabla 4.1). Uno de los objetivos sociales más importantes es regular nuestras relaciones. Los humanos somos –como dijo Aristóteles– animales sociales. Nos necesitamos unos a otros para sobrevivir. Un objetivo importante del sistema social humano es pertenecer a un grupo social. ¿Cómo sabemos cuándo pertenecemos? El indicador de pertenencia social, al menos según un modelo llamado la teoría del sociómetro, es la autoestima. Una elevada autoestima indica la pertenencia a un grupo, mientras que la baja autoestima indica separación o distancia.

Tabla 4.1. Sistemas de regulación

	TEST	OPERACIÓN
TERMOSTATO	Temperatura	Encender o apagar el horno
TANQUE DE GASOLINA	Nivel de combustible	Llenar el depósito de gasolina
SOCIÓMETRO	Autoestima	Reparación de la conexión
JERARQUÍMETRO	Jerarquía	Elevar el estatus social

Con la autorregulación, la autoestima hace gran parte del trabajo pesado, ya sea que provenga del sociómetro, que mide la conexión social, o del jerarquímetro, que valora la jerarquía o el estatus social, así como la competencia. La autoestima se deriva de muchos lugares. Por ejemplo, alguien puede sentir una alta autoestima porque es una enfermera amable y diligente, un instalador atento o competente, parte de una familia cariñosa, parte de una gran organización o el ganador de un torneo de ajedrez. En este sentido, sentirse bien se traduce en un sentimiento positivo respecto a las acciones y elecciones realizadas, lo cual se refuerza a sí mismo.

Al mismo tiempo, las fuerzas externas que tratan de moldear el comportamiento interfieren con la regulación. Los vendedores y los políticos vinculan activamente la autoestima con un producto concreto, una persona o una creencia. Cuando la gente utiliza esto, tiene una alta autoestima, o, si no usa este producto, debe sentir una baja autoestima. Hace poco lo constaté cuando me compré un par de zapatillas para hacer yoga. Recibí cumplidos de la gente y me sentí bien conmigo mismo; sin embargo, pronto descubrí la trampa. Aunque el color verde intenso era genial al principio, es el color azul oscuro el que con el tiempo se ha hecho más popular. Mantener el ritmo es claramente imposible. Autorregularse basándose en las tendencias de moda para ganar autoestima es como calentar una casa y, al mismo tiempo, mantener las ventanas abiertas para que corra el aire. Sin embargo, así es como los narcisistas aumentan su autoestima.

Autorregulación narcisista: el proceso de inflación del ego

Dado que la autorregulación narcisista se ocupa de mantener elevada y protegida la autoestima, los narcisistas se centran específicamente en objetivos extrínsecos, que son algo así como su jarabe espiritual. Alcanzar la meta o el estatus deseado nos hace sentir muy bien, pero no perdura. Tomemos como ejemplo la conquista sexual frente al amor emocional. La conquista sexual dura lo que dura el encuentro y estimula el deseo de una mayor conquista, pero el amor emocional crece en valor a medida que se pasa más tiempo con una persona. Del mismo modo, la fama y la atención nos hacen sentir muy bien, pero son efímeras en comparación con el respeto mutuo entre compañeros. Además, las posesiones materiales son emocionantes de adquirir y proporcionan un rápido golpe de dopamina, pero las experiencias perduran mucho más en la memoria.

Sin embargo, en la mente de un narcisista, el sexo, el estatus y la posición económica proporcionan energía para que siga funcionando la máquina de autorregulación enfocada en el exterior. Por ejemplo, cuando el narcisista grandioso recibe un ascenso en el trabajo, siente alta autoestima, felicidad y orgullo, y siente lo mismo en otras áreas de su vida –como un coche nuevo o su novia– que despiertan las mismas emociones. Sin embargo, si se siente amenazado o duda de sí mismo debido a factores externos asociados a una emoción negativa, se opondrá activamente. En esencia, como afirman los investigadores de la personalidad, los fracasos y la vergüenza provocan que el ego y la autoestima se vean amenazados. Estas «amenazas» pueden provenir de muchas áreas y en ocasiones parecen insignificantes, como un comentario negativo sobre la ropa del narcisista o simplemente alguien que tiene mejor aspecto que él, el fracaso en una tarea laboral o la crítica de un amigo o de la pareja. Para alcanzar sus objetivos o alejar las amenazas, los narcisistas se tornan agresivos, extravertidos, seductores y aduladores. Deben alcanzar su objetivo o ponerse a la defensiva.

La siguiente imagen contiene una representación visual de la autorregulación narcisista. A la izquierda, los impulsos básicos de acercamiento (para los narcisistas grandiosos) y de evitación (para los narcisistas vulnerables) alimentan el yo narcisista. A partir de ahí, los narcisistas utilizan la ambición y el encanto para alcanzar sus objetivos de sexo, estatus y posición económica, lo que dispara la autoestima y el orgullo. Si no se consigue, el yo se defiende mediante la agresión cuando siente amenazado su ego.

Mientras estudiamos la imagen, consideramos el siguiente ejemplo: el grandioso Chad es enérgico, busca objetivos por naturaleza y se cree muy especial. Conduce su caro automóvil hasta un bar donde conoce a una atractiva mujer. Le pide que se vaya con él, y su objetivo se ha cumplido. Mientras Chad se va con ella, alguien le llama imbécil, lo que provoca que su ego se sienta amenazado. Chad golpea a esa persona y se marcha con su nueva amiga. Chad se reafirma en la idea de que tiene el control y de que ha tomado la decisión correcta. La autorregulación narcisista está funcionando.

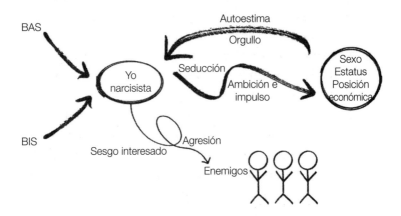

No me malinterpreten: buscar sexo y mejorar la situación y las circunstancias económicas forma parte de la condición humana. No digo que estos objetivos sean negativos o perversos. Sin embargo, perseguir el sexo, el estatus y las circunstancias económicas con el fin de fortalecer el propio ego acarrea un par de problemas importantes. El primero es el problema del desvanecimiento de la meta. Alcanzar una meta relativamente estable, como tener una familia cariñosa, proporciona una fuente duradera de autoestima y satisfacción, mientras que los objetivos fugaces, como el sexo, el estatus y la posición económica, no son fuentes estables de autoestima.

Perseguir la fama ejemplifica perfectamente la fugacidad. Consultemos una revista *People* de hace cinco años e intentemos recordar los rostros que allí aparecían. Aunque Andy Warhol dijo que la fama duraba quince minutos, ahora la «microfama» se mide en microsegundos. La situación es precaria, y siempre hay alguien que intenta desbancar a otro de la escalera. Además, una vez alcanzado un determinado nivel, la gente tiende a buscar siempre más. La riqueza puede perdurar e incrementarse, pero a menudo no es satisfactoria porque los seres humanos nos acostumbramos a nuestro bienestar y nivel de confort y nos esforzamos de continuo por adquirir más riqueza.

La belleza, por supuesto, es el peor objetivo que se puede perseguir desde el punto de vista de la autoestima. Existe una enorme industria en torno a hacer que la gente parezca más joven. En el año 2018, se realizaron más de 1,8 millones de cirugías estéticas, con el aumento de senos, la liposucción y la remodelación de la nariz a la cabeza de la lista. Más allá de eso, las terapias hormonales están creciendo en popularidad, y hay un largo debate, en Hollywood y entre otras celebridades, a propósito de si la hormona del crecimiento es una estrategia adecuada para mantenerse joven.

El segundo gran problema de la autorregulación narcisista es el del *cómplice voluntario*. Si un narcisista grandioso quiere creer que es mejor que todos los demás, tiene que convencerlos para que lo alaben, encontrar una pareja romántica atractiva y dominar a la gente públicamente. Para que el narcisismo funcione, suele ser necesario que los demás también lo crean, y los narcisistas lo consiguen con una combinación de habilidades y fanfarronadas. Los narcisistas grandilocuentes, en particular, son extravertidos, pero tienen un bajo nivel de amabilidad, lo que les permite establecer relaciones y desempeñarse bien en situaciones sociales superficiales, como los cócteles, pero no les importa herir los sentimientos que interfieren con sus objetivos. Aunque el bajo nivel de amabilidad parece ser un rasgo negativo, para los narcisistas es un gran beneficio desde el punto de vista de su propia autorregulación. La mayoría de las personas están limitadas por sus relaciones cercanas. No engañan a su cónyuge con una pareja potencial más atractiva o más exitosa porque no quieren herir a la otra persona y disfrutan de tener una relación emocionalmente comprometida. Tampoco abandonan a su equipo favorito después de unas cuantas temporadas abocadas al fracaso porque tienen sentido de la lealtad. No quitan méritos a sus compañeros de trabajo o a sus amigos. En general, se preocupan por las personas y no las manipulan. En cambio, los narcisistas «fingen hasta que lo consiguen». Se autopromocionan, presumen, dejan caer su nombre y exageran su importancia. La gente les cree, con lo que su farol se convierte en realidad.

Lo cierto es que algunas personas toleran las tendencias narcisistas cuando la persona tiene suficiente poder o apariencia para lograrlo. En los trabajos psicoanalíticos más antiguos, algunos textos hablan de que el narcisismo se asocia a talentos singulares, como artistas o científicos, y ciertamente hay un mayor narcisismo entre las celebridades y los presidentes, pero las personas también pueden ser narcisistas sin rasgos obvios de alto estatus. Simplemente necesitan una mejor habilidad para contar su historia.

La tercera cuestión es el *problema del principio de realidad*. Según el principio básico de congruencia, la psique funciona mejor cuando la percepción coincide con la realidad o se aproxima a ella. Cuando percepción y realidad están muy desajustadas, las personas desarrollan trastornos delirantes como la esquizofrenia paranoide. Tienen sistemas de creencias complejos pero incorrectos. En un nivel cotidiano gestionable, las distorsiones básicas del ego que nos engrandecen pueden llevarnos a creer que somos ligeramente más atractivos de lo que somos, o que nuestros profesores tienen la culpa de nuestras malas calificaciones. Al mismo tiempo, este autoengrandecimiento acarrea costes negativos. Sentirse bien con la apariencia sustituye a mejorar el atractivo. Culpar a los demás del fracaso impide estudiar más para el siguiente examen. Para los narcisistas, esta ilusión de autoengrandecimiento funciona bien emocionalmente, pero no conduce a mejorar. La narrativa propia sigue aumentando su importancia mientras los demás –y la realidad– lo toleren. Esta manipulación y deformación de la realidad se extiende a las relaciones, al liderazgo y a las redes sociales, tal como se explicará en los próximos capítulos.

Cuando comprendemos los objetivos, las motivaciones, las orientaciones y la inflación del ego, podemos entendernos mejor a nosotros mismos y la forma en que nos relacionamos con nuestras parejas, compañeros de trabajo y el mundo en general. Tal vez nos demos cuenta de que nuestro cónyuge utiliza recompensas externas para aumentar su autoestima y se comporta de alguna manera como un narcisista, pero no pretendo que nos alarmemos todavía. La sociedad se ha vuelto más materialista, individualista y centrada en sí misma, de manera que este comportamiento no resulta sorprendente.

Lo que realmente nos preocupa es cuando esta motivación llega a casos extremos, convirtiéndose en un trastorno psiquiátrico diagnosticable, algo que trataremos en el siguiente capítulo.

Una visión más profunda: medir la autorregulación

Cuando pienso en los sistemas de la psicología social, siempre me gusta remitirme a la metodología científica que los sustenta y desgranar lo que sabemos y lo que no sabemos, y lo que podemos y lo que no podemos hacer al respecto. En realidad, cuando se comparan con el nivel de precisión de un campo como la ingeniería de sistemas, los sistemas psicológicos parecen casi metafóricos. Los ingenieros y los equipos técnicos no tienen problemas para determinar la energía que circula por un circuito o el flujo de vientos a que se ve sometido un rascacielos, pero en psicología no hay forma de medir la autorregulación. Por ejemplo, no hay una unidad general de la energía psíquica, como tampoco existe un modelo específico de autorregulación que mida lo que ocurre.

Al mismo tiempo, los científicos han efectuado algunos progresos en cibernética, la cual explora los sistemas de regulación o de qué manera tanto humanos como animales se comunican entre sí y se controlan entre ellos. Los investigadores han efectuado progresos evidentes en cuestiones como los bucles de *feedback* y la autoorganización, y siguen aprendiendo más sobre conceptos como cognición, adaptación, aprendizaje y conectividad. En psicología, en particular, este tipo de investigación ha dado sus frutos en áreas como la psicología del comportamiento, la psicología cognitiva y la neuropsicología, y seguirá mejorando con mediciones más adecuadas. Si nos fijamos en un ejemplo relacionado con la neurobiología, los científicos pueden ahora obtener imágenes de todo el cerebro de la mosca *drosófila*, incluidas las sinapsis y los circuitos neuronales, lo que puede permitirles comprender el comportamiento de la mosca. En última instancia, este es también el objetivo en lo que respecta a los seres humanos. Aunque el cerebro de cien mil neuronas de la *mosca de la fruta* es mucho menos complejo que el cerebro humano, puesto que posee cien mil millones de neuronas, los investigadores están descubriendo que algunos de los sistemas básicos comparten procesos comunes con los cerebros más complejos de animales y seres humanos.

Entre bastidores:
investigando el sesgo del interés propio

Mientras estudiaba el narcisismo en la escuela de posgrado, me fascinaba el clásico efecto psicológico social del sesgo del interés propio, o la tendencia de las personas a atribuir los resultados positivos a sus propias acciones y los negativos a otras personas o bien a factores externos. En nuestro estudio, invitábamos a dos estudiantes al laboratorio de investigación para que cooperaran en una tarea y luego registrábamos sus reacciones cuando recibían *feedback* sobre su éxito o fracaso en dicha tarea. Durante los experimentos, descubrimos que los individuos narcisistas tendían a enaltecerse o a darse más crédito a sí mismos, mientras que los no narcisistas mostraban más flexibilidad en el enaltecimiento de sí mismos, es decir, no tendían a compararse de manera favorable con un compañero cuando tenían éxito, ni a menospreciar a la otra persona cuando fracasaban.

Como parte de estos estudios, inducimos la cercanía entre los estudiantes con la Tarea de inducción de la cercanía en la relación (RCIT), que pide a las parejas que pasen unos diez minutos hablando casualmente mientras responden a preguntas personales sobre ellos mismos basadas en tres listas que les proporcionamos. Dado que la cercanía suele provenir de la disposición a revelar información sobre uno mismo, la fomentamos mediante preguntas como «Si pudieras viajar a cualquier parte del mundo, ¿a dónde irías y por qué?» y «¿Cuál es una experiencia emocional que has tenido con un buen amigo?». En relación con el narcisismo en particular, queríamos saber si la cercanía obstaculizaría el sesgo del interés propio. Incluso utilizamos amigos reales en algunos de los estudios. En ambos casos, las relaciones actuaron como un amortiguador de la auto-valoración, y, entre los no narcisistas, los amigos compartieron la responsabilidad tanto de sus éxitos como de sus fracasos. Como era de esperar, los narcisistas siguieron enalteciéndose a sí mismos y culpando a los demás.

Si esto nos resulta familiar, es posible que hayamos leído un concepto similar en un artículo muy popular del *New York Times* publicado en la columna «Modern Love» en 2015, «To

Fall in Love with Anyone, Do This».[1] El artículo enumera una serie de preguntas que pueden utilizarse para provocar la cercanía y descubrir más sobre los demás. La historia se basaba en una investigación realizada por el «investigador del amor» Art Aron en la Universidad Estatal de Nueva York, en Stony Brook, quien llevó a cabo una investigación como la nuestra utilizando una lista similar de preguntas y una inducción de la relación romántica más compleja con la mirada. Sorprende que varios participantes en sus estudios terminaron casándose y formando parte del artículo del *NYT*. Como sabemos ahora, es posible aproximar a extraños de una manera psicológicamente significativa.

5. Trastorno narcisista de la personalidad

El uso popular actual del término *narcisista* en el habla cotidiana pone de manifiesto el mayor error que existe: que el narcisismo y el trastorno narcisista de la personalidad (NPD) son lo mismo. Para proporcionar más contexto, eso equivale a decir que tristeza y depresión son iguales. En estos momentos es habitual preguntar a una amiga cómo se encuentra y que responda que se siente deprimida, entendiéndose que está luchando contra la tristeza y los problemas de autoestima y de energía, pero eso no significa que esté sufriendo un trastorno o un episodio depresivo grave. A medida que se ha ido ampliando el debate en torno a la salud mental, la gente está aceptando la idea de que muchos de nosotros fluctuamos dentro y fuera de los estados depresivos, lo cual no significa que estemos clínicamente deprimidos.

La misma idea es aplicable al narcisismo. Si decimos que nuestro amante es un narcisista, es probable que estemos describiendo a alguien egoísta, insensible, centrado en sí mismo y que exige atención. Hablamos coloquialmente de esa manera. Por otro lado, si decimos que nuestro cónyuge es narcisista y estamos en proceso de divorcio debido a un comportamiento extremo y perjudicial, esto podría indicar que nuestro cónyuge tiene un nivel clínico de narcisismo que es relevante para las intervenciones de tratamiento y los procedimientos legales, o el trastorno narcisista de la personalidad.

Para entender mejor la diferencia, es importante contemplar el panorama de los trastornos de personalidad en general y de qué manera el narcisismo ha pasado a formar parte de nuestro léxico. En general, puede diagnosticarse un trastorno de personalidad cuando existe un número específico de creencias o comportamientos característicos que son claramente perjudiciales. En general, más que una configuración o rasgo de personalidad único, los trastornos de personalidad parecen ser formas extremas de la personalidad normal. El mundo no está formado por lobos y ovejas; solo hay un montón de humanos que intentan trabajar juntos, algunos como lobos y otros como ovejas.

Como parte de mi exposición, quisiera señalar que el narcisismo existe en un continuo en el que no hay una línea definitiva que separe lo «normal» de lo «anormal». Me formulan esta pregunta a menudo, de manera que creo que hay que establecer una distinción importante. Los trastornos clínicos no explican si el comportamiento es normal o no; en cambio, un trastorno designa si un determinado comportamiento resulta perjudicial. Experimentamos una gama de personalidades, y no existe una personalidad «anormal». Dicho con otras palabras, la personalidad no es el problema, sino el deterioro. Por ese motivo se requiere un clínico, como un psicólogo o psiquiatra, para diagnosticar un trastorno de la personalidad. Basándose en su formación y experiencia, arribará a una conclusión sobre si el narcisismo está causando suficientes problemas como para requerir tratamiento.

Por qué la personalidad no funciona

Los seres humanos hemos evolucionado para que la «media» y lo «normal» sean las cualidades más deseables. La gente quiere ser un poco más alta que la media pero no demasiado. Los rostros más atractivos son simétricos y un poco diferentes de la media pero no demasiado singulares. Por ejemplo, queremos una boca de tamaño medio y unos ojos que no estén ni demasiado juntos ni demasiado separados. Queremos una sonrisa ligeramente más amplia que la media o unos ojos un poco más grandes, pero no queremos unos labios como los de una lubina ni unos ojos de pececillo.

En un nivel más amplio, el mundo está construido para la «media», como los escritorios para diestros, el tamaño de los asientos de los aviones y la velocidad de los cursos de matemáticas. La media beneficia a la mayoría de la gente. Cuando se sale de la zona media, alguien puede encontrarse en desventaja o beneficiarse ligeramente. Ser pequeño, por ejemplo, dificulta la compra de ropa, pero hace más cómodos los vuelos en avión.

Esta misma verdad se aplica a la personalidad. Los seres humanos esperan que la gente sea «normal» y que les gusten los que tienen personalidades cercanas a lo «normal». Gracias a la ensalzada idea del individualismo, los occidentales desean estar ligeramente fuera de la normalidad: un poco por encima de la media en extraversión, apertura, simpatía y diligencia, y un poco por debajo de la media en neuroticismo, por ejemplo. Los extremos de la personalidad acarrean problemas, incluso para los rasgos de personalidad considerados «positivos». La extraversión extrema, por ejemplo, puede denotar un exceso de actividad social que no está equilibrada con la reflexión. La ambición, que forma parte de la extraversión, puede ser beneficiosa para el éxito material, pero afectar a la vida familiar o personal. Incluso un neuroticismo extremadamente bajo puede convertirse en un problema. El miedo protege del peligro a los seres humanos. Las personas con un neuroticismo extremadamente bajo pueden ser demasiado arriesgadas, en ocasiones con el resultado de una muerte prematura.

En este sentido, los seres humanos aprecian y comprenden la flexibilidad de la personalidad, y se considera normal ser ligeramente flexible. Las personas suelen ser más extravertidas durante un evento social, pero introvertidas en una perezosa mañana de domingo. Se espera que seamos neuróticos en un entorno nuevo o peligroso pero menos en un entorno seguro. Al mismo tiempo, nuestras personalidades suelen ser estables, y no se considera normal amoldarse a cada ocasión disponible. Por lo general, dentro del rango de rasgos de personalidad promedio, lo aumentamos o disminuimos para que las situaciones y los sistemas funcionen para todos los implicados. En entornos profesionales o formales, controlamos más nuestro lenguaje que cuando hablamos con amigos. Guardamos para las conversaciones privadas ciertos chistes que no diríamos en público. Somos respetuosos y silenciosos en momentos solemnes, como los funerales, pero celebramos y somos gregarios durante las graduaciones y las fiestas de cumpleaños. En general, tendemos a controlar o regular nuestra personalidad hasta el punto de coincidir con el momento y que no sea demasiado extrema.

El mismo equilibrio se aplica a los comportamientos y acciones. Se considera apropiado beber una o dos copas de vino, pero el consumo excesivo de alcohol que conduce a la falta de control es un trastorno. Estar entusiasmado con una nueva idea es motivador, pero estar tan enamorado de un nuevo proyecto como para interrumpir el sueño y la capacidad de pagar las facturas puede ser un trastorno. Pensar bien de uno mismo se considera positivo, pero considerarse tan increíble que los demás deban reconocerlo constantemente y restar importancia a sus propias personalidades es negativo.

Cuando la personalidad no es normal o flexible, pueden desarrollarse trastornos de la personalidad que se describen en términos clínicos como rasgos de personalidad *extremos* e *inflexibles*. En el caso del trastorno narcisista de la personalidad (NPD), el narcisismo de la persona se torna extremo e inflexible. Imaginémonos a un presentador de un programa de entrevistas que tiene un estilo narcisista y presumido en directo. Esto puede funcionar delante de la cámara, siempre y cuando sea capaz de disminuir el narcisismo cuando no está ante ella. Sin embargo, cuando el mismo narcisismo prosigue en la vida profesional o personal del presentador pueden aparecer problemas importantes. La gente odia trabajar con personas ensimismadas, llamándolas *prima donnas*, divas o cosas peores. Los compañeros de trabajo pueden tolerar al presentador narcisista mientras haya dinero, pero es probable que no les guste personalmente, y cuando el dinero deje de estar presente, se desharán de él tan pronto como les sea posible.

Para que se les diagnostique un trastorno de la personalidad, las personas con rasgos de personalidad extremos o inflexibles también deben experimentar consecuencias negativas significativas en la vida, o lo que los clínicos llaman *deficiencias*. Esto podría incluir una visión distorsionada de la realidad que lleva al narcisista a tomar decisiones estúpidas y arriesgadas en el trabajo, o podría tratarse de un pobre autocontrol que arrastra al narcisista a tomar repetidamente decisiones que llaman la atención y abocan al fracaso o a la depresión. También –y es muy importante señalar esto en el caso del NPD en particular– el deterioro puede definirse como el sufrimiento causado a las personas que están *alrededor* del narcisista. Aunque los narcisistas se sientan bien consigo mismos, se puede considerar que padecen un trastorno de la personalidad si dañan la vida de los demás debido a problemas derivados del sentido de privilegio psicológico, la necesidad de admiración y el desprecio hacia los sentimientos de los demás. Este enfoque egocéntrico y explotador de las relaciones puede incluir el juego, la infidelidad y la falta de empatía, tal y como hablaremos en el capítulo 7. En resumen, el NPD puede diagnosticarse cuando el rasgo del narcisismo es extremo, inflexible y perjudicial.

Cómo se diagnostica el NPD

El diagnóstico oficial de los trastornos de la personalidad procede del *Manual diagnóstico y estadístico de los trastornos mentales* (*DSM*) elaborado por la American Psychiatric Association (APA). Este manual ha sufrido varios cambios en las últimas décadas, y la versión más reciente es el *DSM-5*. La definición actual de NPD se trasladó al *DSM-5* desde el *DSM-IV*. A pesar de los grandes avances en la investigación, los psicólogos y psiquiatras profesionales que trabajan en colaboración para crear el manual no se han puesto de acuerdo en las nuevas definiciones de los trastornos de la personalidad, y aunque se ha realizado un enorme esfuerzo para llevar a cabo la transición hacia un nuevo modelo, esta ha fracasado. Esos modelos están siendo probados por los investigadores, sobre los que podemos leer más en el apartado titulado «Entre bastidores» de este capítulo.

En este libro, nos centramos en la definición de trastorno narcisista de la personalidad que se trasladó al *DSM-5*. No estoy seguro de si las definiciones emergentes se implementarán y, francamente, tampoco creo que lo hagan pronto. Cambiar a un nuevo modelo de trastorno de la personalidad es como pasar a un nuevo sistema informático en el trabajo: los empleados se pasan años utilizando un sistema que funciona bien, pero que tiene sus peculiaridades. El nuevo sistema promete funcionar bien una vez que todo el mundo está capacitado para usarlo, si bien es difícil implementarlo a corto plazo, por lo que las organizaciones tienden a quedarse con el viejo y desordenado sistema. Cuando el *DSM* describe trastornos como el NPD, el manual primero cuenta una historia sobre el trastorno y luego proporciona marcadores específicos de dicho trastorno. La historia del NPD comienza con las *características diagnósticas* descritas en esta declaración:

> El trastorno de personalidad narcisista se caracteriza por un patrón general de grandiosidad, necesidad de adulación y falta de empatía, presente en diversos contextos, que se inicia en los primeros años de la edad adulta.[1]

Esta única frase capta bien el narcisismo, ya que toca los aspectos clave tratados en capítulos anteriores. La grandiosidad y la falta de empatía están en consonancia con la extraversión y la baja afabilidad, mientras que la necesidad de admiración es un ejemplo de autorregulación. Esta descripción hace que el NPD parezca más grandioso que vulnerable, y ese sesgo general hacia la grandiosidad es consistente en toda la descripción que hace el *DSM-IV* (y, por lo tanto, también el *DSM-5*) del NPD, con la excepción de alguna parte de la descripción.

A continuación, el *DSM* proporciona una descripción narrativa más extensa de los trastornos asociados y las características del NPD. En esta sección, la discusión del narcisismo contiene una buena cantidad de vulnerabilidad. Se dice que los individuos diagnosticados con NPD son muy sensibles a la amenaza del ego y al daño emocional. Dicho en otras palabras, los narcisistas son frágiles y pueden ser heridos fácilmente por cualquier información que desafíe la imagen inflacionada que tienen de sí mismos. La descripción también explica que el narcisismo puede ir asociado a rasgos de vulnerabilidad como el retraimiento social.

En la siguiente sección, la descripción que del NPD hace el *DSM* incluye la prevalencia y las características relacionadas con la edad. En general, la prevalencia del NPD coincide con lo que cabría esperar en relación con los rasgos del narcisismo. El NPD es más común en los hombres que en las mujeres, estimando la APA que entre el 50 % y el 75 % de las personas con NPD son hombres. Es importante destacar que se estima que la prevalencia del NPD es inferior al 1 % de la población general en un momento dado. Aunque es probable que esta estimación sea baja, los investigadores no pueden asegurarlo sin un muestreo extremadamente amplio y exhaustivo. Basándose en la gran muestra disponible hoy de la National Epidemiologic Survey on Alcohol and Related Conditions, que estudia la aparición de más de un trastorno psicológico o un trastorno por consumo de sustancias, la prevalencia del NPD puede estar en torno al 2 %. Esta cifra se refiere a la *prevalencia puntual*, es decir, el número de personas que padecen el trastorno en un momento dado, frente a la *prevalencia vitalicia*, que analiza el número de personas que padecen el trastorno *en cualquier momento* de su vida. La prevalencia vitalicia del NPD es mayor, pero, dadas las dificultades de medición, es difícil determinar hasta qué punto.

El *DSM* también describe el diagnóstico diferencial, es decir, el proceso de separar un trastorno concreto de otros similares. Por ejemplo, cuando un paciente acude al médico con síntomas de dolor de garganta y fiebre, eso descarta un gran número de trastornos, como la fascitis plantar o un tumor cerebral, pero podría tratarse de sinusitis, resfriado, alergia, faringitis estreptocócica, gripe o una combinación de todos ellos. Los médicos utilizan varias formas de diferenciar entre estos posibles diagnósticos. Pueden preguntar por los dolores corporales, que indicarían la presencia de la gripe, o examinar la garganta en busca de signos de estreptococos. A continuación, realizarán pruebas rápidas para que estos diagnósticos diferenciales sean más eficaces, por lo que pueden recoger una muestra de garganta para detectar estreptococos. Con esta información, los médicos hacen la mejor estimación y sugieren un tratamiento. En el caso de ciertas enfermedades, como la gripe o los estreptococos, el diagnóstico y el tratamiento tempranos son de gran ayuda.

En el caso del NPD, la primera diferenciación que puede hacer un psicólogo es entre el NPD y otros posibles trastornos de la personalidad. Sin la grandiosidad, el narcisismo se parece al trastorno antisocial de la personalidad; y con un alto grado de vulnerabilidad, se parece al trastorno límite de la personalidad. Esta forma de dividir el mundo en tipos de personalidad o tipos de trastorno específicos es complicada. Dado que comparten rasgos centrales como el antagonismo, «van juntos» y están relacionados de alguna manera. En este caso, el diagnóstico diferencial investiga las diferencias en otras áreas. Un buen factor diferenciador entre el NPD y el trastorno antisocial de la personalidad (o trastorno psicopático de la personalidad) es la impulsividad, o la necesidad de actuar según los pensamientos y sentimientos impulsivos. El narcisismo no suele estar asociado a la impulsividad, pero al trastorno antisocial de la personalidad sí. En el «mundo real», la impulsividad puede significar robar el reloj de alguien o engañar a su cónyuge. En casos extremos, las personas antagónicas y muy impulsivas suelen terminar entrando y saliendo de la cárcel. Como cometen delitos impulsivos, los atrapan, y no suelen acumular suficientes recursos financieros para protegerse de cierto nivel de justicia social. Si alguien con NPD tuviera esos mismos rasgos antagónicos, mostraría menos impulsividad, se centraría más en quedar bien y tendría más cuidado al cometer delitos. Para quedar bien públicamente, necesitarían evitar que les pillaran, y gastarían más energía centrándose en eso u operando en asuntos turbios.

Diferenciar entre los matices más vulnerables del narcisismo y el trastorno límite de la personalidad es más complicado. Algunos de los escritos psicodinámicos de mediados del siglo xx sitúan el trastorno narcisista y el trastorno límite de la personalidad en diferentes niveles de organización, siendo la personalidad narcisista algo más organizada y estructurada que el trastorno límite. En relación con los rasgos, las investigaciones más recientes demuestran que se mantiene este patrón. El trastorno límite está asociado de manera más intensa con la impulsividad que el narcisismo vulnerable y más estrechamente asociado con los traumas de la infancia, pero ambos rasgos están relacionados de manera similar cuando se trata de la amabilidad y el neuroticismo. Desde una perspectiva diagnóstica, la diferenciación puede ser complicada, si bien el trastorno límite podría considerarse de manera más adecuada un trastorno de regulación de las emociones, mientras que el narcisismo vulnerable sería un trastorno antagonista.

Otro trastorno relacionado es la fase grandiosa de la manía, o los episodios hipomaníacos. El prefijo *hipo-* suele significar «nivel bajo de», y la hipomanía es una faceta de bajo nivel del trastorno bipolar, con un estado de ánimo exacerbado o hiperactivo, del que hablaremos en el próximo capítulo. Los episodios maníacos pueden generar la confianza, la energía y la grandiosidad del narcisismo, pero en este caso no suelen estar impulsados por el antagonismo y la búsqueda de atención. Alguien con hipomanía puede querer alcanzar un objetivo elevado, como construir la estructura más alta del mundo, pero no quiere poner su nombre en ella. Además, los episodios maníacos tienden a ser cíclicos, yendo y viniendo, o moviéndose entre los dos extremos de lo que antes se llamaba manía depresiva, pero que se clasifica ahora como una variante del trastorno bipolar. El narcisismo grandilocuente o trastorno narcisista de la personalidad no tiene ciclos y está relacionado directamente con el autoengrandecimiento.

Al diagnosticar el NPD, los psicólogos y psiquiatras también tienen que descartar medicamentos o drogas que imitan algunos aspectos del narcisismo. Aunque la cocaína y otros estimulantes, por ejemplo, pueden parecerse al narcisismo durante un breve periodo, una vez que desaparece el efecto de la droga, el comportamiento narcisista también debería desaparecer. Por supuesto, las personas pueden tener varios trastornos que son difíciles de distinguir. Los famosos suelen tener características que se parecen al narcisismo, al abuso de drogas o al trastorno bipolar, resultando difíciles de identificar. Por eso es tan importante un buen diagnóstico.

Por último, y tengo que decir que esto me hace reír cada vez que lo leo, el *DSM* señala que «muchos individuos de gran éxito muestran rasgos de personalidad que podrían considerarse narcisistas». La APA señala que estos rasgos solo deberían diagnosticarse como trastorno narcisista de la personalidad si conducen a un deterioro significativo. A la postre, si alguien tiene suficiente estatus y poder y logra salirse con la suya con una gran cantidad de narcisismo, puede no ser clínicamente perjudicial, incluso si es extremo. Al mismo tiempo, podría argumentarse que existe un llamamiento ético particular para tratar el NPD en individuos de alto poder debido al daño que pueden causar desde sus posiciones de autoridad.

Criterios para el diagnóstico del NPD

Las personas deben cumplir unos criterios específicos para que se les diagnostique NPD. El umbral para el trastorno es cumplir cinco de nueve, o la mayoría, de los siguientes criterios que exponemos a continuación:

1. *Grandiosidad.* La persona tiene un sentido grandioso de sí misma y espera ser reconocida por ello.
2. *Vida de fantasía activa.* Los narcisistas fantasean con la fama, el poder y el estatus.
3. *Sentimiento de ser especial.* Los narcisistas se ven a sí mismos como especiales y únicos, lo que incluye asociarse con otras personas que también son especiales y únicas.
4. *Admiración.* El *DSM* señala que el narcisista «exige admiración excesiva». Este lenguaje es un poco extraño porque implica una necesidad de admiración más que una expectativa de admiración.
5. *Sentimiento de privilegio.* El narcisista se asocia con un patrón generalizado de privilegio para que se satisfagan sus deseos, incluso cuando resultan inapropiados.
6. *Explotación.* Los narcisistas están dispuestos a explotar a los demás o a aprovecharse de la gente para alcanzar sus propios objetivos.
7. *Falta de empatía.* El *DSM* describe al narcisista como alguien carente de empatía. Este es un término complicado porque podría significar que los narcisistas carecen de la capacidad de empatía o que no expresan suficiente empatía. Las últimas investigaciones sugieren que el se-

gundo significado se acerca más a la realidad y que los narcisistas tienen la capacidad de empatizar.

8. *Envidia*. Los narcisistas tienen envidia de los demás o creen que los demás les tienen envidia a ellos, lo que también está redactado de forma extraña. Mi conjetura es que este ítem fue escrito para capturar la grandiosidad (otros son envidiosos) y la vulnerabilidad (envidia de los demás) al tratar con la comparación social.

9. *Arrogancia*. Los narcisistas exhiben comportamientos arrogantes que les llevan a ser engreídos y despectivos.

Para un verdadero diagnóstico del NPD, alguien debe mostrar una mayoría de estos criterios de una manera que cause un deterioro significativo en las relaciones románticas o en el trabajo. En los estudios, el narcisismo se asocia más con la angustia hacia otras personas importantes. En esencia, el comportamiento egoísta y manipulador del narcisista suele hacer que sus amigos, familiares y compañeros de trabajo se sientan resentidos o amenazados y, a su vez, que teman interactuar con él. También afirman sentirse desvalorizados y criticados por este. Sin embargo, es importante señalar que las personas arrogantes y ambiciosas que funcionan razonablemente bien y no hacen daño a los demás no deberían ser diagnosticadas con un trastorno de la personalidad. Además, los síntomas deben estar presentes durante un periodo prolongado en un adulto para recibir un diagnóstico, frente a un cambio de personalidad a corto plazo que puede indicar que, en lugar de un trastorno de la personalidad, se ha producido un acontecimiento importante en la vida, el consumo de drogas o un diagnóstico médico como un derrame cerebral.

Modelo trifurcado del narcisismo

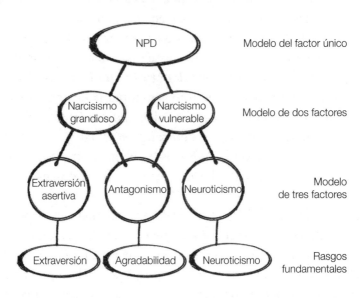

¡El debate actual en la comunidad de investigadores gira en torno a los ángulos del «modelo trifurcado»: ¿cómo puede el NPD reflejar tanto el narcisismo grandioso como el vulnerable y, sin embargo, tener criterios de diagnóstico que se inclinan fuertemente hacia el narcisismo grandioso? Mis colegas y yo hemos argumentado que la grandiosidad, en consonancia con los criterios, debería ser en el NPD más importante que la vulnerabilidad, y que cualquier diagnóstico de NPD con una gran cantidad de vulnerabilidad debería ser etiquetado específicamente como NPD con vulnerabilidad. En los sistemas psiquiátricos, esto se llamaría un especificador que identifica la forma vulnerable del NPD. Por ejemplo, una persona con NPD que es principalmente grandiosa sería etiquetada solo como NPD, pero una persona con NPD y una gran cantidad de vulnerabilidad sería etiquetada como NPD con vulnerabilidad.

Sin embargo, esta idea plantea un desafío en ciertos casos. ¿Qué ocurre con las personas con NPD que oscilan entre la grandiosidad y la vulnerabilidad? Las investigaciones más recientes aún lo están investigando. Como se recordará, la ciencia de la personalidad examina grandes muestras de personas normales –a menudo cientos o miles– y las utiliza para comprender el trastorno narcisista de la personalidad. Por supuesto, en cualquiera de estas muestras, solo un pequeño número de personas tiene un trastorno de personalidad narcisista, por lo que estos estudios podrían pasar por alto aspectos únicos del trastorno de personalidad narcisista que deben estudiarse más a fondo. Por el contrario, los psicólogos que trabajan con el NPD a menudo informan de que los pacientes oscilan entre la grandiosidad y la vulnerabilidad, y viceversa. La misma persona es grandiosa cuando llega al consultorio y luego se vuelve vulnerable cuando habla con su terapeuta de temas emocionalmente amenazantes. No dudo de esta frase, pero es difícil de observar y medir en la investigación y luego hacer recomendaciones basadas en una ciencia sólida.

Por ejemplo, una forma de medir la fluctuación de la personalidad es hacer un seguimiento de la persona en distintas ocasiones en el transcurso de una o dos semanas. Ya existen algunas aplicaciones para *smartphones* que alertan a los usuarios varias veces al día para que cobren conciencia de sus emociones –felicidad, ansiedad, tristeza u orgullo–. Las aplicaciones registran las circunstancias que rodean esos sentimientos, como ciertas actividades, como trabajar o socializar, y también las personas que pueden ser desencadenantes de reacciones positivas y negativas. Si se utilizan de modo sistemático y con medidas con respaldo científico, los investigadores podrían medir lo estable que es la personalidad y el narcisismo de una persona y, si varía, qué es lo que causa dicho cambio.

La buena noticia es que los investigadores están haciendo este tipo de trabajo gracias al uso generalizado de los *smartphones* y al desarrollo de análisis de datos sofisticados. Aun así, es difícil encontrar fluctuaciones específicas en el narcisismo desde la grandiosidad hasta la vulnerabilidad. De hecho, el narcisismo grandioso parece bastante estable en comparación con otros rasgos. Esto no significa que esté resuelto el debate sobre la vulnerabilidad en el narcisismo grandioso. Los investigadores siempre están utilizando nuevas tecnologías para entender la personalidad y el comportamiento, y, en una década, el campo de la ciencia de la personalidad crecerá mucho más, lo que puede llevar a identificar y tratar el narcisismo de maneras nuevas y diferentes.

Raro, salvaje y preocupado: los tres grupos de trastornos de la personalidad

Para comprender mejor cómo funciona el diagnóstico del NPD, también es útil saber cómo psicólogos y psiquiatras organizan los trastornos de la personalidad en *clústeres*, o grupos de orden superior. A diferencia de los «cinco grandes» rasgos de la personalidad, los trastornos de la personalidad se clasifican actualmente en tres grupos. Históricamente, estos clústeres se etiquetan con letras –clúster A, clúster B y clúster C– que no significan nada. El resultado es que los estudiantes de psicología recuerdan estos clústeres con apodos como «raro, salvaje y preocupado» o «loco, malo y triste». (Pista: el narcisismo entra en el Clúster B salvaje/malo).

El clúster A es el clúster extraño o excéntrico, en el que existen trastornos de la personalidad caracterizados por un comportamiento o pensamiento extraño e inusual. El clúster A incluye dos trastornos que suenan de modo parecido –trastorno de personalidad esquizotípico y trastorno de personalidad esquizoide–, así como trastorno de personalidad paranoide. Esquizoide viene de la palabra *cisma*, que significa «división». El *trastorno esquizotípico de la personalidad* incluye un pensamiento clásico atípico o poco común que es similar al que se observa en la esquizofrenia. Aunque suene parecido, el trastorno esquizoide de la personalidad tiene que ver más con las emociones de desvinculación o desapego. El tercer trastorno de la personalidad de este grupo es el *trastorno paranoide*, que refleja una paranoia generalizada y quizá delirios de persecución.

Los trastornos del clúster B se caracterizan por sus cualidades emocionalmente erráticas, inestables y dramáticas. Los rasgos del clúster B (no por fuerza los trastornos propiamente dichos) destacan en los programas de telerrealidad porque dan lugar a interesantes dramas: peleas, búsqueda de atención, relaciones inestables a corto plazo y consumo de sustancias. El *trastorno narcisista de la personalidad* forma parte del clúster B, junto con el *trastorno antisocial de la personalidad*, que presenta cierto antagonismo y una gran cantidad de impulsividad, y el *trastorno histriónico de la personalidad*, que incluye un gran dramatismo y búsqueda de atención. Las personalidades histriónicas son a menudo tan dramáticas, coquetas y buscan tanto la atención que lo único que consiguen es alejar a la gente. Y el *trastorno límite de la personalidad*, que se caracteriza por dificultades para regular el apego hacia los demás, especialmente por el miedo al rechazo, y para regular el sentido de uno mismo frente a la ansiedad. Los problemas fundamentales giran en torno a la gestión de la ansiedad, que puede manifestarse en todo tipo de conductas, desde infligirse cortes hasta las relaciones inestables de amor-odio.

Los trastornos de la personalidad del clúster C se asocian principalmente con la ansiedad y la preocupación. *El trastorno de la personalidad por evitación* es, como su nombre indica, un nivel clínico de evitación de la interacción social o el contacto social con otras personas. El *trastorno de personalidad dependiente*, también como su nombre indica, se caracteriza por un deseo extremo de ser cuidado o ayudado por los demás y está relacionado con la depresión. El *trastorno obsesivo-compulsivo de la personalidad* se refiere a un grado clínicamente significativo de deterioro causado por el mantenimiento del orden o el seguimiento de las normas. (No es lo mismo que el *trastorno obsesivo-compulsivo* [TOC], que incluye pensamientos obsesivos acompañados de comportamientos compulsivos, como comprobar las cerraduras o revisar la cartera hasta el punto de perturbar la vida).

Al igual que los modelos de personalidad, estos tres clústeres y los trastornos específicos están interrelacionados. La ansiedad y la preocupación, que son rasgos del neuroticismo, existen en la mayoría de los trastornos de la personalidad. El antagonismo y la impulsividad también son comunes, al igual que los rasgos de baja agradabilidad y baja responsabilidad. En teoría, lo anterior tiene mucho sentido porque los trastornos basados en rasgos de personalidad compartidos deberían ser similares, pero también puede dar lugar a problemas de diagnóstico. Los diagnósticos con *comorbilidad*, o la existencia de dos trastornos simultáneos, se producen con bastante frecuencia. Por ejemplo, un diagnóstico de trastorno límite de la personalidad puede ir acompañado de un diagnóstico de trastorno narcisista de la personalidad. Además, entre el 30 % y el 40 % de los pacientes de las muestras de investigación son diagnosticados con un trastorno de la personalidad que no incluye el nombre del trastorno. Suelen ser categorizados como PD-NOS, o trastorno de la personalidad no especificado.

En mi opinión, el sistema de trastornos de la personalidad es un tanto confuso. Algunas personas padecen claramente trastornos de la personalidad porque tienen problemas de personalidad persistentes que suceden a largo plazo y provocan un deterioro significativo. Además, algunas personas también encajan limpiamente en una categoría de trastorno de personalidad narcisista, esquizotípica o límite. Sin embargo, a la postre, los psicólogos y psiquiatras suelen distinguir una cualidad ambigua y subjetiva en el sistema. Un paciente puede ser diagnosticado como NPD por un clínico, como trastorno antisocial de la personalidad por un segundo y como trastorno bipolar por un tercero. En nuestra investigación, a menudo observamos que los trastornos narcisistas y paranoides de la personalidad se asocian más de lo que se espera con los trastornos de diferentes clústeres. Parte de esa asociación se debe a que las personas que son paranoicas o que consideran que el mundo «va a por ellos» también pueden parecer narcisistas. Estas asociaciones seguirán siendo un reto para el diagnóstico, pero las futuras investigaciones pueden aclarar ciertos aspectos.

Trastorno narcisista de la personalidad en el futuro

A medida que aumentan los conocimientos, las definiciones y los diagnósticos médicos cambian con el paso del tiempo, también lo hacen las definiciones y los diagnósticos de los trastornos de la personalidad. Por ejemplo, el diagnóstico de esquizofrenia apareció por primera vez en el año 1887 cuando el psiquiatra alemán Emil Kraepelin utilizó el término *demencia precoz*, o demencia temprana, para describir a los pacientes con síntomas como pensamiento fragmentario. La esquizofrenia ya existía antes, pero no se reconocía como un trastorno médico diferenciado. En la actualidad, el *DSM* incluye varias categorías de esquizofrenia, y los investigadores siguen tratando de clasificar nuevos aspectos de los trastornos delirantes.

Además, la investigación cambia el modo en que la sociedad percibe ciertos trastornos como el autismo. El autismo, que en un principio se consideraba un trastorno aislado, pasó a estar formado por un par de trastornos y ahora se considera un espectro. Del mismo modo, los científicos de la personalidad se han esforzado en ubicar la personalidad esquizotípica en el espectro más amplio de la esquizofrenia, algo que el *DSM-5* explicita.

Por otro lado, la sociedad se enfrenta a los problemas de la economía y la medicación. Si existieran medicamentos para el narcisismo, por ejemplo, que permitieran reducir el ego u otros rasgos narcisistas, los psicólogos y psiquiatras probablemente comenzarían a diagnosticarlos en un espectro. Si existe un tratamiento, los médicos quieren recetar lo que puede ayudar, y, tradicionalmente en medicina, esto puede extenderse más allá de los objetivos de tratamiento para los que la medicación ha sido creada originalmente. Por ejemplo, los inhibidores selectivos de la recaptación de la serotonina (ISRS) estaban pensados para la depresión y la ansiedad, pero ahora son recetados por personas no especializadas para ayudar con el neuroticismo general. En pocas palabras, si una píldora ayudase a la gente a ser menos imbécil, los médicos se la darían a los idiotas habituales, además de a quienes padecen trastornos de personalidad diagnosticables.

También es posible que la estructura de los trastornos de personalidad se modifique para reflejar los rasgos básicos de la personalidad. En ese caso, el trastorno narcisista de la personalidad podría diagnosticarse como un tipo específico de «trastorno del antagonismo», junto con la psicopatía y el trastorno antisocial. Los investigadores están probando, en la Unión Europea, un sistema de diagnóstico basado en los rasgos y constatan que parece funcionar.

En el futuro, sea cual sea la clasificación del NPD o el nombre que se le asigne, la misma combinación de rasgos y comportamientos –grandiosidad, falta de empatía y autoengradecimiento– dará lugar a problemas si se permite que se desborde. El diagnóstico puede tener costos y beneficios importantes para las decisiones de tratamiento, la cobertura del seguro, las consecuencias legales y el etiquetado, pero también puede abocar a la complejidad e incertidumbre en la vida real de individuos reales que reciben un diagnóstico real.

Una visión más profunda: los trastornos de la personalidad y el modelo de los cinco factores

La tensión entre las definiciones de *normal*, *anormal* y *patológico* se mueve en distintas direcciones en diferentes momentos. Sigmund Freud y Carl Jung, considerados padres fundadores de la psicología, estudiaron a los individuos patológicos para conocer la personalidad normal, y ambos terminaron recurriendo a la antropología y campos afines. Poco después, psiquiatras como Emil Kraepelin necesitaron un sistema de diagnóstico médico claro para saber a quién tratar y cómo hacerlo. Así pues, la psiquiatría se construyó con un modelo médico en el que las personas tenían o no una enfermedad mental definida, y la psicología siguió por esos derroteros.

Sin embargo, en la década de 1980 los investigadores que estudiaban rasgos como el narcisismo comenzaron a pasar de este modelo médico a un modelo de personalidad. En esa época, los investigadores Paul Costa y Robert McCrae publicaron trabajos sobre los trastornos de personalidad y los «cinco grandes». Mediante varios estudios, compararon las escalas de personalidad que utilizaban el modelo de cinco factores con las escalas de trastornos de la personalidad y descubrieron que el modelo de cinco factores abarca tanto la personalidad normal como la anormal. A partir de ese momento, los profesionales comenzaron a integrar los modelos tradicionales de rasgos de personalidad en las concepciones psiquiátricas del trastorno. Si a esto le sumamos el factor económico de que es mucho menos costoso encontrar e investigar a personas normales que a muestras clínicas de personas con rasgos anormales, la investigación se disparó hacia el enfoque de los rasgos normales.

Entre bastidores: argumentos en torno al *DSM*

Como sabemos, los psiquiatras son médicos que estudian y tratan las enfermedades mentales, mientras que los psicólogos son especialistas con estudios superiores y formación en psicología. Los psiquiatras tienen privilegios de prescripción y una formación médica más amplia, los psicólogos clínicos con formación médica específica tienen privilegios de prescripción en algunas jurisdicciones, mientras que los psicólogos investigadores tienen privilegios de evaluación más amplios y más formación en el campo de la investigación. Los psicólogos son muy buenos a la hora de diagnosticar problemas psicológicos, pero los psiquiatras son necesarios para tratar los complejos aspectos médicos de estos mismos trastornos. Las personas pueden acudir a un psicólogo para el diagnóstico, a un psiquiatra para el tratamiento médico y quizá a otro psicólogo o profesional de la salud mental para la psicoterapia.

Como parte de la creación del *DSM*, los psiquiatras y psicólogos se reúnen en un grupo de trabajo para discutir las últimas investigaciones sobre un determinado tema, consultar a los miembros profesionales de la American Psychological Association y elaborar definiciones que satisfagan a todos. Esto es realmente difícil de hacer. Por poner un ejemplo, los que siguen las ideas de Carl Jung consideran la *introversión* de forma positiva, por lo que utilizar la introversión como término negativo se consideraba una calumnia. En su lugar, el término *desapego* se incorporó al *DSM*.

Debido a este tipo de debates internos, los modelos del *DSM* que utilizamos ahora siguen teniendo sus raíces en unas tres décadas atrás. A pesar de los enormes avances en la investigación, no ha habido nuevas formulaciones en torno a los trastornos de la personalidad. Aunque hubo un esfuerzo masivo para llevar a cabo una transición, fracasó y ahora se describe como un modelo emergente. No se utiliza clínicamente, que yo sepa, pero los investigadores siempre están probando aspectos de este nuevo modelo.

6. Los primos del narcisismo: las Cuatro Tríadas

Una de las ventajas de utilizar rasgos básicos como los «cinco grandes» (extraversión, apertura, amabilidad, neuroticismo y responsabilidad) para describir y definir rasgos complejos como el narcisismo es que podemos ver lo que ocurre cuando se producen pequeñas variaciones en las combinaciones de los rasgos o perfiles básicos. Por ejemplo, se puede tomar la combinación de rasgos del narcisismo grandioso –extraversión asertiva y baja agradabilidad– y modificarla levemente. Añadimos una baja responsabilidad o impulsividad o disminuimos la extraversión y agregamos neuroticismo para explorar familias de rasgos, también conocidas como rasgos *parientes*, que, si bien están relacionados entre sí, también presentan importantes diferencias. Los psicólogos han desarrollado varios conjuntos de parientes de este tipo para explorar rasgos similares al narcisismo. A menudo llamados tríada, estos modelos vinculan un aspecto concreto del narcisismo, como las cualidades grandiosas, con dos rasgos relacionados. En primer lugar, los investigadores miraron hacia el lado «oscuro», o los rasgos negativos, que conforman la llamada *tríada oscura*.

Las tríadas oscuras

La tríada oscura   Tríada oscura vulnerable

La tríada oscura

La expresión *tríada oscura* puede parecer «negativa» o «malvada», pero en psicología *oscuro* tiende a referirse al antagonismo. No es un término ideal, por supuesto, pero se ha mantenido, y es lo que hemos utilizado históricamente para describir este tipo de rasgos. Como veremos más adelante en este mismo capítulo, los psicólogos también han trabajado con un lado más «claro».

Acuñada en el año 2002 por el psicólogo D.L. Paulhus y su equipo de investigación en la Columbia Británica, Canadá, la tríada oscura contiene tres rasgos que comparten un «núcleo oscuro» de baja amabilidad y falta de empatía: narcisismo grandioso, psicopatía y maquiavelismo. Podemos ver cómo la adición de una pizca de esto o una pizca de aquello cambia ligeramente la personalidad y crea un «sabor» diferente del narcisismo que hemos estado discutiendo hasta ahora. El narcisismo grandioso se halla en la cima de la tríada, mientras que sus parientes se ramifican a los lados.

La *psicopatía* es una mezcla de baja simpatía y baja responsabilidad o impulsividad. Imaginemos a alguien que es grandioso, frío, insensible y hace lo que quiere. Los psicópatas se encuentran a menudo en poblaciones criminales porque su impulsividad les acarrea problemas: roban, timan e incluso matan a la gente. Sin embargo, las novelas, las películas y los programas de televisión más populares suelen presentar a psicópatas con un gran control de sí mismos. Hannibal Lecter, en *El silencio de los corderos*, por ejemplo, es asesino en serie y caníbal, pero también un psiquiatra forense entrenado que se prepara comidas sofisticadas con el cuerpo de sus víctimas. En la realidad, los criminales prototípicos como estos no son comunes. Jeffrey Epstein parecía un ejemplo del mundo real de un psicópata altamente funcional. En cambio, es probable que Epstein –y Lecter– sea tan narcisista como psicópata. De hecho, Lecter es tan inteligente y hábil socialmente que, si no estuviera asesinando y comiendo gente, al tiempo que hace gala de su genialidad jugando al gato y al ratón con los investigadores, habría seguido siendo un psiquiatra forense de éxito en altos puestos de liderazgo y en la cima de los grupos sociales. El psicópata más común tiene impulsos que conducen a problemas. En *Juego de Tronos*, Joffrey Baratheon es un psicópata impulsivo y sádico que es asesinado para mantenerlo fuera del poder. Ramsay Bolton es otro psicópata sádico. Por supuesto, Cersei Lannister es narcisista y psicópata. Está dispuesta a asesinar a casi cualquiera para salirse con la suya, pero es lo suficientemente estable e inteligente como para mantenerse en el poder.

El otro primo de la tríada es el *maquiavelismo*, llamado así por Nicolás Maquiavelo, autor de *El príncipe*, una guía para líderes en el siglo xvi que versa sobre cómo ejercer el poder con éxito. Esta obra suele tener mala fama porque es realmente una guía sobre la manipulación, pero la manipulación se hace a menudo para servir a un bien mayor. Evitar la guerra y aumentar el comercio y las alianzas era crucial para los pequeños estados de la Edad Media, y lograr estos objetivos significaba ser estratégico. El personaje de Meñique en *Juego de Tronos* es una versión perfecta de este rasgo. Los maquiavélicos suelen ser insensibles y muy manipuladores, y creen que la importancia de sus objetivos justifica incluso los procedimientos inmorales. En la vida real, sin embargo, es difícil encontrar a personas maquiavélicas de este nivel. Muchos aspirantes a maquiavélicos se creen muy manipuladores e inteligentes, pero en realidad parecen psicópatas impulsivos y actúan como tales.

Un cuarto rasgo asociado a este grupo es el *sadismo*, y en ocasiones la gente añade el sadismo a la tríada oscura para formar la tétrada oscura. El sadismo se centra en la baja empatía. A diferencia de los narcisistas, que desean dañar a las personas para aumentar su ego, pero que no lo harían de otro modo, los sádicos sienten placer al dañar a las personas y a otras criaturas. En otro conocido estudio de Paulhus, por ejemplo, se les dio a los estudiantes de psicología tres cochinillas –Muffin, Ike y Tootsie– y un molinillo de café modificado.[1] Se les indicó que dejaran caer las cochinillas en la «máquina trituradora de bichos» y los molieran, empezando por Muffin. Aunque una barrera impedía que los bichos llegaran a las cuchillas, el molinillo hacía un ruido que imitaba el sonido del crujido. Los investigadores descubrieron que los estudiantes más sádicos disfrutaban triturando las cochinillas. Pobres Muffin, Ike y Tootsie.

La buena noticia es que, a pesar del sufrimiento presente en el mundo, el sadismo es relativamente raro. En general, a la gente no le gusta ver sufrir a los demás. Incluso en un deporte increíblemente agresivo como el fútbol, cuando un deportista resulta lesionado, todo el mundo –incluido el equipo contrario– aplaude si el jugador lesionado puede salir del campo. Los espectadores compran entradas para animar la grandeza y la competición, pero no para ver la humillación y el sufrimiento, aunque algunas rivalidades resultan aterradoras.

Sin embargo, cuando el sadismo se mezcla con el narcisismo, combinando el egoísmo y el deseo de causar dolor a los demás, se crea una peligrosa mezcolanza denominada *narcisismo maligno*. El psicólogo social Erich Fromm utilizó el término por primera vez en el año 1964, definiéndolo como «la quintaesencia del mal».[2] Dos décadas después, Otto Kernberg lo introdujo en la literatura psicoanalítica, pero se ha escrito poco sobre él desde la década de 1980. Curiosamente, las características del narcisismo formaban parte de nuestra cultura mucho antes de recibir un nombre distinto. En un estudio realizado en 2010 por Mila Goldner-Vukov y Laurie Jo Moore, de la Universidad de Auckland (Nueva Zelanda),[3] constataron la presencia de narcisismo maligno en cuentos de hadas como *Blancanieves* y *Cenicienta*, especialmente en las historias con una madrastra malvada que intenta dañar psicológica y físicamente a su inocente hijastra. La madrastra es arrogante, fría, rica, preocupada por la belleza y no tiene remordimientos por sus actos. También analizaron la historia familiar de tres dictadores prominentes –Adolf Hitler, Joseph Stalin y Mao Zedong– y encontraron temas comunes con comportamientos antisociales, paranoicos y sádicos. La buena noticia es que los casos de narcisismo maligno son tan escasos y distantes entre sí que los investigadores neozelandeses solo dispusieron de algunos estudios de casos para mostrar ejemplos.

Los psicólogos se sintieron fascinados por la tríada oscura porque, como Paulhus ha expresado en entrevistas anteriores, «las personalidades oscuras son más fascinantes que las personas brillantes y felices».[4] Del mismo modo, mi colega Josh Miller ha señalado que la fascinación por la psicopatía es algo similar a la fascinación por un león que puede abrir la puerta de una habitación con una garra. Es una imagen aterradora y digna de estudio. Otros parecen estar de acuerdo. Desde el primer artículo referente a la tríada oscura, la investigación ha aumentado cada año con un gran número de artículos publicados en los últimos años, llegando a casi dos mil en 2018. Los investigadores han llegado a la conclusión, entre otras cosas, de que los rasgos de la tríada oscura resultan atractivos para las mujeres, están relacionados con el insomnio y, potencialmente, con el éxito.

Sin embargo, el auge de la investigación –y la consiguiente cobertura en los medios populares con titulares como «Por qué un poco de maldad es buena»– ha provocado cierta reacción.[5] Incluso algunos de mis colegas de la Universidad de Georgia se han pronunciado en contra de este tipo de artículos, publicando una evaluación crítica de la tríada oscura en febrero de 2019 y, en lugar de métodos que simplifican en exceso los rasgos de personalidad relacionados, sugiriendo formas de avanzar con investigaciones más complejas y matizadas.[6] Por ejemplo, es importante reconocer la complejidad del comportamiento criminal y los muchos factores que contribuyen a él. El narcisismo no siempre está relacionado con los actos delictivos, y no todos los actos delictivos contienen narcisismo. Hay muchas razones por las que la gente comete un crimen, y las que están relacionadas con el narcisismo tienden a ser egoístas. Los delitos de cuello blanco relacionados con el narcisismo, por ejemplo, a menudo se derivan de la necesidad de mejorar el yo y continuar con un estilo de vida que el narcisista quiere mantener. La complejidad de estas interacciones sigue suscitando nuevos debates en torno a la tríada oscura y otras tríadas, incluidas las tres que analizaremos a continuación.

La tríada oscura vulnerable

Cuando la investigación comenzó a centrarse en la tríada oscura, Josh Miller y yo nos dimos cuenta de que había un espejo que mezclaba los rasgos oscuros con el lado emocionalmente vulnerable del narcisismo. Es curioso que, Josh sea uno de los coautores del artículo sobre la valoración crítica antes mencionado, por lo que tiene sentido que haya tomado el pulso a esta investigación y haya querido aprender más sobre otras interacciones complejas. En un estudio que publicamos en el *Journal of Personality*, en el año 2010, discutimos cómo había, de hecho, una *tríada oscura vulnerable* que comparte rasgos asociados con el neuroticismo y el antagonismo, y que incluye el narcisismo vulnerable, la personalidad límite y el factor 2 de la psicopatía. A las personas afectadas por la tríada oscura vulnerable, el mundo les resulta un lugar amenazador y hostil, y tienen problemas con la confianza y la regulación del estado de ánimo, en especial la hostilidad y la ansiedad.

La *personalidad borderline*, el rasgo asociado con el trastorno límite de personalidad, se caracteriza por la gran inestabilidad en el estado de ánimo y las relaciones. Los individuos *borderline* pueden pasar de amar a alguien profundamente a no hacerlo en absoluto, experimentando dificultades para regular sus estados de ánimo negativos, como pérdida, tristeza o miedo. En esencia, en lugar de encontrar formas de cambiar a un estado más positivo, pueden entrar en una espiral de situaciones ansiosas y depresivas, tomando decisiones que conducen a comportamientos peores. El resultado es que pueden llevar a cabo actos perjudiciales para los demás y para sí mismos, como practicarse cortes e incluso el suicidio. Los personajes *borderline* están bien representados en las películas, siendo el más famoso (y aterrador) el papel de Glenn Close en *Atracción fatal*. Más allá de eso, el trastorno límite de la personalidad en sí mismo es bastante desordenado y complejo, como ya hemos comentado en capítulos anteriores.

El factor II de la psicopatía es menos conocido y representa una versión extremadamente impulsiva y emocional de la psicopatía. Imaginemos a un varón de veintidós años que es hostil y explotador, pero que no es ambicioso ni tiene ego. Se trata de un individuo con un empleo marginal, con problemas legales, que sobrevive en gran medida aprovechándose de otras personas. En la película *Ready Player One*, Rick, el novio de la tía, es un perdedor hostil que acaba causando daño a todos los que le rodean.

Lo más habitual es que el lado vulnerable suela llamar menos la atención de los investigadores, pero en los últimos años se han realizado algunos estudios adicionales. En 2016, un grupo de psicólogos y psiquiatras australianos llegó a la conclusión de que los rasgos de personalidad de la tríada oscura vulnerable estaban asociados a tendencias religiosas fundamentalistas.[7] A continuación, en el año 2017, investigadores de la Universidad del Sur de Florida investigaron los rasgos oscuros y vulnerables entre 500 delincuentes,[8] descubriendo que los rasgos vulnerables parecían ser particularmente relevantes para los delitos impulsivos contra la propiedad, como el fraude y el robo, así como para los delitos relacionados con drogas. En última instancia, según los investigadores, los futuros estudios podrían indicar si los rasgos oscuros se unen como se espera para predecir comportamientos delictivos de alto riesgo. Como ya se ha mencionado, será difícil desligar esta investigación de otros factores, como los factores socioeconómicos y las presiones sociales, que contribuyen a los actos delictivos, pero sigue siendo un área interesante para las futuras investigaciones.

La tríada luminosa

Aunque investigar las personalidades, patrones, pensamientos y sentimientos oscuros permite profundizar en la comprensión

del lado más oscuro de la naturaleza humana, los investigadores pensaron que también había que trabajar en el lado más
luminoso. En el año 2019, la idea de una tríada «luminosa» o
positiva surgió en debates en la Universidad de Pensilvania,
en Filadelfia. Mi amigo y colega Scott Barry Kaufman, que
escribió sobre esto en marzo de 2019, tiene una visión más
optimista de la psicología y la experiencia del ser humano, y
desarrollo la tríada luminosa para resaltar lo opuesto al narcisismo y la psicopatía.

Es importante destacar que la tríada luminosa no es una
versión inversa de la tríada oscura. Por el contrario, el objetivo
era tomar distancia para crear un modelo de rasgos positivos.
El resultado contiene tres factores o rasgos positivos. El primero de ellos, *fe en la humanidad*, recoge la creencia de que las
personas son generalmente buenas y dignas de confianza. Una
persona que tenga una gran fe en la humanidad se enfrentará a
la mayoría de las situaciones con la expectativa de que los demás son personas bienintencionadas y razonables. El siguiente
factor, el *humanismo*, celebra lo mejor de la humanidad, lo cual
supone apreciar los éxitos y las creaciones de los demás, que
pueden verse en las grandes producciones artísticas o en grandes logros sociales como la disminución de la mortalidad materna. El tercer factor, el *kantismo*, recibe su nombre del filósofo
Immanuel Kant y sugiere una preferencia por la integridad y la
honestidad frente a la mentira, la seducción o la manipulación.

Kaufman, en la actualidad en la Universidad de Columbia,
creó y publicó en Internet una Escala de la tríada luminosa formada por 12 ítems, que es su «primer proyecto de medición de
la orientación amorosa y benéfica hacia los demás».[9] En otras

palabras, esto mide nuestros «santos cotidianos». En cuatro pruebas realizadas con más de 1500 personas, ha demostrado la fiabilidad y validez en la escala, observando que predice la satisfacción vital, la orientación al crecimiento y la autotrascendencia entre los que obtienen una puntuación más elevada. También tienden a mostrar humildad, curiosidad intelectual, tolerancia hacia otros puntos de vista y escasa necesidad de ejercer poder sobre los demás.

Como la escala es novedosa, hay pocos estudios que la respalden, pero es prometedora porque capta una forma activa de benevolencia. Los investigadores llevan décadas debatiendo qué es lo contrario del narcisismo, sobre todo en lo que respecta a la humildad o la sumisión. En general, la humildad se

La tríada luminosa

Humanismo
*«Tiendo a tratar a los demás
como personas valiosas»*

Fe en la humanidad
*«Suelo ver lo mejor
de las personas»*

Kantismo
*«Prefiero la sinceridad
a la seducción»*

considera un rasgo positivo en las personas con éxito, mientras que la sumisión se ve como algo negativo en las sociedades occidentales que alaban el individualismo y la libertad, o como algo positivo en relación con el comportamiento orientado al servicio. Los factores de la tríada luminosa, en especial el humanismo, coinciden con la humildad que celebra los logros y el éxito humanos sin resentimiento ni celos. Además, el rasgo de kantismo destaca la autenticidad y la integridad, mientras que la fe en la humanidad se basa en la confianza. En cierto sentido, la práctica activa de estos rasgos más benevolentes podría combatir el narcisismo. La fe en la humanidad combate la desconfianza, el humanismo combate la misantropía y el comportamiento explotador, y el kantismo combate la imagen inflacionada de uno mismo para sustituirla por una más segura y auténtica. La figura de la tríada luminosa muestra algunas de las cualidades relacionadas con los tres factores y de qué modo los investigadores intentan medir este nuevo concepto.

La tríada energizada

Aún más reciente que la tríada luminosa, una cuarta tríada de rasgos que a menudo aparecen juntos en los debates sobre el narcisismo grandioso, sobre todo en el entorno del liderazgo, es lo que yo denomino la tríada energizada, formada por rasgos que comparten el núcleo de la extraversión agencial, que es el aspecto de la extraversión que incluye la búsqueda de recompensa, la ambición y el impulso, y que es comparable al combustible de la personalidad.

La tríada energizada

El narcisismo grandioso mezcla esta energía central con el antagonismo, pero si se elimina el antagonismo y se añade la autoestima, el resultado es la *audacia*, o lo que los académicos llaman dominación sin miedo. La audacia suena más saludable que el narcisismo grandioso, y parece serlo a nivel individual. En el ámbito cultural, la audacia conduce al cambio, y eso, dependiendo de la perspectiva, puede ser bueno o malo. En el ámbito científico, la sociedad suele admirar la audacia de los investigadores del pasado, como el famoso científico Jonas Salk, que se inyectó sus propias vacunas, pero, en la vida cotidiana, la ciencia premia la prudencia. La audacia se incluye en algunos modelos de psicopatía, pero sigue siendo una posición controvertida.

En el otro extremo de la tríada, la *hipomanía* es un rasgo de personalidad asociado a un nivel bajo (*hipo*) de manía. Como se ha mencionado en un capítulo anterior, una forma de entenderlo es alguien que no tiene una manía completa o un trastorno maníaco, sino un nivel relativamente bajo de manía persistente a lo largo del tiempo. Al igual que el narcisismo es tanto un rasgo como un aspecto del trastorno narcisista de la personalidad, y también puede serlo la hipomanía. La hipomanía y el narcisismo grandioso comparten ese núcleo de extraversión y empuje agencial, que a veces incluye una elevada frustración y hostilidad cuando los individuos hipomaníacos se esfuerzan por hacer que el mundo funcione tan rápido como ellos. El personaje de Marvel Iron Man, el alter ego de Tony Stark, es un buen ejemplo de narcisismo grandioso con rasgos hipomaníacos.

La extraversión y el impulso hipomaníacos pueden parecer grandiosidad porque, en cierto modo, son una forma de grandiosidad. Los emprendedores pueden decir que su nueva idea revolucionará el mundo, que cambiará las reglas del juego o que, al menos, les hará ricos. Aunque rara vez funcione, se convencen de que su proyecto o idea tendrá un efecto generalizado. La diferencia entre esto y la grandiosidad es que la hipomanía no está relacionada con derribar a los demás o vencerlos. En cambio, el impulso está relacionado con la idea, no con la persona. Incluso si el progreso hacia el objetivo significa derribar a otros, la motivación proviene del proyecto y no de un sentido de estatus o superioridad.

En general, esta energía puede ser positiva, y la sociedad suele sentirse atraída por individuos enérgicos y emocionantes. El mayor riesgo y desafío ocurre cuando este tipo de energía se une a rasgos destructivos como el antagonismo. En una analogía militar, el antagonismo es la ojiva, mientras que la energía es el combustible del cohete. Aunque esta tríada es tan novedosa que no tenemos ninguna investigación hasta la fecha que la respalde, me interesa explorarla en el futuro.

Una visión más profunda: crear nuevas escalas

En las medidas de personalidad existe un equilibrio constante entre «Si no está roto, no lo arregles» y la creación de una escala basada en las propiedades psicométricas más recientes. Cuanto más tiempo se utiliza una determinada escala, más comprenden los investigadores sus propiedades, su validez y su fiabilidad. Por ejemplo, los investigadores probarán los subfactores de una determinada escala en cientos de muestras diferentes a lo largo de los años. Durante ese proceso, la escala mejorará, se eliminarán algunos ítems y se modificará su redacción. Basándose en las revisiones, los académicos son capaces de predecir de forma notable las correlaciones entre las escalas.

En ocasiones, sin embargo, un rasgo psicológico concreto puede no tener una medida clara, o no una demasiado evidente. En ese caso, los investigadores crean una escala y comprueban su validez progresiva para ver si funciona cada vez mejor que las herramientas disponibles. Los expertos en la materia lo discuten y se preguntan si el concepto es realmente nuevo, o bien se basa en una escala anterior que sigue funcionando bien.

A modo de ejemplo, consideremos el caso de la Escala de la pasión y la perseverancia (Grit), creada por la psicóloga Angela Duckworth, que escribió sobre ella en su libro de gran éxito *Grit: El poder de la pasión y la perseverancia*. Su charla TED sobre la pasión es una de las más vistas. La Escala de la pasión y la perseverancia capta un rasgo importante que determina el éxito frente a la adversidad, sobre todo en lo que concierne a objetivos a largo plazo. Sin embargo, como informaron varios investigadores en un metaanálisis efectuado en el año 2017, la perseverancia resulta ser una variante del rasgo de los «cinco grandes» de la responsabilidad pero con un nombre más atractivo. Eso no significa que haya nada malo en la escala de Grit, y, de hecho, significa que la escala está bien construida, pero es redundante en algunos aspectos. Mi escala de privilegio psicológico es similar en el sentido de que se explica muy bien por la baja amabilidad.

Entre bastidores: desarrollo de la tríada energizada

La tríada energizada es tan novedosa que tenemos muy poca investigación sobre ella, pero puedo aportar algo porque Lane Siedor, estudiante de la Universidad de Georgia, fue la que dio origen a la idea. Como parte de su investigación, Siedor se interesó por el liderazgo hipomaníaco, que también está muy poco estudiado, pero que encaja con los rasgos de dominio y audacia libre de temor.

En un estudio publicado en *Current Psychology*, en el año 2016, Siedor examinó la relación entre narcisismo e hipomanía, específicamente los aspectos grandioso y vulnerable del narcisismo y las tres dimensiones de la hipomanía –vitalidad social, volatilidad del estado de ánimo y excitación– en lo que respecta a la impulsividad y las experiencias.[10] Como se esperaba, el narcisismo grandioso y la hipomanía compartían componentes similares de vitalidad social y, hasta cierto punto, de excitación. El narcisismo vulnerable estaba más relacionado con la volatilidad del estado de ánimo.

Así comenzó la conversación sobre la energía y los vínculos entre la tríada energizada. La investigación futura podría orientarse hacia lo positivo, en el caso de los empresarios revolucionarios, o hacia lo negativo, en el caso de los líderes antagonistas, de los que hablaremos en el capítulo 8.

II
Observando el narcisismo
en el mundo que nos rodea

7. Relaciones y narcisismo

Ay, el amor. Mucha gente espera a que su alma gemela aparezca en un bar para ligar, utilizando el arranque perfecto de la conversación y diciendo todo lo que el otro quiere escuchar. Bueno, alguien podría hacerlo, si esa persona es un narcisista. Si usted es como yo, puede que este le resulte uno de los aspectos más fascinantes del narcisismo. De hecho, me intrigaron tanto las ideas y las preguntas sobre el narcisismo en las relaciones románticas que escribí mi disertación al respecto y, finalmente, también escribí el libro *When You Love a Man Who Loves Himself*, que explica por qué los hombres narcisistas parecen, en principio, el mejor partido.

Mientras estudiaba el narcisismo y las relaciones de pareja en la escuela de posgrado, me encontré con diferentes versiones de la historia de Narciso, que terminaron reflejadas en muchos de mis trabajos. Puede que los mitos griegos o romanos, que se centran en la idea de un joven hermoso que vaga por el mundo en busca de la pareja perfecta, nos resulten familiares. Muchas se enamoran de él, pero él las rechaza. Una ninfa del bosque llamada Eco se enamora de él, pero él la aparta y le dice que no le moleste. Desesperada, vaga por el bosque durante el resto de su vida y se desvanece hasta que solo queda su eco.

Némesis, la diosa de la venganza, castiga a Narciso conduciéndole a un estanque, donde acaba enamorándose de su propio reflejo y, en última instancia, muriendo solo. Se pierde a sí mismo al renunciar al amor de los demás, y su propio amor hacia sí mismo se convierte en su perdición. Esta antigua narración puede interpretarse de muchas maneras, pero nos transmite el claro ejemplo de cómo una cantidad perjudicial de narcisismo no solo afecta a las relaciones, sino también al propio narcisista.

Con el tiempo, ha ido floreciendo la investigación sobre el narcisismo en las relaciones, y las investigaciones más recientes han descubierto que los narcisistas son muy buenas citas al principio. Sin embargo, los rasgos que hacen que las personas sean atractivas para salir con ellas difieren de los rasgos que hacen que las personas sean parejas cariñosas y comprometidas. En general, los seres humanos suelen buscar la confianza y una personalidad extravertida, los cuales pueden ser elementos integrantes del narcisismo. Nadie hace cola para entablar una relación con un narcisista, y nadie incluye «buscando un idiota ensimismado» en las aplicaciones de citas. En la mayoría de los casos, no nos gustan las personas egocéntricas una vez que las conocemos. Sin embargo, al principio, muchos nos sentimos atraídos por las cualidades narcisistas de las parejas hasta que aparecen los problemas de compromiso y respeto mutuo.

Esta idea se aplica más allá de las relaciones románticas, por supuesto. También gravitamos hacia amigos, compañeros de trabajo y familiares extravertidos y seguros de sí mismos. Sin embargo, a medida que se desarrolla una nueva relación es importante buscar los signos de narcisismo y entender cómo funciona este en las relaciones, qué es lo que obtiene el narcisista y las consecuencias a largo plazo del narcisismo. El proceso de autoengrandecimiento o autocontrol narcisista, que utiliza a otras personas para mantener la imagen positiva de sí mismo, hace que las relaciones funcionen en beneficio del narcisista.

Una visión panorámica de las relaciones

Es bueno tener una visión de alto nivel del narcisismo para entender las relaciones, y para esto, el «modelo trifurcado» es sumamente útil. En esencia, existe un alto nivel de antagonismo que puede manifestarse de distintas maneras, como relaciones y dominio, superioridad y arrogancia. Esto puede implicar jactancia, ostentación o privilegios. Exteriormente, los narcisistas grandiosos exigen respeto y un trato especial. Internamente, los narcisistas vulnerables pueden sentarse a reflexionar sobre lo que merecen. Ambos tipos pueden utilizar la intimidación, la manipulación y la desconfianza para alcanzar sus objetivos.

En definitiva, todas las relaciones con narcisistas implican algún aspecto de los ingredientes centrales del narcisismo, aunque los rasgos se presentan de diferentes maneras. Las personas grandiosas utilizan la extraversión para hacer que este aspecto oscuro del narcisismo parezca positivo, en particular a través de la conexión, el gregarismo, el encanto interpersonal y la capacidad de construir redes sociales amplias, aunque superficiales. Las personas vulnerables tienden a recurrir al neuroticismo, que se manifiesta como necesidad, reactividad o fragilidad.

Observar el narcisismo en estas dos manifestaciones (grandioso y vulnerable) puede ayudarnos a entender los conflictos que siempre aparecen en las relaciones con los narcisistas. Las dinámicas grandiosas tienden a evidenciar una mezcla de comportamientos positivos y negativos en la relación, mientras que las dinámicas vulnerables se inclinan hacia lo negativo y lo triste. La siguiente figura nos muestra de qué modo esas cualidades se fusionan y divergen. El narcisismo grandioso contiene aspectos positivos que son útiles para iniciar relaciones, como la audacia social, la confianza y las grandes redes sociales, pero también incluye aspectos negativos que alejan las relaciones, como el sentido de privilegio, la manipulación y la arrogancia.

Como ejemplo, en la película *Crazy Rich Asians*, el personaje Bernard Tai es un narcisista grandioso clásico. Interpretado por Jimmy O. Yang, más conocido por su papel de Jian-Yang en la serie de HBO *Silicon Valley*, es muy extravertido y tiene una amplia red social con múltiples relaciones superficiales. Es el chico de la fiesta que planea una despedida de soltero desmedida que le convierte en el centro de atención y termina molestando al futuro marido. Bernard es muy antagónico, odio-

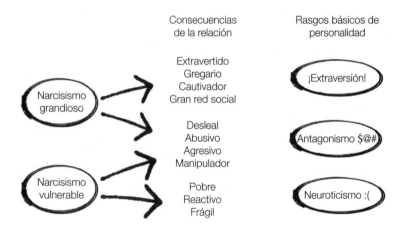

so y rico. Le dice al novio que la novia no pertenece a su mismo nivel social, y cree que sus amigos solo deberían relacionarse y salir con otros de igual estatus social.

En las relaciones cotidianas, los llamados padres helicóptero, que siempre rondan a sus hijos y exigen atención, podrían ser los clásicos narcisistas vulnerables. Aunque la línea divisoria que separa a un padre comprensivo de un padre dependiente puede ser muy difuminada, se sabe que son los padres que viven a través de sus hijos, exigen un trato especial, requiriendo afirmaciones del tipo «el mejor» padre posible. Expresan su antagonismo pero de forma sutil, con un sentido de privilegio y sospecha de los demás, junto a la inseguridad y la fragilidad. Piensan más en la fantasía y la rabia que en la acción.

¿Cómo se benefician los narcisistas de las relaciones?

En las típicas relaciones cotidianas, lo normal es que todos los seres humanos busquemos estatus, estima y positividad. En el caso del narcisismo, sin embargo, la atención se centra en la mejora, y aquí es donde se vuelven relevantes «el sexo, el estatus profesional y la posición económica». Un narcisista desea establecer una relación con alguien que aumente su autoestima a través de un alto estatus, atracción física o dinero. En esencia, la pareja del narcisista es una herramienta para inflacionar su ego. Por ejemplo, salir con alguien famoso o exitoso hace que por asociación el narcisista se vea bien a sí mismo. Además, acostarse con alguien atractivo, o simplemente acostarse con tanta gente como sea posible, hace que se sienta poderoso y seductor. Mantener una relación con alguien que tiene dinero hace que parezca rico y capaz de permitirse joyas o invitaciones a fiestas exclusivas.

Sin embargo, a medida que avanza la relación, los narcisis-. tas se centran cada vez menos en el compromiso, la compasión o la conexión. Esto no significa que las personas narcisistas no quieran el compromiso o que no vean que falta la conexión, si bien no es una prioridad. En realidad, los narcisistas quieren ser amados, pero no están tan interesados en devolver el amor o el apoyo emocional recíproco. Para obtener lo que quieren sacar de las relaciones, los narcisistas utilizan, como ilustra la tabla 7.1, cuatro estrategias para satisfacer sus necesidades.

Tabla 7.1. Estrategias de relación

AUTORREGULACIÓN	EJEMPLOS
Asociación	Cónyuge trofeo Amigos famosos
Admiración	Pandillas Esposa admiradora/adoradora
Dominación	Intimidación/agresión Manipulación Violencia
Consuelo	Búsqueda de comodidad Reafirmación del valor

Por lo general, la asociación es la principal estrategia utilizada en las relaciones, especialmente entre los narcisistas grandiosos. La idea es construir la estima o el estatus social forjando una relación, ya sea con una pareja romántica, un amigo o un compañero de trabajo, que los beneficie. Incluso una relación distante puede servir para un determinado propósito, como, por ejemplo, hacerse amigo de alguien que conoce a Beyoncé. En la cultura popular, el término *esposa trofeo* o *cónyuge trofeo* suele utilizarse para referirse a alguien utilizado en una relación no para construir una asociación significativa, sino como forma de aumentar la autoestima.

Mi propia disertación analizaba esto, probando la idea de que los individuos narcisistas son más propensos a utilizar la asociación para obtener estatus en las relaciones, y les gustan las parejas que les proporcionan ese estatus. La idea era vincular la personalidad, las relaciones y la autorregulación para mostrar cómo funcionan al unísono en las búsquedas románticas de los narcisistas. La atracción era un buen primer paso, y mi modelo sugería que los narcisistas se sienten atraídos por las personas que los admiran y menos por las que desean intimidad emocional. Cinco estudios posteriores apoyaron esta idea a partir de mi disertación, que fue publicada en el *Journal of Personality and Social Psychology*, en 1999.[1] Mi disertación concluyó que, en general, los narcisistas prefieren cualidades más orientadas a sí mismos en una «pareja ideal», y su atracción romántica proviene de su estrategia para aumentar la autoestima.

Desde entonces, los estudios sobre las relaciones de pareja han mostrado una pequeña relación entre el narcisismo grandioso y la elección de pareja, es decir, las personas narcisistas tienden a tener parejas que también son un poco narcisistas. Si dos personas son superficiales, materialistas y buscan atención, ambas buscan satisfacer esas necesidades. Juntos, esto funciona bien y puede ser eficaz. El problema aparece, por supuesto, cuando uno de los miembros de la pareja no es narcisista y demanda compromiso, además de atractivo y emoción, en la nueva relación. La falta de coincidencia de los intereses respectivos provoca problemas.

La segunda estrategia para encontrar estatus o estima en las relaciones es la *admiración*. Una vez más, la mayoría de los seres humanos buscan la admiración, pero esto es particularmente cierto en el caso de los narcisistas, y puede ocurrir de varias maneras. Si viajamos a Washington DC y observamos a un congresista caminando por la calle seguido por un grupo de jóvenes que parecen patitos, el político recibe mucha atención porque tiene poder. Al mismo tiempo, se satisfacen sus necesidades de atención y de estatus, así como las necesidades de estima de sus seguidores porque se les asocia con un congresista, aunque sea momentáneamente. Más allá de las actitudes que rodean a los políticos y a los famosos, es agradable ser admirado en las relaciones cercanas, sobre todo por una pareja que nos adora y sobre todo si somos narcisistas. Esto es más relevante si la pareja es de alto estatus. Los individuos narcisistas no quieren que los «perdedores» de bajo estatus los admiren. En cambio, es importante para los narcisistas sentir que son valorados.

Otra estrategia para conseguir estima, aunque más negativa, es la *dominación*. Esta puede presentarse como intimidación o incluso abuso y traducirse en dominación física, emocional o mental. En el mundo de la investigación, el abuso narcisista en las relaciones proviene del rasgo central del antagonismo, sin tener en cuenta la grandiosidad o la vulnerabilidad. Cuando las personas se ven amenazadas, ese antagonismo predice la agresión. De hecho, predice la agresión incluso cuando no lo están, pero la amenaza es el gran desencadenante, incluyendo verse rechazado, que les digan que no son lo suficientemente buenos, o que les digan que no pueden hacer lo que quieren. En un metaanálisis del año 2018, Courtland Hyatt, de la Universidad de Georgia, constató que el narcisismo y otros rasgos oscuros similares, como el antagonismo y la psicopatía, son predictores de la agresión.[2] El rasgo central del antagonismo parece ser clave, por lo menos en un entorno de laboratorio. Lo que descubrimos en estos estudios es que los narcisistas utilizan tácticas de control para manipular a otras personas. *Juego de Tronos* está plagado de ejemplos de relaciones de individuos psicópatas, donde el nivel de dominio y control profundo es una forma extrema de narcisismo.

En varios estudios sobre agresiones sexuales publicados en el año 2013, Brad Bushman *et al.* de la Universidad Estatal de Ohio descubrieron que la resistencia reactiva narcisista está relacionada con la coacción sexual.[3] En particular, percibieron que el narcisismo se correlaciona con las creencias de apoyo a la violación y la falta de empatía hacia las víctimas. También descubrieron que los narcisistas disfrutan (en mayor medida que otros hombres) de las representaciones cinematográficas de actividad consensuada y afectuosa seguida de violación y son más punitivos con una colega femenina que se niega a leerles un pasaje sexualmente excitante en voz alta. Los estudios realizados en años posteriores en otras universidades del país concluyeron que los rasgos narcisistas, como el privilegio y la voluntad de explotar a los demás, estaban asociados a la agresión sexual, y que los hombres universitarios que tenían puntuaciones más altas en las escalas de narcisismo eran más propensos a ser agresivos sexualmente, sobre todo cuando había alcohol y drogas de por medio.

La última estrategia para granjearse la estima, que no se tiene tanto en cuenta con el narcisismo, es el *consuelo*. Algunas personas narcisistas en las relaciones, en especial las vulnerables, suelen necesitar que sus parejas las consuelen, las hagan sentir que no son rechazadas y les aseguren que son dignas de afecto. Kelly Dickinson y Aaron Pincus, investigadores de la Universidad Estatal de Pensilvania, han descubierto que los narcisistas vulnerables manifiestan una gran angustia interpersonal y una mayor dominación, venganza y frialdad en las relaciones.[4] Sus estilos de apego reflejan representaciones negativas de sí mismos basadas en el miedo y el abandono. Del mismo modo, los psicólogos israelíes Avi Besser y Beatriz Priel, de la Universidad Ben-Gurion, señalaron en un estudio de 2010 que los narcisistas vulnerables son sensibles a las interacciones interpersonales negativas que implican el rechazo o la vergüenza.[5]

El atractivo del narcisismo y la apariencia física

Una cuestión fundamental sobre el narcisismo, que se remonta al mito griego de Narciso, es si los narcisistas son atractivos. En relación con esta cuestión, hay que preguntarse si los narcisistas creen que son atractivos cuando no lo son y si compensan su falta de atractivo con la vanidad. Los investigadores han estudiado estas cuestiones desde la década de 1990, cuando los primeros estudios de la Universidad Estatal de Michigan descubrieron que los narcisistas tenían una imagen corporal más favorable de sí mismos.[6] Otro estudio, realizado en la Universidad del Norte de Texas, constató que también sobrestimaban su propia inteligencia.[7] Y otro estudio, realizado por investigadores de la Universidad de California, concluyó que los narcisistas sobrevaloraban su rendimiento, y cuando se veían en una cinta de vídeo, su autoadmiración aumentaba aún más.[8] Las personas grandiosas, en particular, son más propensas a calificar su atractivo en una escala superior en uno o dos puntos. De hecho, la población en general hace esto. Cuando pido a mis estudiantes de psicología que se califiquen a sí mismos en una escala de 10 puntos, la media de la clase está en torno al 7. En realidad, esto no es estadísticamente probable. Si bien la mayoría de las personas sobrestiman, los narcisistas lo hacen aún más.

Sin embargo, cuando los investigadores analizan los detalles, emerge una historia interesante. Cuando se emparejan las calificaciones de los narcisistas con las calificaciones de los compañeros y los expertos, algunos estudios muestran que las imágenes de los narcisistas se califican ligeramente más altas. En un metaanálisis realizado en el año 2010 por Nicolas Holtzman y Michael Strube, en la Universidad de Washington, se constató que el narcisismo y el atractivo están relacionados.[9] Esto suscitó el interés de los psicólogos, que comenzaron a preguntarse por qué y cómo las personas narcisistas eran más atractivas. Evolutivamente, ¿los que tienden a ser más explotadores y manipuladores nacen con rasgos más atractivos que les permiten salirse con la suya? No parecía probable.

Los científicos de la personalidad desarrollaron otra explicación relacionada con la autorregulación, que planteaba que los narcisistas se esforzaban más en su aspecto, ya que se preocupaban por la apariencia, y eso parece reflejar con precisión lo que sucede. En el año 2012, Holtzman hizo otro estudio –uno de mis favoritos– sobre narcisismo y atractivo en el que indicó a los participantes que se hicieran una foto en una postura neutral, vestidos tal como estaban al entrar en el laboratorio.[10] Luego les indicó que se hicieran fotos con el pelo recogido y sin maquillaje, si eran mujeres, y con el vello facial afeitado, si eran hombres, y les dio batas neutras para que se las pusieran. Como podemos imaginar, la primera calificación indica cómo aparece la persona durante las interacciones cotidianas, y la segunda calificación indica el aspecto físico básico de la persona lo más despojado posible en un entorno de laboratorio. Obviamente, no se pueden eliminar aspectos como la cirugía plástica, pero, en su mayor parte, esto sirve para un estudio. A continuación, los investigadores calcularon una puntuación llamada «adorno efectivo» para la primera imagen, que mide la diferencia entre las puntuaciones. Los que obtienen una puntuación de 5 con la apariencia física básica, pero un 7 con el maquillaje, el vello facial y la ropa atractiva, por ejemplo, se acicalan de manera eficaz.

Curiosamente, el narcisismo y la tríada oscura predijeron este embellecimiento eficaz. Estos participantes en el estudio se esfuerzan más en parecer atractivos, y no solo se esfuerzan más al arreglarse y vestirse, sino que también parecen ser bastante eficaces en ello. Esta conclusión va acompañada de una advertencia, por supuesto. No quiero dar la falsa impresión de que quienes se preocupan por su apariencia son narcisistas, o que hacerlo es malo. Lo que digo es que las personas que dedican tiempo a su aspecto y parecen seguras de sí mismas suelen caer mejor, por lo que las personas narcisistas lo hacen para caer bien. Es una estrategia que funciona para la gente en general, de manera que los narcisistas probablemente adaptan la estrategia de forma efectiva para satisfacer su necesidad de atención.

El atractivo del narcisismo y los «cortes finos»

Más allá del aspecto físico, los científicos de la personalidad se han interesado por el atractivo de los narcisistas durante las primeras interacciones. Para estudiar esto, mis colegas utilizan una técnica llamada «cortes finos», en la que filman a los participantes durante breves clips de treinta o sesenta segundos para analizar cómo se presentan y cómo hablan de sí mismas las personas. Otros estudios, que filman a la gente haciendo presentaciones en el mundo real, han mostrado resultados similares. Y lo que evidencian, sobre todo en el caso de los narcisistas grandiosos, es que gustan a los demás durante los primeros encuentros. En su mayoría, los narcisistas parecen atractivos, y esto coincide con su apariencia. Además, no muestran de inmediato una gran cantidad de arrogancia, y ciertamente no llevan sudaderas con capucha que digan: «Soy un idiota narcisista, y voy a acostarme con tu hermana». No dan esa impresión.

Uno de mis estudios favoritos sobre este tema, realizado por Mitja Back *et al.* en Alemania, indica que hay una serie de factores que están relacionados con el atractivo inicial de los narcisistas en estos cortes finos.[11] En primer lugar, su apariencia es llamativa e intrigante: pensemos en vestidos coloridos y expresiones faciales encantadoras. No parecen malhumorados, sino comprometidos y simpáticos. Sus movimientos corporales también denotan mucha seguridad en sí mismos, por lo que su postura es más recta y tienen un lenguaje corporal más dominante, exhibiendo gestos corporales más expansivos. Tiene sentido que alguien que está bien arreglado, es elegante y tiene energía sea atractivo. Las relaciones no románticas funcionan de la misma manera, y la investigación de las «cortes finos» también lo demuestra. Aunque las amistades y las relaciones de trabajo suelen ser menos extremas y menos saturadas de emociones que las relaciones románticas, los narcisistas siguen siendo atractivos porque son simpáticos, extravertidos y seguros de sí mismos.

Lo que no se muestra inicialmente es el antagonismo y el neuroticismo, que no harán su aparición hasta que progrese la relación. Con el tiempo, cae la fachada de simpatía, y los narcisistas se vuelven antipáticos. En un estudio de 2015, las personas hicieron el inventario de personalidad narcisista y luego se reunieron en grupos durante un periodo de varias semanas.[12] Las impresiones que recibieron los narcisistas pasaron de ser positivas en la primera reunión a negativas con bastante rapidez. Los narcisistas están hechos para relaciones superficiales, tibias y extravertidas. Pueden abandonar una relación o un grupo de amigos y pasar al siguiente con facilidad, pero suelen dejar a los demás emocionalmente agotados. Con la familia, los retos son mucho más difíciles. Es complicado dejar a la familia y seguir adelante, y los miembros narcisistas de la familia a menudo pueden encantar y manipular a otros fuera (e incluso dentro) de la familia, lo que puede abocar al agotamiento y a las relaciones tensas. La tabla 7.2 muestra varias estrategias de relación narcisista con ejemplos de cada una de ellas.

Tabla 7.2. Estrategias de relación de los narcisistas

ESTRATEGIA	EJEMPLOS
Adorno eficaz	Peinado y maquillaje
Vestimentas llamativas y pulcras	Elegancia Colorido
Expresión facial encantadora	Seguridad en sí mismo y optimismo
Movimientos corporales que denotan seguridad en sí mismo	Postura erguida Comportamientos dominantes

El atractivo del narcisismo y la homofilia

Cuando se trata de la etapa de atracción inicial en una relación, a menudo me preguntan si hay personas que tienen predisposición a enamorarse de un narcisista. Hay quienes sostienen que las personas empáticas, o aquellas que son muy conscientes de las emociones de los demás e incluso las sienten, se sienten atraídas por los narcisistas. Otros afirman que las personas consentidoras terminan teniendo cónyuges narcisistas. En ambos casos, los estudios no han encontrado pruebas de que esto sea cierto. Ciertamente ocurre en ocasiones, pero no parece haber un patrón dominante que hayamos podido detectar en la investigación.

La otra cuestión que surge al hablar del narcisismo y las relaciones es la idea de que «los similares se atraen». Como dice el refrán, «los pájaros del mismo plumaje siempre vuelan juntos», y los investigadores se han preguntado si este tipo de «homofilia» se aplica a los narcisistas, que atraen a otros que son como ellos. En el caso de los narcisistas grandilocuentes, como han demostrado varios de nuestros estudios, existe una pequeña relación entre los niveles de narcisismo de las parejas.[13] Sin embargo, eso no significa que, si mantenemos una relación con un narcisista, seamos uno de ellos, sino solo que hay una pequeña posibilidad de coincidencia.

Por ejemplo, en un estudio efectuado en el año 2015, Michael Grosz *et al.* de Alemania y los Países Bajos descubrieron que las parejas preferían a compañeros románticos con un nivel similar de narcisismo.[14] La investigación de la psicología social sobre la atracción permite explicar por qué motivo. La hipótesis de la atracción por similitud sugiere que a las personas les gustan otras que comparten creencias políticas, religiosas y de valores similares, lo cual facilita las relaciones. Las personas con las mismas creencias tienden a llevarse bien y a mantener debates sin conflictos. En el caso del narcisismo, las actitudes similares sobre el materialismo, las demostraciones públicas de valía y la ostentación podrían ser objeto de admiración mutua. Es probable que la extraversión y la confianza en sí mismos también unan a las personas narcisistas.

Incluso las investigaciones sobre primates no humanos, como los macacos, demuestran que aquellos que tienden a ser similares, especialmente en lo social, se emparejan y forjan relaciones con el tiempo. En el caso de los narcisistas grandiosos en particular, esta sociabilidad básica probablemente contribuya a la formación de parejas. Dicho esto, la homofilia sigue siendo una cuestión importante para las futuras investigaciones a medida que los científicos de la personalidad profundizan en estas teorías, sobre todo porque no es una señal poderosa en todas las relaciones. Como podemos imaginar, este tipo de atracción no siempre es el caso, y ciertamente no quiero que quienes mantienen relaciones con narcisistas concluyan que también son narcisistas, o afirmar que los empáticos «se lo merecen» de alguna manera porque son demasiado amables o cariñosos. Eso es como culpar a un ciervo por ser comido por un puma: no se puede decir que el ciervo «debería haber sabido» o debería haber sido más rápido. Con los narcisistas, no siempre podemos ver las señales de advertencia del comportamiento en la relación hasta mucho más tarde.

La falta de atractivo del narcisismo

Ha llegado el momento de profundizar en las desventajas del narcisismo en las relaciones, las cuales son numerosas y se hallan documentadas de manera exhaustiva. Si nos basamos en el «modelo trifurcado», que aborda tanto el narcisismo grandioso como el vulnerable, estas desventajas difieren radicalmente y abocan a diferentes problemas que se manifiestan en distintos momentos de la relación. Como cabe esperar, a medida que el narcisista avanza en la relación, las desventajas tienen que ver con los cambios en la extraversión, el antagonismo y el neuroticismo.

La extraversión agencial, que generalmente se considera un rasgo positivo al comienzo de la relación, tiende a ser efímera. Aunque a los narcisistas les encanta el periodo de luna de miel, lleno de emociones, pasión y confianza, todos sabemos que este no perdura para siempre. En parte, ese inevitable aburrimiento y rutina proviene de la expansión de uno mismo, que se produce a medida que las personas conocen a otras e incorporan a su vida aspectos de ellas. Por ejemplo, si alguien comienza una relación con un abogado, es probable que el principio de la relación esté lleno de historias interesantes sobre el derecho y los casos judiciales, y ese aprendizaje suscitará entusiasmo. Sin embargo, con el paso del tiempo, esa sensación se desvanecerá. Aunque siga siendo interesante hablar del trabajo diario, ese entusiasmo se verá sustituido por la familiaridad y las conversaciones banales.

Cuando explico este concepto a mis estudiantes de psicología, utilizo el ejemplo de la saga *Crepúsculo* porque capta la idea de sentirse atraído por alguien que es interesante y único. El protagonista conoce a un vampiro que es genial, brilla bajo el sol y resplandece como un diamante, lo cual parece emocionante. Sin embargo, pasado algún tiempo, puede ser un asco. No puedes llevar a tu novio vampiro a comer con tus amigos sin llamar la atención, no puedes ir a la playa bajo el sol con el vampiro –solo pasar el rato en clubes oscuros y en el bosque– y el vampiro es algo *emo*. Así pues, la relación que comenzó siendo una emocionante aventura se convierte en una rutina predecible. Y, si bien ocurre lo mismo en cualquier relación, con los narcisistas la rutina puede estar llena de manipulación y abuso.

Además, el antagonismo que conlleva la insensibilidad, la escasa complacencia y el sentido de privilegio causa problemas en las relaciones a largo plazo con los narcisistas. Los que creen que merecen un trato especial pueden sentir que no reciben suficiente atención o elogios, especialmente a medida que transcurre el tiempo. A esto hay que sumarle el hecho de que las personas casadas tienden a sobrestimar lo que ellos hacen, al tiempo que subestiman lo que hace su pareja. En las relaciones normales, los cónyuges se ven a sí mismos sacando la basura y lavando los platos, pero es probable que no presten tanta atención cuando lo hace su pareja, lo que puede interferir en el sentido del equilibrio en la relación. Este fenómeno habitual se agrava en las relaciones con narcisistas, que se sienten constantemente maltratados, infravalorados y no reconocidos.

Más allá de eso, el antagonismo también parece ser responsable de la agresión narcisista, como hemos aprendido del metaanálisis de Courtland Hyatt antes mencionado. En numerosos estudios de laboratorio, la agresividad se mide con herramientas como explosiones de ruido y descargas eléctricas. En un montaje típico, se le dice a un participante que está compitiendo con otro participante situado en otra habitación, pero que no está realmente allí (un «confederado» del experimentador, como se le llama). Se les instruye para que administren descargas al confederado según los criterios del estudio, y ellos reciben descargas a cambio. El equipo del estudio mide la intensidad de las descargas como medida física de la agresividad. Estos estudios han demostrado que, después de ser agredidos, los narcisistas están más predispuestos a golpear a los demás o a vociferar y explotar.

Esta investigación, sin embargo, no está exenta de errores, en especial cuando se trata de determinar cómo medir la agresividad en un entorno de laboratorio. La gente, yo incluido, no ha sido demasiado clara sobre el modo de hacerlo, por lo que es importante observar el narcisismo y la agresividad en el mundo real. Por fortuna, varios estudios recientes, incluido uno realizado en Italia, en el año 2018, otro estudio en los Estados Unidos, en 2018, y otro en Reino Unido, también en 2018, han medido el narcisismo y las escalas de personalidad en entornos penitenciarios.[15] Estos estudios han constatado que el narcisismo predice la agresión física, tanto a nivel criminal como dentro de los sistemas penitenciarios. No obstante, eso no significa que todas las personas narcisistas cometan delitos o provoquen violencia –de hecho, la mayoría de las personas nunca cometen un delito violento–, pero las que lo hacen tienden a mostrar niveles más elevados de narcisismo, el cual resulta sumamente perjudicial para las relaciones.

El último inconveniente del narcisismo desde el punto de vista de las relaciones es el neuroticismo, que se manifiesta en forma de necesidad e inseguridad relacional. Los estudios evidencian que, en particular, el narcisismo vulnerable se asocia a estilos de apego inseguro, tendiendo los narcisistas vulnerables a necesitar una pareja que los tranquilice, los haga sentirse aceptados o les asegure que están conectados en la relación. Esta experiencia de estar con una pareja necesitada no es agradable, sobre todo cuando la relación es a largo plazo. A corto plazo, proporcionar este consuelo puede hacer que el otro miembro de la pareja se sienta bien consigo mismo porque está ayudando a alguien, estabilizando a esa persona y reforzando su propia idea de que es importante. Sin embargo, esta presión se vuelve agotadora a más largo plazo porque la pareja solo existe para establecer la autoestima de la otra persona, y esto aumenta cuando ambos se dan cuenta de que ya no les gusta mantener una relación con el otro. Además, el neuroticismo se presta a la depresión, la agresividad y la hostilidad. Suele ser emotivo, reactivo e impulsivo, lo cual puede dar lugar a comentarios bruscos y discusiones rápidas.

Como parte de las desventajas, a menudo me preguntan sobre el llamado «bombardeo de amor» y sobre si los narcisistas tienen la tendencia a sobrecargar de afecto a la otra persona y luego ignorarla una vez que se aburren. Aunque las investigaciones demuestran que los narcisistas tienden a ser más positivos y atractivos durante la fase inicial de la relación, no se ha encontrado ninguna prueba sólida que respalde la idea del bombardeo de amor en particular. Existe la posibilidad de que este comportamiento esté relacionado con el narcisismo vulnerable y la tendencia a buscar amor y atención a través de un sentimiento de necesidad y privilegio. Sin embargo, dado que en la actualidad hay pocos estudios al respecto, no podemos asegurarlo.

Del mismo modo, los investigadores aún no han estudiado los vínculos existentes entre el narcisismo y el fenómeno conocido como «luz de gas», o el acto de manipular a alguien para que termine cuestionando su cordura y su memoria, sembrando la duda sobre un determinado recuerdo o algún sentimiento. Un ejemplo podría ser que la pareja llame al otro coqueto y desleal, cuando en realidad es él el que engaña. Dado que esta forma de control puede ser común entre los abusadores narcisistas y los líderes de las sectas, por ejemplo, la investigación demuestra que existe una estrecha relación con el narcisismo. Por el momento, la táctica de la manipulación se ha discutido más en la literatura filosófica que en la psicológica, pero sé de varios estudiantes que ahora mismo están buceando en este concepto, lo que debería dar lugar a algunos resultados y debates interesantes en los próximos años.

Patrones de relación narcisista

En general, las relaciones con las personas narcisistas se atienen a diferentes patrones debido a la mezcla de simpatía, antagonismo y vulnerabilidad que manifiestan los diferentes individuos. Un estudio efectuado en el año 2014 sobre las amistades narcisistas analizó una academia polaca, en la que los equipos trabajaban juntos en proyectos durante largos periodos de tiempo, de forma muy parecida a los modelos basados en equipos que se utilizan en algunas escuelas de negocios estadounidenses.[16] Los miembros de cada grupo fueron instruidos para calificar si les gustaban o no sus compañeros, y no es sorprendente que ambos tipos de narcisistas no gustaran a los demás miembros del grupo. Los narcisistas grandiosos recibieron un mayor número de «no me gusta» de sus compañeros, mientras que los narcisistas vulnerables recibieron menos «me gusta» de sus compañeros. Los autores del estudio concluyeron que ambas formas de narcisismo eran predictores de impopularidad en los grupos.

La mejor manera que he encontrado para describir esta transición en la simpatía en las relaciones es lo que denomino el «modelo de la tarta de chocolate». Basándome en las investigaciones de entonces, incluí una primera versión de este modelo en mi libro de 2005 *When You Love a Man Who Loves Himself*, el cual se centra en las relaciones de los narcisistas grandiosos. Según el modelo de la tarta de chocolate, si se les presentan dos opciones –por ejemplo, un trozo de tarta de chocolate o una sana ensalada con pollo–, la mayoría de las personas elegirán la atractiva tarta de chocolate, y lo harán por razones lógicas. El pastel de chocolate tiene mejor aspecto, sabe mejor y sienta mejor de entrada. El problema es que este beneficio solo dura un corto plazo mientras se disfruta.

Sin embargo, una hora más tarde, el pastel de chocolate ya no nos parecerá tan bueno. A algunos les dolerá el estómago. En otros casos, comer el pastel no equivale a estar sano. Para la mayoría, el aumento de azúcar llevará a un bajón repentino. Aunque la elección de comer chocolate parezca racional, solo lo es a corto plazo. Esto es lo que ocurre con muchas de nuestras relaciones, que de entrada parecen atractivas y luego se desmoronan, como las drogas, el sexo y otras adicciones.

Por otro lado, elegir la opción más sana probablemente proporcione un beneficio a largo plazo. Al principio, quizá no sepa tan bien, sobre todo al pensar en la opción más decadente y de placer culpable. Pero una hora más tarde, la gente se siente bien y más sana. Incluso al día siguiente, algunos pueden creer: «Soy una buena persona. Como comida sana. Me cuido. No he tenido el subidón de azúcar del pastel de chocolate y estoy feliz». Con este modelo, es más fácil ver que salir con personas narcisistas, en especial con las grandiosas, produce excitación a corto plazo, pero a la larga aboca a la decepción.

Modelo del pastel de chocolate

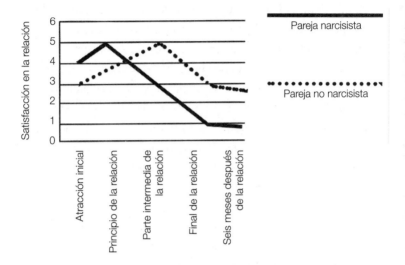

Los estudios confirman hasta cierto punto la idea del pastel de chocolate. En el año 2002, pedimos a la gente que hiciera un gráfico de sus relaciones a lo largo del tiempo con parejas narcisistas y no narcisistas.[17] Y descubrimos que las relaciones narcisistas suelen empezar con una buena dosis de satisfacción, si bien luego terminan en el fracaso total. En el caso de los no narcisistas, no existe el subidón inicial, pero la satisfacción crece con el tiempo y no termina en el fracaso.

Desde entonces, la comprensión del narcisismo por parte de los psicólogos ha cambiado para incluir también el «modelo trifurcado» y el narcisismo vulnerable, lo que a su vez ha cambiado las opiniones sobre los patrones de relación narcisista. Para incorporar esto, los investigadores dividieron las características narcisistas en las relaciones en el lado extravertido más agencial, llamado *admiración*, y el aspecto más antagónico, denominado *rivalidad*. En el año 2014, un equipo de psicólogos alemanes analizó esta yuxtaposición en las citas a corto plazo y las relaciones a largo plazo, y conjeturó que los narcisistas cambian de motivación sobre la marcha.[18] Al principio –pensaron–, los narcisistas buscan la admiración de una nueva persona significativa. Sin embargo, una vez que esa persona es «captada» y se alcanza el objetivo, necesitan otra nueva. Ahora continúan construyendo su autoestima a través de la rivalidad, o menosprecian a su pareja para sentirse mejor consigo mismos. Otros estudios similares han constatado idéntico proceso.

Lo que revelan estos estudios es que la pieza extravertida más agéntica en las relaciones resulta atractiva al principio, decae luego con el paso del tiempo, pero no deja de ser atractiva en ningún momento. Nunca se relaciona negativamente con la satisfacción de la relación, tan solo pasa de ser positiva a neutra. El antagonismo, en cambio, comienza siendo ligeramente negativo y empeora con el tiempo. Una posibilidad adicional es medir también el cambio en el neuroticismo. Nadie ha estudiado esto formalmente, que yo sepa, pero los investigadores podrían predecir que un mayor neuroticismo y un narcisismo más vulnerable no serían atractivos de entrada, lo que abocaría enseguida a una relación insatisfactoria.

La última pieza del puzle, que aún no ha sido probada desde que la propuse hace ya una década, es en qué medida las relaciones narcisistas tienen un efecto posterior negativo, provocando, más en concreto, confusión y una disminución de la confianza en la pareja no narcisista. Los narcisistas grandilocuentes son más propensos a la extraversión y el engaño, y aunque esto no los hace necesariamente antagónicos con la pareja o el cónyuge, los torna infieles y poco merecedores de confianza. Incluso cuando la pareja cree que el narcisista es inteligente, cautivador y atractivo, y que la relación merece la pena, esta puede terminar siendo problemática. Cuando esta relación toca a su fin, la pareja no narcisista puede cuestionar la relación y cuestionarse a sí misma, preguntándose qué hizo, en qué se equivocó y qué podría haber hecho de manera distinta. Incluso llega a creer que no es lo suficientemente atractiva para mantener la atención de su pareja. Por supuesto, este no es el caso. Los narcisistas que expresan un alto interés en la búsqueda de novedades sexuales son, por definición, muy activos en la búsqueda de ese tipo de novedades, lo cual significa que ninguna persona o relación será capaz de satisfacerlos.

También se producen efectos secundarios a largo plazo. En particular, las relaciones abusivas o violentas pueden provocar un trastorno de estrés postraumático. Cuando la persona que se halla inmersa en este tipo de relación sale de ella, suele sentirse aliviada, pero también se pregunta cómo «permitió» que de entrada se produjera la relación, o por qué fue «tan estúpida» de permanecer en ella. En el caso de los narcisistas más grandiosos, incluso si alguien entiende cómo o por qué se sintió atraído por ellos, las preguntas restantes pueden centrarse en por qué no fueron capaces de mantener la relación. En este punto es donde puede producirse el mayor daño a largo plazo, un área importante que los psicólogos deberán estudiar en el futuro.

Estos patrones también se aplican a las relaciones más allá del ámbito romántico. Las relaciones grandiosas tienden a subir y bajar hasta que se desploman, mientras que las relaciones vulnerables tienden a empeorar hasta que fracasan. Sin embargo, lo que no se ha estudiado al margen de las relaciones románticas es la cuestión central de «lidiar con ello». Por ejemplo, muchas personas tratan con amigos, parientes, jefes, compañeros de trabajo y otras personas narcisistas, y no lo abordan, se limitan a afirmar que su personalidad es «como es».

Haciendo referencia de nuevo al personaje de Bernard Tai en la película *Crazy Rich Asians*, este narcisista grandioso es egocéntrico y molesto, aunque también entrañable. En la escena de la despedida de soltero, lleva a todos en helicóptero a un gigantesco camión cisterna, donde organiza una extravagante celebración. Dispara ametralladoras y se concentra en sí mismo, y no en el novio ni en nadie más, pero para el espectador es una gran fiesta. Los otros personajes lo toleran y aceptan su amistad, pero no esperan demasiado de él en términos de cercanía o de poner sus necesidades por encima de las suyas. En mi opinión, este tipo de relaciones se produce porque las relaciones humanas no se basan únicamente en la personalidad. Aunque, hasta cierto punto, elegimos a nuestros amigos, a menudo nuestras amistades provienen de las circunstancias y los grupos que nos rodean, como los compañeros de universidad o los compañeros de trabajo que están cerca de nosotros a diario. A la postre, todos podemos acabar con amigos o compañeros narcisistas en algún momento, y a veces cortamos los lazos con esas personas, pero, otras veces, simplemente lo sobrellevamos.

Una visión más profunda:
inteligencia y relaciones oscuras

Una idea que se maneja a menudo en el ámbito de las relaciones es que los rasgos oscuros están asociados a la inteligencia. Es el estereotipo del genio malvado. A la gente le gusta hablar de esto –y leer acerca de ello en los medios de comunicación populares– porque los titulares son pegadizos. Pensemos en las historias virales que probablemente hayamos visto en los últimos años, las cuales afirman que las personas que dicen palabrotas son más inteligentes.

Sin embargo, pocos investigadores han puesto a prueba esta idea comparando los rasgos oscuros con el cociente intelectual. Incluso un metaanálisis del año 2013 realizado por varios psicólogos estadounidenses encontró escasa relación entre ambos factores.[19] En concreto, los investigadores analizaron la capacidad mental general y la tríada oscura para determinar si las personas con cualidades relacionadas con la explotación social tienden a ser más inteligentes. En general, la capacidad mental no tenía ninguna relación consistente con ningún rasgo oscuro. La conclusión no apoyaba ni la hipótesis del genio malvado ni la hipótesis compensatoria de que las personas menos inteligentes compensan sus desventajas adoptando comportamientos manipuladores.

Entre bastidores: el empleado narcisista

Los empleados narcisistas suelen plantear un gran problema porque son agradables y exitosos en ciertos aspectos de su trabajo. A menudo escucho hablar de ellos como «líderes» que se mantienen a un alto nivel, simplemente porque hacen su trabajo. El coste de los empleados narcisistas, sin embargo, es un comportamiento laboral contraproducente. Steve Jobs es un claro ejemplo de ello. En numerosos relatos, los antiguos empleados alababan su brillantez, si bien temían su estilo de gestión, diciendo que actuaba sin pensar y con juicios erróneos, no daba crédito a quien lo merecía y atacaba de inmediato las nuevas ideas, en ocasiones robándolas y atribuyéndoselas a sí mismo.

En los últimos años, los investigadores de las organizaciones han estudiado esta cuestión más a fondo que los científicos de la personalidad, llegando a conclusiones muy interesantes. Un estudio del año 2014 señalaba que los narcisistas tienen dificultades con las relaciones interpersonales en el lugar de trabajo y actúan de manera impulsiva, lo cual puede provocar comportamientos laborales contraproducentes.[20] Al mismo tiempo, los autores del estudio afirmaban que los narcisistas son útiles en cuatro áreas: gestión internacional, cuestiones sociales en la gestión/responsabilidad social corporativa, emprendimiento y negociación, siempre que tengan que ver con sus propios objetivos y su autoestima.

8. Liderazgo y narcisismo

Cuando se trata de narcisismo y liderazgo, es probable que todos pensemos lo mismo: ¿cuáles son las últimas noticias sobre Donald Trump? A lo largo de su etapa como presidente, los psicólogos y los expertos en salud mental han seguido discrepando sobre si el máximo dirigente de Estados Unidos podría (y debería) ser diagnosticado formalmente con un trastorno narcisista de la personalidad. Al mismo tiempo, todos parecen estar de acuerdo en que presenta rasgos y comportamientos narcisistas.

Durante el primer año de mandato de Trump, varios demócratas pidieron a los psiquiatras de la Universidad de Yale que crearan un equipo para evaluar su salud mental. Luego, diecinueve legisladores –todos demócratas– copatrocinaron un proyecto de ley para establecer la Oversight Commission on Presidential Capacity Act. En virtud de la Vigesimoquinta Enmienda, el proyecto de ley otorgaría al poder legislativo la capacidad de declarar a un presidente «incapaz de cumplir con los poderes y las obligaciones de su cargo» y permitiría al Congreso llevar a cabo un examen médico para determinar si estaba temporal o permanentemente afectado por una enfermedad física, una enfermedad mental o un problema de abuso de sustancias que le impidiese cumplir con los deberes asociados a su cargo. Creado en abril de 2017, el proyecto de ley fue introducido en el pleno de la Cámara menos de un mes después y remitido luego a la Subcomisión de la Constitución y Justicia

Civil. Y ahí sigue, a pesar de que muchos más demócratas han firmado el proyecto de ley, elevando el total a 67.

Desde el punto de vista clínico, algunos expertos han ofrecido diagnósticos formales de trastorno narcisista de la personalidad, y otros han comentado el comportamiento y el discurso de Trump en relación con la impulsividad y la paranoia. En *The Dangerous Case of Donald Trump*, un libro publicado en 2017, treinta y siete psiquiatras y otros expertos en salud mental hablan sobre su estado mental y afirman que representa un peligro para la nación y para la salud mental de los estadounidenses.[1] Escribí acerca de este libro y el proyecto de ley de la Vigesimoquinta Enmienda en un artículo para el sitio web Medium, y mis opiniones siguen siendo las mismas.[2] Tengo pocas dudas de que Trump es narcisista, y aunque creo que su narcisismo le ha perjudicado tanto como le ha ayudado, no creo que represente un nivel clínico de deterioro. Por ejemplo, no ha reaccionado de forma exagerada ante las amenazas ni se ha promocionado a sí mismo por encima de los demás hasta el punto que yo creía posible. No ha sido descubierto teniendo aventuras o robando fondos del gobierno. Fue destituido exactamente como predijo la investigación sobre el narcisismo y, aunque eso podría verse como una manifestación clínica del narcisismo, fue tan partidista como la destitución de Bill Clinton, así que es difícil de determinar. Tengo un montón de colegas que no están de acuerdo conmigo y consideran que Trump es un enfermo mental, y puede que yo sea parcial en este asunto porque creo que todos los líderes son un tanto narcisistas.

El narcisismo de Trump fue una de las inspiraciones para mi disertación sobre el narcisismo y la atracción romántica (pista: cónyuges trofeo) hace más de veinte años, pero él no es el único personaje que manifiesta este rasgo de personalidad en el ámbito del liderazgo. Los líderes narcisistas han existido a lo largo de la historia, incluidos muchos otros presidentes de Estados Unidos, y el narcisismo puede tener tanto grandes beneficios como costes durante el liderazgo. Es, de hecho, un arma de doble filo.

El narcisismo y el liderazgo están tan unidos como el pícnic y las hormigas. El liderazgo es un objetivo para los narcisistas porque acarrea estatus, poder y atención; y también significa riqueza e incluso sexo. En especial para los hombres, el liderazgo es una poderosa manera de granjearse el afecto de otras personas –o simplemente de aprovecharse de ellas– para tener sexo. Trump es ahora tristemente célebre por sus comentarios sobre la fama y el género femenino, pero no es el único. Bill Clinton hizo descarrilar su presidencia por su relación con la becaria Monica Lewinsky, y el excongresista demócrata Anthony Weiner arruinó su carrera en dos ocasiones, además de ser condenado a penas de cárcel, por mantener relaciones sexuales con menores. El presidente John F. Kennedy era famoso por sus aventuras (y por su audacia al mando del torpedero PT-109 en el teatro de operaciones del Pacífico durante la Segunda Guerra Mundial), y el presidente Lyndon Johnson, aún más narcisista, afirmaba que había disfrutado de más sexo que JFK.

Dado que el liderazgo es un proceso complejo, y que hay escuelas dedicadas a su estudio, un breve capítulo sobre el narcisismo y el liderazgo debe desmenuzarse para que tenga sentido. En primer lugar, el liderazgo se define en este caso como la capacidad de motivar y dirigir a un grupo hacia un objetivo, lo que puede aplicarse al primero de la fila en la escuela primaria o a un director general. El liderazgo, al igual que el amor, es un concepto sencillo, aunque su implementación es compleja. Los rasgos de personalidad, como el narcisismo, desempeñan un papel importante en la elección de los líderes y en su desempeño.

Para estudiar mejor esto en una investigación, los científicos de la personalidad examinan la *emergencia* del líder, o el ascenso al liderazgo, y la *eficacia*, que se produce una vez que alguien arriba al poder. Es importante señalar que los líderes emergentes no son necesariamente eficaces, y que los líderes eficaces no siempre salen a la luz. Más allá de esto, surgen preguntas en torno a los líderes y la forma en que dirigen o transforman las organizaciones. Algunas tareas de liderazgo tienen por objeto mantener el barco de la organización navegando en la misma dirección, mientras que otras consisten en hacer grandes cambios de rumbo o cambiar los motores en plena travesía. Los líderes narcisistas son más adecuados para los grandes cambios.

Líderes narcisistas y liderazgo emergente

El liderazgo emergente tiene lugar cuando alguien asciende a la posición de líder en un grupo. Este proceso se produce en todo tipo de niveles. En la investigación psicológica, los equipos de estudio suelen agrupar a los estudiantes para «trabajar en un proyecto» y, al final, preguntan quién es el líder. Por supuesto, alguien emerge como líder. De hecho, en los estudios sobre animales, la aparición del liderazgo se produce rápidamente, por lo general en cuestión de minutos. Aquellos que lo desean y son audaces, ya sean monos, perros o humanos, emergen sin tardanza a través de juegos de confianza y dominación.

Este liderazgo emergente también tiene lugar en grupos más civilizados. En las academias militares, como West Point o las Fuerzas Aéreas, el liderazgo de los cadetes es evaluado a lo largo del año mientras trabajan con su escuadrón. Esos datos pueden utilizarse para considerar el liderazgo emergente, aunque se produzcan a lo largo de un semestre o un año en la academia.

En el plano profesional más amplio, las personas ascienden al nivel de director general o se convierten en una figura política, representante del Congreso o presidente. En esos casos, el liderazgo emergente se produce a lo largo de décadas o de toda la vida, pero hay un proceso constante de progresión ascendente dentro del sistema.

Múltiples cualidades contribuyen a que alguien se convierta en líder, por supuesto, como la inteligencia, la estatura y la experiencia, y también existen diversos factores que motivan a las personas a aspirar al liderazgo, como la competencia, el estatus, el hambre de poder o el deseo de cambio. Muchos grandes líderes esperan cambiar el mundo para mejor y trabajan duro para llegar al puesto adecuado y luego afrontar los retos. Los narcisistas, por el contrario, hacen todo eso en beneficio de su propio ego. Quieren el impulso proporcionado por el estatus, y cualquier sistema que permita el estatus y el poder será atractivo para alguien con tendencias narcisistas. Al igual que el *rock and roll*, no lo hacen por la música, sino por el estilo de vida.

La forma más fácil de observar o comparar el perfil de un líder emergente es teniendo en cuenta el modelo de cinco factores. En el caso del narcisismo en particular, eso significa observar tres de esos factores: extraversión, neuroticismo y antagonismo. Tal como se desprende de los capítulos anteriores, la extraversión está relacionada con la grandiosidad, el neuroticismo con la vulnerabilidad y el antagonismo con ambos.

Varios estudios que han investigado los «cinco grandes» rasgos y el liderazgo sugieren que los rasgos vulnerables no tienden a salir bien parados. En varios grandes metaanálisis, el psicólogo Tim Judge *et al.* han observado que el neuroticismo no es bueno para el liderazgo.[3] Las personas con altos niveles de neuroticismo probablemente no se convertirán en líderes ni serán eficaces. En un entorno de alta amenaza, el líder neurótico puede ser capaz de detectar las amenazas, pero, en general, las personas ansiosas o deprimidas no soportarán bien la presión de estar en una posición de liderazgo. Esto significa que el narcisismo vulnerable no predice de forma positiva el rendimiento en el liderazgo. Y, aunque podría predecir el liderazgo de forma negativa, no existen estudios porque esta cuestión no suscita suficiente interés en la comunidad investigadora. En cambio, la investigación se ha centrado en grandes figuras públicas como Trump, Steve Jobs, el general George Patton y los clásicos Rockefeller. A continuación, los investigadores analizaron la amabilidad y descubrieron que el liderazgo eficaz se basa hasta cierto punto en la amabilidad. Sin embargo, quienes llegan al liderazgo no se consideran más amables que otras personas.

La extraversión resulta ser el rasgo que se asocia positivamente con el liderazgo y el narcisismo. La extraversión se relaciona tanto con la eficacia como con el rendimiento del liderazgo pero principalmente con la emergencia. Una elevada extraversión es el combustible de la personalidad para la emergencia del liderazgo.

Por otro lado, la introversión tampoco tiende a predecir la emergencia del liderazgo, lo cual tiene sentido, ya que las personas introvertidas no se sienten atraídas de manera natural por estos puestos gregarios. Esto no siempre es así, por supuesto, y depende de cómo se defina la introversión. El libro de Susan Cain de 2012, *Quiet*, por ejemplo, habla de que la sociedad occidental malinterpreta y subestima los rasgos y capacidades de las personas introvertidas.[4] En este caso, su definición incluye la «apertura a la experiencia», que podría proporcionar un vínculo importante entre la introversión y el interés por el liderazgo. Los creativos silenciosos que exhiben apertura, por ejemplo, pueden ser capaces de involucrar a otros a través de una motivación inspiradora. Sin embargo, en las definiciones tradicionales de la introversión que nos brindan los laboratorios de psicología, esta predice bajos niveles de aparición de liderazgo. Las personas introvertidas simplemente no están tan interesadas en puestos de liderazgo o motivadas para obtenerlos.

Los líderes que muestran ambos tipos de narcisismo pueden no hacerlo bien. Bob Hogan, conocido psicólogo de la personalidad y psicólogo industrial, ha dicho que esta es la peor combinación que percibe cuando trabaja con ejecutivos de alto nivel. Las personas muy narcisistas pero también neuróticas y vulnerables aceptan fácilmente los desaires y son inmunes a las críticas. Se desbordan y lanzan cosas. Las personas hambrientas de poder y con la piel fina son un problema.

Por otro lado, los narcisistas grandiosos tienden a hacerlo razonablemente bien. La combinación de una alta extraversión y una simpatía plana coincide con los rasgos de personalidad del liderazgo emergente. Esto no significa que cualquier persona que quiera ser líder vaya a ser narcisista. Más bien, la alta extraversión mostrada por los narcisistas a menudo oculta una baja agradabilidad, con el resultado de que los líderes sean más insensibles o egoístas de lo que cabría desear.

Este mismo patrón se da en los centros de evaluación formales y en los paradigmas de grupos carentes de líder. Los equipos de estudio dan a cuatro ejecutivos o estudiantes de empresariales una cartera de trabajo, por ejemplo, en la que discuten un caso durante una hora. Luego observan quién emerge como líder. Incluso en los centros de evaluación diseñados para seleccionar a los mejores líderes potenciales, al menos en nuestra investigación, es más probable que los narcisistas se conviertan en líderes.

El resultado es que los líderes narcisistas florecen en todo tipo de sistemas, incluidas las iglesias. En un estudio realizado en el año 2014, en Canadá, el narcisismo grandioso se asoció con congregaciones más grandes y con el hecho de convertirse en jefes de grandes iglesias.[5] Del mismo modo, en la India, los «hombres dios», o los proclamados hombres santos, acumulan una gran cantidad de control. Algunas de estas personas pueden ser realmente hombres santos, y otras no, pero el reto es que las únicas personas dispuestas a afirmar de sí mismas que son hombres santos son las increíblemente narcisistas o las que son realmente santas, siendo difícil para los seguidores calibrarlo.

Liderazgo emergente:
dominación frente a prestigio

Otros factores que impulsan la emergencia de los líderes son el dominio, el prestigio y el orgullo al desempeñar una determinada función. Esto siempre me hace pensar en el general George Patton y su estilo de liderazgo. Cuando empecé a trabajar en la Universidad de Georgia, me cautivaron las historias que mi colega, un profesor emérito y psicólogo social llamado Sid Rosen, me contó sobre sus días en el Cuerpo de Blindados, durante la Segunda Guerra Mundial, antes de entrar en el mundo académico. Rosen participó en la invasión de Italia y luchó con Patton y el general Omar Bradley, que sucedió a Patton. Cuando me dijo que era terrible luchar a las órdenes de Patton, me sorprendió porque el general parecía confiado y seguro de sí mismo. Se enfrentó completamente solo y con una vieja pistola a un avión alemán. Parecía un líder nato.

Lo que aprendí, sin embargo, fue que servir a las órdenes de Patton significaba tratar con un general narcisista que anteponía sus necesidades a las de los demás. Como dijo Sid, los tanques estadounidenses no eran rivales para los alemanes, de manera que los cuerpos de ejército blindaban sus tanques para luchar. Añadían sacos de arena, alambre de espino y cualquier otra cosa que pudieran encontrar para hacerlos más resistentes. Sin embargo, Patton les ordenó que quitaran el blindaje porque los hacía parecer débiles. Desde la perspectiva de Sid, él iba a morir para que Patton pudiera dirigir un equipo con buen aspecto.

Bradley, sin embargo, era un tipo diferente de general. Se centraba en las tropas. Al menos, según Sid, se preocupaba

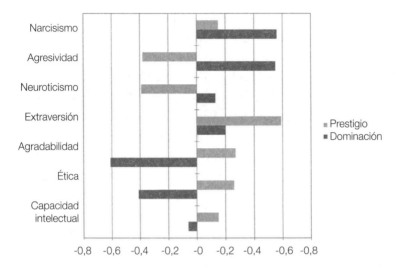

por la logística, por llevarles comida y por asegurarse de que sobrevivieran. No se habla tanto de Bradley como de Patton, probablemente porque Bradley no era tanególatra. Al mismo tiempo, Bradley tuvo una carrera más exitosa. Patton terminó por descarrilar y ser destituido de su puesto. Ambos hombres llegaron a la cima del ejército, que es una jerarquía increíblemente competitiva, pero lo hicieron de dos maneras distintas. Patton siguió el camino narcisista de la dominación, que utiliza la agresividad, la arrogancia y la autoconfianza, forzando su camino hacia la cima del sistema.

Por otro lado, Bradley siguió el camino del prestigio, que eleva al líder a la cima de la manada. Las personas con alto prestigio no son más narcisistas que la media. No son bajas en narcisismo, pero tampoco muestran más narcisismo que la media. Al mismo tiempo, son menos agresivos y más extravertidos, aunque no en la medida de los líderes orientados a la dominación. En general, son más agradables, éticos y emocionalmente estables, y se les considera sabios y competentes. Por ello, la gente los quiere en puestos de liderazgo. Este es el modelo clásico de los «líderes servidores», como Martin Luther King Jr., Mahatma Gandhi y la Madre Teresa, que tienen un gran impacto al ser elevados y permitir que otros también lo sean.

Otra forma de marcar la diferencia entre los estilos de liderazgo narcisista y agradable es a través de la expresión de emociones como el orgullo. Jessica Tracy, investigadora de psicología de la Universidad de la Columbia Británica, estudia la incomprendida emoción del orgullo y la forma en que determina nuestra cultura. Su trabajo muestra que el orgullo puede expresarse a través de la dominación, que se centra en ser mejor que otra persona, o del prestigio, que busca una oleada interna de bienestar.[6] Con la dominación, pensemos en alguien que hace un mate de baloncesto, se hincha y dice de manera exagerada a su contrario: «¡Toma!». Con auténtico orgullo, es más probable que el encestador de baloncesto lo celebre saltando de alegría, bailando o bombeando el puño como Tiger Woods. Gestos como estos son menos agresivos o intimidatorios. Con el narcisismo, el orgullo se relaciona con el antagonismo y la arrogancia, o con la dominación, la desconfianza y el desagrado, asociados a los rasgos narcisistas.

En última instancia, el narcisismo y el liderazgo suponen un reto complejo. Los grupos necesitan personas que quieran liderar, que tengan confianza en el liderazgo y que se preocupen por los seguidores. Sin embargo, los que quieren liderar pueden provenir de un grupo sobrerrepresentado por narcisistas grandiosos. En mi opinión, estamos intentando pescar atunes con cebo para tiburón, y nos preguntamos por qué seguimos pescando tiburones. En última instancia, la clave para conseguir que las personas adecuadas ocupen puestos de liderazgo es crear sistemas que tengan en cuenta las cualidades más allá de estas cualidades emergentes de liderazgo.

Líderes narcisistas y eficacia del liderazgo

Una vez que los narcisistas alcanzan una posición de liderazgo, ¿son líderes eficaces? Depende. Si observamos el «modelo trifurcado», el narcisismo grandioso parece funcionar debido a una elevada extraversión, pero el narcisismo vulnerable no resulta tan eficaz. Sin embargo, incluso cuando se examina el narcisismo grandioso, la cuestión es más compleja de lo que parece a primera vista. Los que trabajan para jefes narcisistas pueden percibirlos como tiranos absolutos, y puede ser horrible trabajar con ellos, si bien a menudo desempeñan un papel eficaz e importante en las organizaciones, en especial durante el cambio organizativo.

De hecho, los estudios demuestran que a algunos seguidores les va bien un líder narcisista. Un amigo mío que es consultor tiene un estilo de liderazgo que podemos definir como «alimentar al águila, matar de hambre a las palomas», lo que le lleva a buscar más líderes narcisistas. Con gran confianza y alta autoestima, este tipo de trabajador prospera en las organizaciones basadas en incentivos, donde puede trabajar duro, cerrar ventas y aumentar el rendimiento. Por otro lado, a aquellos que tienen una baja autoestima, que son inseguros y más propensos a experimentar el síndrome del impostor, o una falta de autoconfianza en un papel tan grande que les hace sentirse como impostores, les va mal con los líderes narcisistas. Se sienten intimidados, acosados y vulnerables. Para ser eficaces, los líderes narcisistas necesitan seguidores duros y resistentes que toleren su estilo de liderazgo y que incluso prosperen con él.

El contexto también es muy importante para la eficacia del liderazgo narcisista. Cuando los tiempos son buenos, y las cosas son estables y funcionan como deberían, no hay demanda de liderazgo narcisista. En esas situaciones, la gente quiere un buen rey, un gerente competente o un jefe jovial que mantenga el rumbo del barco. Sin embargo, cuando las cosas se vuelven caóticas e inestables, cuando la gente siente que la economía o su vida carecen de sentido, o cuando las cosas parecen descontrolarse, las personas gravitan hacia los líderes narcisistas que formulan promesas de estabilidad, confianza y dirección, puedan o no cumplirlas en realidad. El problema con esto, por supuesto, es que esta es exactamente la situación que lleva a líderes perjudiciales como Adolf Hitler, que subió al poder durante el escenario de inestabilidad económica de Alemania después de la Primera Guerra Mundial, o a líderes espirituales extremos, como Jim Jones, que prometen colmar el vacío espiritual, pero obtienen su poder del comportamiento sectario.

La perspectiva también cambia esta valoración. Los periodos de turbulencia proporcionan a los líderes narcisistas oportunidades perfectas para ascender en fama, riqueza o acceso sexual. El líder de la secta, el líder religioso, la figura política o el director general son tan eficaces como dijeron que serían, lo cual sirve bien a sus intereses y objetivos. Sus seguidores, sin embargo, pueden contar una historia diferente. Los que creen que el líder favorece su interés y cumple sus promesas tienen más probabilidades de estar satisfechos, pero los que ven al líder como interesado, explotador y manipulador no estarán tan contentos. En este caso, perciben que el líder deriva beneficios de la organización y permite que la gente sufra.

Debido a este descontento, el liderazgo narcisista suele durar poco, y estos líderes terminan descarrilando. Consideremos la historia de la candidatura de Gary Hart, en el año 1988, cuando fue acusado de una aventura y lo negó. Durante la campaña, fue descubierto con una mujer que no era su esposa en un barco en Florida llamado *Monkey Business*. Por supuesto, la foto fue noticia nacional y destruyó su campaña. Un ejemplo más actual es el movimiento #MeToo, que está consiguiendo poner fin a las carreras de figuras narcisistas, quizá incluso psicópatas, de alto estatus en los medios de comunicación, el entretenimiento y la política. A medida que más personas hacen declaraciones y comparten sus historias, se descubren más casos. Mientras escribo esto, se siguen descubriendo casos extremos de abuso sexual por parte de hombres aparentemente narcisistas de alto estatus, aunque mucho más despacio que si se tratara de hombres con bajo poder.

Además de los riesgos sexuales, los líderes narcisistas son conocidos por asumir grandes riesgos públicos en la compra de activos corporativos, estrategias de liderazgo audaces y lanzamientos atrevidos de productos. Cuando estos riesgos funcionan, el líder es considerado un genio, pero cuando no lo hacen, el líder es abandonado, y el proceso se repite en la siguiente empresa. En el apogeo de las finanzas corporativas de los años

80 y 90, líderes como Al Dunlop y Jack Welch fueron elogiados por destruir empresas, eliminar los gastos superfluos y convertirlas en operaciones más eficientes. Dependiendo de la posición de cada uno, los cambios pueden mejorar el negocio a corto plazo, pero perjudicar a los empleados a más largo plazo.

En un intento de elegir un líder eficaz, la gente puede tratar de intervenir preventivamente seleccionando líderes no narcisistas, lo cual es más difícil de hacer de lo que parece. En el marco empresarial, los líderes suelen ser contratados por los consejos de administración y las empresas de búsqueda de ejecutivos, que atraen a candidatos externos de alto perfil y gran visibilidad que probablemente tengan una cierta inclinación hacia el narcisismo. En las democracias, los líderes son elegidos por el pueblo o por un colegio electoral, lo que a menudo se convierte en un concurso de popularidad hacia el que también se sienten atraídos los individuos narcisistas. Solo en Estados Unidos, los ganadores tienden a capitalizar la nueva tecnología de la época, con Franklin Delano Roosevelt en la radio, John F. Kennedy en la televisión, Barack Obama en Facebook y Donald Trump en Twitter. Los candidatos presidenciales del año 2020 pasarán a la siguiente plataforma, donde los mejores actores narcisistas y manipuladores atraerán a los mayores y más polarizados seguidores en las redes sociales.

También existen otros métodos de selección de líderes. En el modelo basado en la competencia, los que tienen éxito son ascendidos a la cima. Esto funciona bien en un sistema basado en la recompensa que reduce la probabilidad de narcisismo, pero, al mismo tiempo, los buenos trabajadores pueden no ser buenos líderes. En los grupos basados en la espiritualidad, como la tradición budista, los líderes se descubren a una edad temprana y se les educa en su papel, lo que puede adoctrinarles en su identidad y reducir la posibilidad de encontrarse con un autoproclamado santón narcisista. Por supuesto, esta designación basada en el destino no puede funcionar en lo que respecta a muchos sistemas o puestos de liderazgo.

Debido a esta compleja relación con la eficacia, los líderes narcisistas se enfrentan a un arma de doble filo, o a un equilibrio entre agencia y comunión (véase la tabla 8.1). Su extraversión asertiva, considerada positiva, a menudo lucha contra el antagonismo reactivo, que se considera negativo. Por ejemplo, a los líderes narcisistas se les da muy bien establecer contactos y hablar con los medios de comunicación, y están dispuestos a asumir grandes riesgos públicos. Al mismo tiempo, son más propensos a ser corruptos, o a tolerar la corrupción, y a explotar a los demás en su propio beneficio.

Tabla 8.1. Beneficios y costes: el arma de doble filo de los líderes narcisistas

PRESTACIONES	COSTES
Carisma	Exceso de confianza
Confianza	Asumir riesgos destructivos
Asumir riesgos	No aprender de los errores
Iniciativa empresarial	Mala ética
Actuación pública	Toma de decisiones en beneficio propio

Para comprender mejor los aspectos positivos y negativos del narcisismo y el liderazgo, especialmente entre los presidentes, Ashley Watts *et al.* de la Universidad de Emory examinaron los datos biológicos y de personalidad de los cuarenta y dos presidentes de Estados Unidos hasta George W. Bush.[7] A partir de un proyecto más amplio sobre los presidentes de Estados Unidos, en el que se analizó la personalidad antes del cargo y los biógrafos calificaron a sus personajes según los «cinco grandes» rasgos, Watts convirtió las calificaciones en puntuaciones de narcisismo y las representó en un gráfico. Entre los cinco primeros, Lyndon Johnson, Teddy Roosevelt, Andrew Jackson, Franklin Roosevelt y John F. Kennedy obtuvieron los mejores resultados en cuanto a narcisismo grandioso, seguidos de Richard Nixon y Bill Clinton.

Los presidentes más narcisistas solían ser considerados los más grandes, aunque ciertamente no siempre, lo cual se basaba en sus logros. Esos logros pueden considerarse buenos o malos según la perspectiva política. También es importante señalar que muchos líderes narcisistas tenían historiales complejos, como Lyndon Johnson, que aprobó la Civil Rights Act y empujó a Estados Unidos a la guerra de Vietnam; Nixon, que aprobó la Ley de Limpieza del Aire e inició la guerra contra las drogas; y John F. Kennedy, que, si bien lideró con voz poderosa, se reveló como un mujeriego. El aspecto más interesante de los datos fue la clara compensación entre agencia y comunión en los presidentes narcisistas. Los líderes grandiosos tenían altos niveles de rasgos brillantes, como la persuasión pública y la gestión de las crisis, pero también mostraban rasgos oscuros, como el engaño, el abuso de poder y, en general, una ética deficiente (véase la tabla 8.2). Si buscamos buenas personas para ser líderes, evitaremos el narcisismo, pero si queremos líderes eficaces, a veces nos encontraremos con una buena dosis de narcisismo.

Narcisismo grandioso (unidad tipificada)

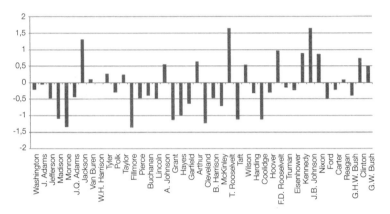

Tabla 8.2. Aspectos positivos y negativos de los presidentes de Estados Unidos con alto grado de narcisismo grandioso

BRILLANTE	OSCURO
Números de votos populares	Abuso de poder
Gestión de crisis	Engaños (cónyuges, impuestos, etcétera)
Persuasión pública	Anteponer el éxito político a la política
Asunción de riesgos	Orientado al poder
Calificado como «genial»	Falta de ética (propia y en la gente que le rodea)

Para hacernos una idea, cuando George Washington renunció a la presidencia de los Estados Unidos fue un acto tan notable que Washington fue comparado con el líder romano Lucio Quincio Cincinato, el principal ejemplo de líder que tomó el mando cuando era necesario debido a la guerra y luego se hizo a un lado. Washington fue incluso esculpido en mármol como

Cincinato, mostrando el vínculo entre estos dos generales que renunciaron al poder. Los líderes desinteresados son extraordinariamente raros en la historia.

Narcisismo y cambio organizativo: el gran choque

Cuando un líder fuerte con tendencias narcisistas grandiosas golpea una organización, el impacto puede evocar a una bola de demolición. Sin embargo, el sistema no se queda impasible, sino que reacciona y, con el tiempo, se alcanza el equilibrio. En psicología, el modelo de choque energético ilustra lo que ocurre cuando un líder narcisista entra en una organización, lo que discurre por tres pasos.

Al principio, la organización pasa por un estado de *perturbación*, en el que el sistema se desestabiliza y nadie sabe muy bien qué es lo que hará el líder. A medida que el narcisista comienza a hacer cambios audaces y a anunciar nuevas directrices, la gente se pone nerviosa, aunque de entrada apoyan al líder narcisista. Una vez que el líder comienza a formar un nuevo equipo y a realizar cambios, sin embargo, partes del sistema se alinean en oposición, lo que da inicio a la etapa de *conflicto*. Las personas que se ven perjudicadas por el cambio se apartan del camino, o se unen para librar una batalla burocrática. Ese conflicto conduce a la etapa de *resolución*, en la que el líder narcisista establece una visión que se ve integrada o rechazada. Por ejemplo, un nuevo y agresivo director general llegó a The Home Depot para racionalizar las operaciones, deshacerse de los trabajadores más antiguos y cambiar la estructura de gestión. Ahorró costes a corto plazo y cambió la cultura del negocio de una manera que no gustó a los clientes, pero, al final, el nuevo director ganó la batalla. En un caso de rechazo, Jack Griffin fue director general de Time Inc. durante solo cinco meses antes de ser expulsado por ser demasiado agresivo en su estilo de gestión.

El «modelo de choque enérgico», por supuesto, se aplica perfectamente a la presidencia de Donald Trump. Cuando arribó al poder, el periodo de luna de miel fue más breve de lo habitual y enseguida se pasó a un estado de perturbación. La gente no sabía qué esperar de alguien que no había desempeñado ningún puesto político, y lo que hemos visto son años de conflicto posterior entre dos grupos que, o bien querían mantenerlo en el poder y hacer avanzar su agenda, o bien deseaban echarlo del

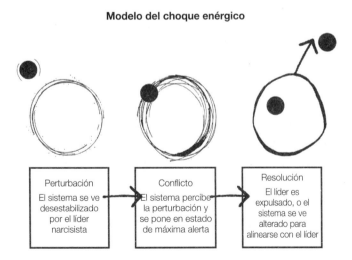

Modelo del choque enérgico

Perturbación	Conflicto	Resolución
El sistema se ve desestabilizado por el líder narcisista	El sistema percibe la perturbación y se pone en estado de máxima alerta	El líder es expulsado, o el sistema se ve alterado para alinearse con el líder

cargo mediante la destitución. De cualquier forma, el conflicto se resolvió de alguna manera al final, si bien el mismo patrón continuará en el futuro con otros líderes también.

Una visión más profunda: narcisistas en las organizaciones

A medida que las estructuras organizativas cambian, también lo hace nuestra comprensión de cómo los narcisistas operan en su seno. En lugar de un organigrama clásico con una jerarquía específica que describa el papel y la responsabilidad de cada miembro, cada vez son más populares las organizaciones planas que cuentan con pocos niveles de gestión y una red informal de flujo de información. El liderazgo narcisista prospera con las jerarquías, de manera que, cuando el poder organizativo se oculta en una red en lugar de formalizarse en una jerarquía, los investigadores no están seguros de cómo funcionará el narcisismo.

Al mismo tiempo, todas las estructuras deben contar con algunas personas que tomen decisiones, conozcan las tareas y los proyectos y hagan que los demás rindan cuentas. Basándome en la investigación actual, mi opinión es que los narcisistas pueden llegar a ganar algo de protagonismo en las redes organizativas, aunque finalmente se verán apartados o aislados debido a la cultura de la empresa. Las personas maquiavélicas clásicas pueden ser capaces de navegar por una red de poder social, de manera que es probable que eso dependa de la red y de los empleados. Los estudios demuestran que incluso las propias organizaciones pueden ser narcisistas, con una cultura centrada en el poder, el éxito y la dedicación, lo cual crea un desequilibrio en la vida de los trabajadores, puesto que el logro de los objetivos empresariales se produce a costa de los empleados.

Entre bastidores: diagnóstico de presidentes y personajes públicos

El debate sobre la salud mental de Trump suscita importantes cuestiones que ya se han planteado anteriormente: ¿Pueden los psicólogos y psiquiatras ofrecer sus opiniones profesionales a distancia sobre personajes públicos? ¿Pueden diagnosticar a alguien a quien no han examinado directamente? Estas cuestiones llamaron la atención durante las elecciones presidenciales de 1964 con Barry Goldwater. En aquel momento, un grupo de psiquiatras afirmó que no estaba bien de la cabeza, y más tarde Goldwater los demandó. Ahora la «regla Goldwater» de la APA prohíbe a los psiquiatras ofrecer diagnósticos cuando no hayan conocido a la persona, pero no incluye a los psicólogos. Por eso, algunos psiquiatras hablan de la inestabilidad de Trump sin llegar a formular un diagnóstico específico. No significa que no tengan un diagnóstico en mente, pero están más limitados que otros ciudadanos en su discurso político.

Desde la campaña de 2016, varios investigadores han puesto en duda esta regla. De hecho, mi colega Josh Miller y otros publicaron sobre esto en 2017 y actualizaron el manuscrito en 2018, diciendo que la regla es anticuada y se basa en supuestos científicos poco fiables.[8] Dieron un paso más al decir que, en algunos casos, los psicólogos con experiencia específica tienen el «deber de informar» sobre las preocupaciones relacionadas con la salud mental y deben ser capaces de ofrecer opiniones acreditadas en ciertas circunstancias. Además, como señala su documento, hay pruebas bastante sólidas de que el diagnóstico a distancia es razonable en el caso de un personaje público con un largo historial de comportamiento. Eliminar del debate público las opiniones de personas con formación médica parece contraproducente. Estoy de acuerdo con ellos: los psiquiatras deberían, como el resto de los ciudadanos, poder criticar a los políticos.

9. Redes sociales y narcisismo

Hopey no era consciente de que había iniciado una moda planetaria cuando en el año 2002 se hizo una foto de su labio roto y la subió a Internet. Este estudiante de ciencias, de veintiún años de edad, afincado en el norte de Sydney, Australia, estaba borracho en la fiesta de cumpleaños de un amigo cuando tropezó y cayó de bruces en unos escalones. La imagen no era bonita, pero quería mostrarla a la gente. Y buscaba consejo sobre si lamerse los labios haría que los puntos se disolvieran demasiado pronto.

–Perdón por el enfoque –escribió cuando publicó la foto–. Es un selfi.

Una vez que todos nos acostumbramos al uso del término una década después, el *Oxford English Dictionary* nombró *selfie* su palabra del año 2013, citando la entrada de Hopey como el primer uso conocido del término.

Gracias a Hopey y a la tendencia del inglés australiano de acortar las palabras y terminarlas con *-ie*, ahora tenemos un nuevo patio de recreo narcisista apto para los milenial y seguidores de las Kardashian por igual.

«El uso del sufijo diminutivo *-ie* es notable, ya que ayuda a convertir una empresa esencialmente narcisista en algo bastante más entrañable», explica Judy Pearsall, directora editorial del diccionario.[1]

Narcisismo y selfis

Los autorretratos no son un invento nuevo. Han sido un elemento básico de los pintores, del mismo modo que las autobiografías han sido durante mucho tiempo un género de escritura popular. Las primeras cámaras se diseñaron incluso para hacer posibles los autorretratos, con largos cables conectados a un botón para hacer las fotos. No hace tanto tiempo que era posible configurar una cámara, pulsar el temporizador y luego correr y mantener una sonrisa hasta que hiciera clic. La tecnología ha ido avanzando para hacer posibles los selfis modernos. Primero, las cámaras pasaron de la película a la tecnología digital. La película era cara y requería mucho tiempo. Incluso con la invención de los servicios fotográficos de una hora, hacer fotos requería tiempo, esfuerzo y dinero. Con las fotos digitales, el coste por foto se redujo esencialmente a cero, y los selfis solo estaban limitados por el espacio de almacenamiento.

En segundo lugar, las cámaras pasaron de ser solo frontales a tener doble lente. Con las cámaras digitales y de película tradicionales, el fotógrafo miraba por el visor para componer, enfocar y ajustar la iluminación de la toma. Incluso cuando se popularizaron los autorretratos digitales, un selfi implicaba sacar un brazo para capturar imágenes propias y luego pasar por las imágenes para encontrar la postura y la expresión facial perfectas. Las pantallas invertidas cambiaron esto, y se hizo posible tomar selfis de forma rápida y sencilla, incluso cuando se está en un espacio abarrotado o en un aula donde el profesor no puede vernos.

El tercer cambio, y probablemente el más importante, fue el desarrollo de las redes sociales, que permitieron compartir con facilidad los selfis con los demás. Antes, se compartían en álbumes de fotos y copias tangibles de estas, y los amigos o la familia a menudo quedaban atrapados mirando páginas de fotos de vacaciones. Posteriormente, fue posible enviar las fotos por correo electrónico, lo que estaba limitado por el espacio del servidor y las pequeñas listas de correo. Sin embargo, cuando las redes sociales hicieron su debut fue posible tomarse un selfi y, con unos pocos clics, hacerlo presentable para amigos y seguidores. Ahora, celebridades como Kim Kardashian y Kanye West tienen más de 100 millones de personas que pueden ver sus selfis a diario. Veamos esto con cierta perspectiva: Vincent van Gogh, quizá el artista más famoso de los autorretratos, es visto unos dos millones de veces al año en el Museo Van Gogh de Ámsterdam. Compárese con los selfis de Kardashian, que son cincuenta veces más populares, en un solo año, que los retratos de Van Gogh.

Como era de esperar, los narcisistas grandiosos se sienten atraídos por el formato del selfi. Es una buena manera de presumir y construir la autoestima que pretenden. Según las investigaciones de la última década, los narcisistas se hacen más selfis que los demás. Y, aunque casi todo el mundo se hace selfis, los de los narcisistas son un poco diferentes. Los narcisistas son más propensos a tomar fotos solo de sí mismos pero no tanto «usfies» (del inglés *us*, «nosotros») o «grupfies» (selfis grupales) con otros en ellas, y son más propensos a apreciar los selfis de otras personas. Un estudio realizado en 2016, en Corea, indica que las personas con puntuaciones más altas de narcisismo son más propensas a ver con buenos ojos el comportamiento de la publicación de selfis, a involucrarse en los comentarios relacionados con ellos en las redes sociales y a ser observadores de los selfis de otras personas.[2]

Los narcisistas también son más propensos a incluir algo más que sus rostros –pensemos en los selfis de gimnasio luciendo abdominales–. En un estudio de 2016 sobre selfis e Instagram, mi alumna Jessica McCain descubrió que el narcisismo grandioso está asociado con la toma y publicación de más selfis, así como con los motivos de autopresentación que declaran.[3] En esencia, los narcisistas grandiosos se sienten muy felices enviando fotos de sí mismos. Los narcisistas vulnerables suelen tener sentimientos encontrados respecto a los selfis. El potencial para el *feedback* positivo está ahí, pero les pone nerviosos la amenaza del *feedback* negativo, y no sin razón. Un estudio realizado en el año 2017 por investigadores de la Universidad de Cornell descubrió que, en general, la gente está empezando a ver los selfis bajo una óptica diferente.[4] Aunque nos encanta tomarlos, a menudo juzgamos a otros que los publican, sobre todo cuando las publicaciones parecen poco auténticas y falsamente íntimas. De hecho, el estudio señala que los participantes calificaron las publicaciones con selfis como más narcisistas, inapropiadas y menos atractivas socialmente. Por ello, los narcisistas vulnerables suelen dedicar más tiempo a sus selfis y a las palabras que los acompañan.

A la postre, los narcisistas están de acuerdo en que se hacen selfis para promocionarse. Al mismo tiempo, los selfis narcisistas no tienen como *único* objetivo la autopromoción. La distracción, el humor y la cercanía son ventajas pero no en la misma medida que para otros. A las personas que no son especialmente narcisistas también les agrada el aspecto autopromocional de los selfis pero no en la misma medida. Mientras la tecnología siga desarrollándose, los narcisistas es probable que encuentren nuevas formas de beneficiarse de los selfis. Los nuevos teléfonos inteligentes, por ejemplo, con innovadores filtros y cámaras de alta resolución enfocadas al frente, han evolucionado para el hábitat moderno del narcisista.

Nuestro territorio moderno

Las redes sociales se han convertido en la sabana de los narcisistas. Las relaciones superficiales y amplias de las redes sociales son perfectas para las habilidades de los narcisistas. Las diferentes plataformas juegan con sus fortalezas, especialmente la extraversión, y limitan sus debilidades, incluyendo la incapacidad y la falta de deseo de mantener relaciones emocionales profundas. Las páginas de las redes sociales también están estructuradas para ofrecer más comentarios positivos que negativos. Hay «me gusta», «corazones» y «aplausos». Esto, por supuesto, es intencionado; las redes están diseñadas para animar a la gente a compartir información. Los narcisistas están seguros de verse recompensados por lo que hacen. Las redes sociales también permiten a las personas cuidar su imagen pública. Los narcisistas quieren quedar bien, en especial cuando se trata de la apariencia y el éxito, y las redes les brindan esa oportunidad. Todo lo que tienen que hacer los narcisistas en las redes sociales es poner en práctica lo que mejor saben hacer:

ampliar su audiencia de amigos y seguidores para promocionarse.

Tras una docena de años de investigación sobre el narcisismo y las redes sociales, esto es lo que hemos descubierto: los narcisistas tienen redes en los medios sociales más grandes que otras personas. Eso significa que los flujos en las redes sociales exhiben más narcisismo, lo cual produce una visión distorsionada de la realidad, al igual que hace la televisión. Una razón importante por la que los narcisistas tienen redes sociales más grandes es que las trabajan. Solicitan contactos en páginas que funcionan de ese modo, como Facebook y LinkedIn, y obtienen seguidores en otras páginas, como Twitter e Instagram. Los narcisistas también parecen utilizar las redes sociales más que otros, aunque la investigación indica que esta asociación es pequeña.

Tal vez lo anterior no sea una gran sorpresa. El narcisismo se ha debatido paralelamente a las redes sociales desde los tiempos de MySpace. En aquel entonces, la gente se interesaba por las fotos de perfil –generalmente selfis– que se hacían los usuarios. Conocidas ahora como «MySpace pro pic», se tomaban sujetando una cámara e intentando hacer la foto sin ver a través del espectador, lo que a menudo distorsionaba la imagen desde ángulos extraños y mostraba los espejos del baño con caras enfadadas. Como MySpace nació como una red social alternativa en la que la creatividad y la música eran fundamentales, era aceptable que las fotos tuvieran una calidad extraña, casi artística. Como su competidor, Facebook –una versión electrónica de lo que se llamaba literalmente «libro de cara» en algunos colegios, institutos y universidades– cambió la forma en que nos tomábamos esos selfis.

En ambos casos, el narcisismo prosperó. Pensemos en las redes sociales como un nicho medioambiental, como la sabana, los mares tropicales o el terreno alpino. En cualquier ecosistema, algunos animales prosperan y otros luchan o incluso mueren. Los leones prosperan en la sabana donde obtienen presas, se esconden entre la hierba seca y establecen grandes territorios. En una nueva sabana llena de caza, los leones se mueven rápidamente y establecen territorios. Pero, si se traslada a un león a la selva, donde tiene menos presas y no tiene camuflaje, le iría mal. De hecho, evitaría la selva si pudiera.

Del mismo modo, los narcisistas utilizan las redes para promocionarse. Tienden a tener fotos más atractivas de sí mismos, más selfis y más contenido de superación personal. El uso de las redes sociales por parte de los narcisistas no se limita a la autopromoción y la superación personal –y para las personas que no son narcisistas, este objetivo sigue siendo importante a veces–, pero es fundamental para entender el narcisismo y las redes sociales.

Un público en el bolsillo

Las redes sociales se utilizan para conectar de muchas maneras. La gente las utiliza para enterarse de acontecimientos importantes, como las noticias, y de habilidades domésticas, como la manera de reparar un pomo roto. La gente también utiliza las redes sociales para entretenerse, de ahí la enorme popularidad de los memes de gatos y los vídeos de postanestesia. Las redes sociales nos permiten conectar con los amigos y la familia. Sin embargo, los narcisistas se distinguen por su deseo de utilizar las redes para promocionarse y engrandecerse.

Este proceso es simple y una versión *online* de lo que hemos expuesto en capítulos anteriores. Los narcisistas quieren sentirse bien, tener una alta autoestima y ser vistos como personas atractivas de éxito y con alto estatus. Esto entra en la clásica categoría *S* de sexo, estatus y posición económica. Una versión popular de esto es el selfi en primera clase de una aerolínea con la persona sentada en un asiento de primera en un vuelo internacional sosteniendo una copa de champán. Es el triplete del autoengrandecimiento. La primera clase es igual a estatus; una foto atractiva es igual a valor sexual; y volar en primera clase, que es muy muy caro, es equiparable a posición económica.

Sin embargo, el proceso de exaltación de uno mismo se beneficia mucho de las redes sociales. En este ejemplo, estamos en el avión y podemos pedirle a una azafata que nos haga una foto. Nos sentimos muy bien solo por estar allí. Luego compartimos la foto en varias cuentas de redes sociales. Quizá utilicemos Instagram (#haciendorealidadunsueño) o Facebook. Puede que seamos un poco sofisticados en nuestra autoestima y nos demos cuenta de que presumir de manera tan abierta podría hacernos parecer odiosos, de forma que intentamos un clásico alarde de humildad escribiendo un pie de foto que sea más aceptable socialmente. En este caso, #grandíaparavolar y #afortunado parecen adecuados. Mostramos un mínimo de gratitud y a la gente le gustamos aún más.

El simple hecho de compartir la foto en las redes sociales nos proporciona un subidón de autoestima, pero luego empiezan a llegar los comentarios positivos. Tenemos 450 seguidores en Instagram, y ellos tienen tres opciones: pueden pulsar el botón del corazón para mostrar su amor, pueden escribir un breve comentario («¡Qué buen viaje!»), o pueden ignorarnos. Con esta configuración del *feedback*, las normas sociales y nuestra selección de seguidores (ya que bloqueamos a los que nos proporcionan *feedback* negativo), obtenemos exactamente lo que esperamos: veintisiete corazones y tres comentarios positivos. Estos comentarios nos inflan aún más el ego. Faltan diez minutos para el despegue, nos hemos terminado el champán y estamos viviendo un verdadero sueño. En el «modelo trifurcado», los narcisistas vulnerables ven algún riesgo percibido al compartir ese selfi del vuelo internacional en las redes sociales porque puede que no queden tan bien como creen y que no reciban comentarios positivos, si bien las redes sociales les dan la oportunidad de crear una imagen y un pie de foto deseables.

La investigación ha descubierto otro motivo en el uso de las redes sociales por parte de los narcisistas. Los narcisistas no solo se hacen sentir bien a sí mismos, sino que hacen sentir mal a los demás. El narcisismo, junto con otros rasgos oscuros como el sadismo y la psicopatía, predice el troleo *online*. El troleo es una extraña pero poderosa estrategia en las redes sociales. El término *troleo* procede (en inglés) de la pesca. Cuando se pesca, se tira de un sedal enganchado en la parte trasera de la embarcación. Lo que se espera es capturar un pez que se excite con el cebo en movimiento, lo muerda y se enganche. Esto se asemeja a la pesca de arrastre en las redes sociales, donde se publica para obtener una reacción. No siempre funciona, pero si se publican suficientes ideas controvertidas en suficientes zonas, se puede enganchar a algunos internautas desafortunados. Un objetivo importante del troleo es engañar y despertar la ira de las víctimas, por lo que algunas personas creen que el término *troll* no procede de la pesca, sino de las míticas criaturas escandinavas que suelen ser malas y agresivas, excepto en ciertas películas de Disney.

Un estudio del año 2017, publicado en la revista *Computers in Human Behavior*, por ejemplo, vinculaba el narcisismo con el troleo en Facebook y descubrió que los hombres con tendencias narcisistas eran más propensos a acosar a otros *online* y a participar en comportamientos antisociales como el ciberacoso, las represalias agresivas contra los comentarios negativos y la creación de publicaciones para llamar la atención.[5] No está claro si los narcisistas trolean para conseguir ser el foco de atención o para dominar a los demás, aunque probablemente sea un poco de ambos, puesto que el vínculo con el narcisismo y el troleo es bastante evidente.

Lo que mantiene este bucle de *feedback* es el seductor efecto secundario de las redes sociales para los narcisistas: la fama. Ahora es más común que la gente se haga famosa por sus hazañas en las redes sociales, pero esto era una idea nueva hace una década. Era (y sigue siendo) una idea radical: la gente puede hacerse famosa por su propio esfuerzo. No necesitan un publicista, un agente o un estudio que les apoye. Si tienen una habilidad –desde el maquillaje al surf–, no necesitan pasar por una organización profesional, una liga o un concurso para hacerse famosos. Solo tienen que hacer crecer su audiencia.

Tila Tequila fue una de las primeras estrellas de MySpace. Era físicamente atractiva y tenía una gran personalidad que la

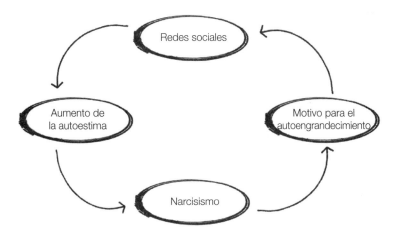

gente encontraba atractiva. En la actualidad, PewDiePie es una de las personas más famosas del planeta, pero probablemente el lector no haya oído hablar de él. Es un joven sueco con más de 100 millones de suscriptores en YouTube. Hace vídeos tontos, y no consigo entender su atractivo. Y eso es lo bueno de la fama en las redes sociales. Si un viejo como yo buscara talento, PewDiePie no sería la primera opción. Pero aquí estamos, y PewDiePie ha construido su fama desde los cimientos.

Para que quede claro, no estoy diciendo que Tila Tequila o PewDiePie sean narcisistas. Lo que digo es que la fama que han alcanzado por sí mismos gracias a las redes sociales resulta muy atractiva para los narcisistas. Es otra razón por la que los narcisistas se sienten atraídos por las redes sociales. En general, las redes sociales ofrecen oportunidades significativas de autoensalzamiento, y este va desde la autopromoción cotidiana hasta la fama seria. La capacidad de autopromoción no es un accidente, ya que está integrada en estas plataformas. Como dicen los técnicos: es una característica pero no un error.

El enigma narcisista de causa y efecto

¿Las redes sociales hacen que la gente sea más narcisista? Si tomamos a un simpático estudiante de primer curso de universidad y lo ponemos en Instagram y Facebook, por ejemplo, ¿el uso de esas plataformas lo hará más narcisista? Me gustaría tener una respuesta sólida para esa pregunta, pero no la tengo. Esto es lo que sabemos: la investigación de la última década nos dice que los individuos narcisistas utilizan las redes sociales para promocionarse y mejorar su imagen. Las pruebas de ello son sólidas y variadas.

Otros estudios han demostrado que los narcisistas prefieren más direcciones de correo electrónico de autopromoción, como thefascinatingking@gmx.net. Basándonos en un estudio de 2016, tenemos algunas pruebas de que esta autopromoción por parte de los narcisistas se autorrefuerza.[6] Es decir, los narcisistas que utilizan las redes sociales para autopromocionarse son capaces de mantener una visión inflacionada de sí mismos a lo largo del tiempo. Sin embargo, hay pocas pruebas consistentes que sugieran que el uso de las redes sociales aumente el narcisismo en una persona media. Por ejemplo, un estudio que realizamos sobre MySpace encontró un aumento del narcisismo, pero un estudio similar sobre Facebook no lo encontró.[7] No hay pruebas sólidas.

Mi mejor opinión es que el uso de las redes sociales no convierte a las personas en narcisistas grandiosos. Al contrario, ahora creo que las redes sociales provocan el aumento de la inseguridad en determinadas personas. Según una investigación reciente en las generaciones más jóvenes, parece que el uso de las redes sociales predice una menor felicidad. En parte, esto podría deberse al nivel de exposición que proporcionan dichas redes. Los jóvenes –y muchos de nosotros– están más expuestos que los famosos durante los años 20 y 30. Esto puede provocar «problemas de fama», como la ansiedad por el aspecto, la percepción pública y las reacciones a las publicaciones. La gente busca ahora más que antes la cirugía plástica y otros tratamientos cosméticos para lucir su mejor selfi en todo momento.

Otro problema es simplemente el tiempo. Cuando la gente pasa tanto rato ante la pantalla, se pierde el tiempo que se pasa con los amigos o haciendo actividades al aire libre. Incluso cuando participamos, hacemos fotos del concierto o de la reunión de grupo para publicarlas después. Aunque esta ansiedad centrada en uno mismo suena sospechosamente a narcisismo vulnerable, aún no tenemos datos para saberlo con certeza.

Utilizar las redes sociales
para detectar el narcisismo

Si los narcisistas utilizan las redes sociales de determinadas maneras, ¿podemos saber si alguien es narcisista mirando sus páginas en las redes sociales? La respuesta es «sí» pero no siempre. Los individuos narcisistas dejan rastros o pistas sobre su narcisismo, como un gran número de seguidores o el uso de ciertas palabras o *hashtags*. Aunque los investigadores pueden captar en cierta medida las tendencias narcisistas, está lejos de ser un método perfecto. Los algoritmos informáticos entrenados o los «detectores de narcisismo» podrían aumentar la capacidad de identificar el narcisismo en las redes sociales, pero esa tecnología no funciona de la misma manera que en la televisión. Un episodio de la serie policíaca *Bones*, por ejemplo, utilizó una página de las redes sociales para diagnosticar a un criminal con un trastorno narcisista de la personalidad. Aunque siempre es estupendo ver que nuestra investigación se utiliza para luchar contra el crimen, esto es una exageración. Identificar el narcisismo en las redes sociales es un reflejo imperfecto de una persona, no una ventana secreta a su alma.

Cuando los psicólogos piensan en detectar el narcisismo en las redes sociales, ven el contenido de la página como una lente que refleja las cualidades del propietario de la página y las muestra al espectador. Para que la lente funcione con precisión, el narcisismo tiene que predecir lo que se ve en las redes sociales. Las personas narcisistas deben utilizar las redes de determinadas maneras. Esto puede significar tener una foto de perfil atractiva, publicar selfis con un alto grado de exposición, tener muchos enlaces o amigos, o publicar otros contenidos de autopromoción. Si el narcisismo no predice el contenido de las redes sociales, la lente no funciona.

Entonces, los investigadores deben ser capaces de detectar con precisión el narcisismo a partir de la información, o las pistas, de las redes sociales. Por ejemplo, durante algunos años, los psicólogos pensaron que los narcisistas utilizaban más sustantivos en primera persona como *yo*, *mí* y *mío* en su discurso. Resulta que, según una nueva investigación, esto no suele ser

**Redes sociales
Contenido de la página**

Precisión

así, aunque puede haber casos en los que ocurra. Sin embargo, lo que sí encontramos en la investigación –y eso es algo que la mayoría de la gente no sabe– es que jurar o maldecir está asociado con el narcisismo.

Los estudios de laboratorio sobre la detección del narcisismo a partir del contenido de las redes sociales pueden reconocer el narcisismo con una precisión de alrededor del 6 %. El narcisismo autodeclarado por la persona y las estimaciones de los observadores se correlacionan alrededor de 0,25. Hoy en día, los algoritmos informáticos podrían duplicar esa cifra para alcanzar una precisión del 10 % al 15 %. Para ello, necesitamos una gran muestra de funcionamiento. Esto sería genial de investigar, y en algún momento las estimaciones de narcisismo y otros rasgos oscuros podrían incorporarse a algún tipo de *software*, como las aplicaciones de citas, que advertirían «¡Cuidado!», pero, por sí solas, las redes sociales no son suficientes para sacar conclusiones definitivas.

Otra vuelta de tuerca en la detección del narcisismo a través de las redes sociales es la profesionalización en los últimos años del uso de las redes. Instagram ha cambiado drásticamente y ha pasado de ser un lugar de gente corriente que compartía fotos a un lugar de modelos y celebridades. Estos modelos suelen mostrar una belleza sin esfuerzo y un estilo de vida deseable. Cuando se ven desde fuera, estos modelos parecen seguros de sí mismos, carismáticos y narcisistas. La realidad, sin embargo, es que bajo esta apariencia de confianza a menudo existe una gran dosis de ansiedad e inseguridad. Si los seguidores pudieran ver un vídeo de la sesión de fotos, esto quedaría claro, pero todo lo que ven es el producto cuidadosamente elaborado y pulido.

Esta desconexión irrumpió en la escena pública a finales de 2015, cuando la modelo de Instagram Essena O'Neill sufrió una especie de despertar psicológico y se sinceró, publicando de pronto un vídeo en el que decía que dejaba las redes sociales «para siempre», revelando las técnicas que utilizaba para conseguir la foto adecuada, el trabajo que llevaba convertir una buena foto en una gran foto, y el esfuerzo que suponía hacer que todo pareciera carente de esfuerzo. En resumen, su vida en Instagram era falsa. O'Neill se dio cuenta de que estaba enviando mensajes falsos a sus seguidores y promoviendo la belleza exterior, menos importante, en detrimento de la belleza interior y la salud.

«Estaba perdida, con graves problemas ocultos. Si acaso, mi adicción a las redes sociales, mi personalidad perfeccionista y mi baja autoestima hicieron mi carrera», escribió en un correo electrónico de seis mil palabras a sus seguidores. «El exceso de sexualización, las fotos perfectas de comida, los blogs perfectos de viajes; es el libro de texto de cómo me hice famosa. El sexo vende, la gente escucha a las rubias guapas, y a mí me tocó hablar del veganismo como tendencia en YouTube».[8]

La modelo australiana de diecinueve años, entusiasta del estilo de vida vegano, pidió a sus seguidores que se unieran a ella para dejar las redes sociales y promover más sus vidas «reales» y tangibles. Lanzó un nuevo sitio web llamado Let's Be Game Changers, con el objetivo de enseñar a la gente sobre la naturaleza destructiva de tratar de ganar aprobación *online*.

Sin embargo, un año más tarde, varios medios de comunicación tradicionales y populares se pusieron en contacto con ella para hacer un seguimiento. Había desaparecido casi por completo de Internet. Su perfil de Instagram había sido borrado. Su archivo de Facebook estaba congelado en el pasado. Su nuevo sitio web, que al principio redirigía a una página en blanco, fue invadido por ocupantes ilegales de dominios y contenido *spam* en 2018 y ahora es propiedad de un nuevo bloguero que escribe sobre deportes, moda y crecimiento personal.

En otro informe perspicaz sobre las estrellas de Instagram, apareció un artículo en la revista *Out*, en 2016, a propósito de los hombres que luchaban contra la presión de las redes sociales *online*, titulado «The Instahunks: Inside the Swelling Selfie-Industrial Complex».[9] Se trata de hombres atractivos y bien desarrollados con físicos deseables. A los ojos de la gente, parecen increíblemente seguros de sí mismos, pero, en cambio, revelaron en las entrevistas que se sentían inseguros, que se sentían incómodos haciéndose fotos y que a menudo se sentían adictos a la atención positiva.

«Digamos que estoy fumando metanfetamina y doy una calada y me siento realmente bien –dijo Kyle Krieger, que entonces tenía treinta y tres años, uno de los modelos que era un adicto en recuperación con nueve años de sobriedad–. Es parecido a la sensación de cuando publicas una foto y recibes todos esos "me gusta"».

Krieger, que tiene más de dos millones de seguidores en Instagram, suele recibir entre 20 000 y 80 000 corazones por cada foto que publica. ¿Su lema en Instagram por aquel entonces? «Ser popular en Instagram es como ser rico en dinero del *Monopoly*».

«Entonces tu foto empieza a perder apoyos. Luego, al día siguiente, es como un parón en tu validación –comentó Krieger a *Out* en el artículo de 2016–. Y lo más bajo que te vas a sentir es justo antes de dar el siguiente golpe, justo antes de publicar esa próxima foto».

Por desgracia, este es uno de esos casos en los que la ciencia no nos ayuda; simplemente no tenemos datos sobre las estrellas de las redes sociales. Esperemos que eso cambie, pero, mientras tanto, tenemos que darnos cuenta de que los modelos de narcisismo y medios sociales que se aplican a la mayoría de nosotros podrían no ser válidos para las estrellas. En particular, podría haber mucha más ansiedad y vulnerabilidad emocional –y menos grandiosidad– de lo que cabría esperar.

Los narcisistas como creadores
de redes sociales

A la postre, los seres humanos estamos conectados *online*, y es probable que siga siendo así. El mundo está conectado por redes de carreteras, vías férreas, ríos, corredores aéreos, vías de navegación y, ahora, por las redes sociales. Estos primeros conectores, como los ríos y las vías de navegación, fueron colocados allí por la naturaleza. La gente tenía que desplazarse hacia donde estaban las conexiones. La mayoría de las grandes ciudades del mundo son ciudades portuarias porque estaban conectadas a la red social del agua. La siguiente fase de la conexión social global incluyó las carreteras y, posteriormente, las redes ferroviarias. La antigua Roma era un centro de poder y era el eje de un conjunto de calzadas. Hoy en día, ciudades como Atlanta, Georgia, existen porque eran cruces de caminos donde confluían múltiples vías de tren y carreteras.

Las carreteras se planifican de forma centralizada, normalmente por el gobierno estatal o federal. Su construcción es costosa, y cada kilómetro pavimentado cuesta miles de dólares. Las vías férreas son similares. Cuestan mucho dinero. En la actualidad, el Gobierno chino está intentando reconstruir la gran Ruta de la Seda que conecta Asia y Europa. Será un proyecto enorme que durará décadas.

En cambio, las redes sociales son increíblemente baratas de montar. Se necesita cierta infraestructura, servidores, programadores e ingenieros. Pero después de eso, el precio de la conexión baja drásticamente y se acerca a cero. Todo lo que la gente necesita es una rampa de acceso a la red social. Hace años, esto significaba un ordenador personal conectado a Internet; ahora suele ser un *smartphone*. Pronto será algo menos costoso.

No había ni hay un plan para construir estas redes. No se trazó ningún mapa para crear los vínculos entre las personas en Facebook o en cualquier otra plataforma de redes sociales. Por eso la invención de las redes sociales fue tan brillante. Todo lo que se necesitó fue la posibilidad de que los individuos compartieran contenidos entre sí –fotos, pensamientos, música– y las redes se construyeron solas. John se conectaba con Sue y Sally, Sue y Sally se conectaban con otros dos amigos, y muy pronto miles de millones de personas estaban conectadas. Esta explosión de conexiones entre personas es similar al concepto de «grados de separación» del mundo real. En otras palabras, si quisiera entregarme una nota, pero tuviera que hacérmela llegar a través de una serie de personas que se conocen entre sí, ¿cuántas personas harían falta? Podría enviar la nota a un amigo de Georgia, y este la enviaría a un amigo de Atlanta, y este a un amigo de Athens, y esa persona podría conocer a alguien que me conoce en la Universidad de Georgia. En este caso, usted y yo estaríamos separados por cuatro personas.

Cuando los investigadores, en particular el gran Stanley Milgram, que se hizo famoso en los años 60 por sus investigaciones sobre la obediencia, en Yale, iniciaron un experimento con esta técnica de envío de cartas, la conclusión fue que cada uno de nosotros está conectado con todos los demás por un máximo de seis grados de separación. Es decir, que entre usted y yo (y Kevin Bacon) suele haber cinco o menos personas. Los investigadores descubrieron más tarde que esta conclusión no es tan sólida como parece. Las personas de los escalones socioeconómicos más bajos de la sociedad suelen estar menos conectadas que las de los escalones más altos. Aun así, en general es un mundo más pequeño de lo que la gente supone, y cada vez es más pequeño gracias a las redes sociales. Facebook calcula que solo hay tres grados y medio de separación entre todas las personas en Facebook. Esto es alucinante. Tiene un enorme potencial para compartir ideas e información.

Y aquí reside el punto clave: los narcisistas fueron fundamentales en la construcción de estas redes y en hacer el mundo más pequeño. El deseo de autopromoción, por muy superficial e interesado que sea, ha desempeñado un papel crucial en la conexión del mundo a través de las redes sociales. Imaginemos cómo serían Facebook, Instagram o Twitter sin narcisistas. Seguro que habría menos *trolls*, falsa modestia y selfis en bañador, pero también habría menos acción. La gente hablaría de sus familias o de la vida en general pero en menor medida.

Compruébelo usted mismo. Fíjese en lo que la gente publica sobre sus familias. La mayor parte está diseñada para parecer positivo. Yo envío fotos de mis hijas cuando se ven arregladas, cuando han tenido éxito, o durante un «momento cumbre», como el primer día de colegio o el regreso a casa. Si salgo en la foto, sonrío y parece que soy parte de una familia feliz y con éxito. No pretendo inflar mi ego ni el de mis hijos, pero seguro que no voy a publicar fotos de mis hijos lloriqueando o de mí mismo sin camiseta. No estoy solo en esto. Mi narcisismo *amateur*, junto con la versión más profesional de Kim Kardashian, hacen que las redes sociales funcionen.

Una visión más profunda:
selfis y operaciones de nariz

Lo creamos o no, los selfis están cambiando la forma en que nos vemos a nosotros mismos, y la forma en que creemos que deberíamos vernos. Los cirujanos plásticos han empezado a informar de un aumento de las solicitudes de procedimientos estéticos por parte de personas que quieren salir mejor en los selfis. En particular, el número de personas menores de cuarenta años que desean someterse a una rinoplastia o una operación de nariz se ha disparado en los últimos años. Los cirujanos afirman que los pacientes sacan sus teléfonos durante las citas y señalan las partes de sus selfis que no les gustan.

Curiosamente, los investigadores de cirugía plástica de la Universidad de Rutgers crearon un algoritmo en 2018 para demostrar que los selfis distorsionan la cara, lo que puede abocar a esta visión negativa.[10] De hecho, calcularon la distorsión de las características faciales en diferentes ángulos y distancias de la cámara y descubrieron que la anchura nasal percibida aumentaba a medida que la cámara se acercaba a la cara. A 30 centímetros de distancia, los selfis aumentaban el tamaño de la nariz en un 30 %. A 1,5 metros –la distancia estándar de los retratos– se perciben los rasgos a escala real.

Esto significa que podemos utilizar las matemáticas para crear el selfi ideal. Los hombres que quieran resaltar un mentón más fuerte o una mandíbula cincelada deben colocar esos rasgos más cerca de la cámara. Las mujeres que quieran resaltar sus ojos o restar importancia a su frente, por ejemplo, deben inclinar la cámara para acercar esos rasgos a ella. Tal vez los narcisistas ya lo hayan descubierto para conseguir su «mejor ángulo».

Entre bastidores: evolución de los selfis

Todavía recuerdo la primera cámara –no un *smartphone*– que estaba diseñada para fotografiar al fotógrafo. Me sorprendió, y eso fue solo el principio. Varios laboratorios de psicología y comunicación empezaron a investigar la idea y encontraron una relación entre los selfis y el narcisismo. Jesse Fox, de la Universidad Estatal de Ohio, publicó algunos de los primeros resultados acerca de que los hombres con cualidades narcisistas tendían a publicar más selfis. Las mujeres editaban fotos con más frecuencia y solían sentirse peor tras la comparación social.[11]

Este último aspecto apunta a la investigación más compleja y al significado cultural que hemos observado sobre los selfis en los últimos años. Para algunos, los selfis pueden suponer una experiencia dolorosa cuando enfatizan una parte del cuerpo desfavorable o una mancha. Además, los más jóvenes están utilizando cuentas secundarias de Instagram –llamadas «finsta», Instagram falso– para mostrarse más tontos y bobos. Estas imágenes más auténticas eliminan hasta cierto punto la presión social, y es una forma emergente de comunicación más que de narcisismo. En general, creo que los selfis se volverán menos populares con el tiempo y se utilizarán para mostrar la asociación con otras personas por la amistad o el estatus en lugar de los abdominales en el gimnasio. El aspecto del estatus puede seguir alineándose con el narcisismo, y puede que estudiemos esa asociación a continuación.

10. La cultura *geek* y la gran migración de la fantasía

La cultura *geek* ha contribuido a uno de los mayores cambios culturales en los Estados Unidos, aunque rara vez se debate o examina en las ciencias sociales. Un «geek» se define como un entusiasta que desarrolla pericia en un tema a través de un interés y un esfuerzo excepcionales, aplicándose en especial a la ciencia, la tecnología y los reinos de ficción. Aunque estos intereses *geek* se vieron en su día marginados en la cultura popular en relación con el deporte –los *geeks* de la ciencia ficción no eran tan populares como los jugadores de fútbol–, muchos de estos *geeks* dirigen ahora el mundo. Los *geeks* de gran éxito han coincidido con la generalización de la cultura *geek*. En lugar de ser algo negativo, ahora forma parte de la sociedad cotidiana y, para muchos, ser un *geek* es un motivo de orgullo.

La cultura *geek* es una mezcla de fantasías y actividades, que incluye a los clásicos *trekkies* (seguidores de Start Treck) y a los fans de Star Wars, a los coleccionistas de cómics de superhéroes, a los interesados en estilos de dibujos animados japoneses, como el anime, el manga y el hentai (dibujos animados porno), y a los aficionados a *Mi pequeño pony* (también conocidos como *bronies*). En cuanto a las actividades, la gente se disfraza de figuras de fantasía, lo que se denomina *cosplay*, abreviatura de *costume play* (juego de disfraces), y está la gente que adopta alter egos animales, conocidos como *furris* (su personaje *furri* es una *fursona*, de *furri* y *persona*). Los *geeks* más serios marcan sus calendarios para asistir a convenciones como la Comic-Con de San Diego y la Dragon Con de Atlanta, que suelen reunir entre 50 000 y 150 000 asistentes.

Para el resto de nosotros, la cultura *geek* influye en nuestra vida a través de la cultura popular. Fijémonos en las películas más taquilleras. Están llenas de superhéroes de cómic, como *Wonder Woman* y *Iron Man*, películas de ciencia ficción como *Star Wars* y *Ready Player One*, y adaptaciones de fantasía como *El señor de los anillos* y *Juego de tronos*. Solo algunas de estas películas ganan los principales premios, aunque son las más taquilleras, y puede que a nuestros hijos no les guste el *cosplay*, pero seguro que en Halloween se disfrazan de Wonder Woman. En cierto sentido, ahora todos somos una especie de *geeks*.

Cómo los psicólogos empezaron a estudiar la cultura *geek*

Cuando conocí esta tendencia de la cultura *geek*, una de mis estudiantes de posgrado, Jessica McCain, no solo era una talentosa psicóloga de la personalidad social, sino también un poco *geek*. Ella me habló del *LARPing*, que consiste en vestirse con trajes y participar en «juegos de rol en vivo» de personajes favoritos. Imaginemos que estamos jugando una partida de *Dragones y mazmorras*, pero en lugar de imaginar la acción en un tablero de juego, nos vestimos de ladrón *halfling* y nos reunimos en vivo con nuestro equipo. No me di cuenta hasta entonces de que yo había sido un empollón de noveno curso que jugaba al rol y participaba en partidas de *Dragones y mazmorras*.

En mis años de juventud, la cultura *geek* era poco convincente y se consideraba una subcultura (de ahí mis recuerdos semirreprimidos acerca del juego *Dragones y mazmorras*), y la investigación de Jessica muestra que los términos *geek* y *nerd* fueron peyorativos hasta los años 80, cuando la tecnología y los ordenadores ganaron en popularidad y estos antiguos parias adquirieron más valor. En ese momento, los *geeks* y *nerds* adoptaron los términos para sí mismos, para expresar el orgullo de su subcultura, y empezaron a crear listas canónicas de los mejores medios *geeks*, que compartían temas sobre universos más grandes que la vida, personajes con habilidades extraordinarias, elementos de la historia, aspectos de otras culturas y el uso de magia o tecnología muy avanzada o futurista. El conocimiento de un determinado mundo se convirtió en moneda social. En la actualidad, esta obsesión por las historias, los temas y los universos heroicos y mágicos está muy extendida, y las cafeterías de juegos de mesa y los bares de videojuegos salpican ciudades y pueblos pequeños de todo el país.

Cuando se inició la cultura *geek*, los distintos grupos se aferraban a sus *fandoms* favoritos en grupos, con los fans de los cómics, los *trekkies* de la ciencia ficción y los aficionados a la televisión británica, todos juntos y creando sus propias cámaras de resonancia. Históricamente, los intereses específicos de los *geeks* habían sido demasiado pequeños para crear convenciones significativas por sí mismos, por lo que los grandes eventos invitaban a un espectro completo de temas que pudieran interesarles. Esa inclusión creció hasta convertirse en megaconvenciones con diferentes «pistas», en las que los aficionados se mezclan y adquieren nuevos intereses.

Las dos mayores convenciones de *geeks* en Estados Unidos, la Comic-Con y la Dragon Con, atraen a complicadas e intrincadas culturas *geeks* con fans implicados y absortos. En un mismo fin de semana se mezclan los fans de populares series de vampiros adolescentes, como *Crepúsculo* o *Crónicas vampíricas*, con los devotos acérrimos de cómics más oscuros, como *Tank Girl*. Además, los intereses de los *geeks* tienden a cruzarse, y ahora los fans mezclan sus disfraces para crear nuevos personajes y bromas internas, con un soldado de asalto zombi que mezcla los géneros de los zombis y la *Guerra de las galaxias*, por ejemplo. También abarcan la vida de su universo, con las diferentes versiones actuales de *Batman* mezcladas con el *Batman* clásico de nuestra infancia.

Naturalmente, la experiencia de Jessica en la ciencia de la personalidad la llevó a preguntarse sobre este crecimiento de la cultura *geek* y cómo podría relacionarse con tendencias importantes en la cultura en general, incluyendo rasgos de personalidad como el narcisismo. Creó una medida del compromiso cultural *geek* observando las pistas típicas de las convenciones y añadió algunos elementos que faltaban. A partir de ahí, también desarrolló una Escala de compromiso con la cultura geek para cuantificar ese compromiso y buscar relaciones con determinados rasgos de personalidad relevantes.

A continuación, se ofrece una lista rápida de actividades, grupos de fans y estilos de vida relacionados con los *geeks* que los participantes pueden encontrar en estas convenciones o realizar en casa.

Actividades *geeks*

LARPing (juegos de rol en vivo)

Juegos de rol de mesa (*Dragones y mazmorras*, *Mundo de tinieblas*, etcétera)

Juegos de ordenador/consola (*World of Warcraft*, *Half-Life*, *Minecraft*, etcétera)

Cosplaying (elaboración y uso de disfraces de personajes de anime, superhéroes, etcétera)

Publicar en foros de Internet (4chan, tumblr, Reddit, etcétera)

Asistir a convenciones (Comic-Con, Dragon Con, etcétera)

Asistir a Ferias del Renacimiento

Investigación paranormal (caza de fantasmas, fenómenos psíquicos, etcétera)

Títeres (fabricación y actuación con marionetas, títeres, etcétera)

Robótica (fabricación, uso y aprendizaje de robots)

Teatro (actuación, vestuario, construcción de decorados, etcétera)

Escritura creativa (ficción, poesía, etcétera)

Grupos *geek* de fans

Fantasía (*El señor de los anillos*, *Harry Potter*, etcétera)

Ciencia ficción (*Star Trek*, *Star Wars*, *Stargate*, etcétera)

Anime y manga (dibujos animados y cómics japoneses)

Cómics (superhéroes como Batman o Superman, *V de Vendetta*, *Watchmen*, etcétera)

Terror (escritores, H.P. Lovecraft, Stephen King y Anne

Rice; películas de terror coreanas y japonesas; *Posesión infernal,* etcétera)

Historia alternativa (*steampunk*, ciberpunk, retrofuturismo, etcétera)

Animación no anime (Disney, My Little Pony, Nickelodeon, Cartoon Network, etcétera)

Series británicas (*Sherlock*, *Doctor Who*, *Being Human*, *Monty Python*, etcétera)

Estilos de vida *geek*

Lolita (moda de colegialas japonesas)
Furris (vestirse de animales, *fursonas*)
Pagano (Wicca, nórdico, etcétera)
Poliamor (relaciones consensuadas no monógamas)

Basándose en un programa publicado por la Dragon Con en el año 2013, Jessica encontró más de treinta temas diferentes para los distintos intereses y nichos de la cultura *geek*. Llevó el listado a más de seiscientas personas en el Mechanical Turk de Amazon, un mercado de colaboración abierta, para entender cómo la gente se involucra con la cultura *geek* y cómo eso podría relacionarse con los «cinco grandes» y otros rasgos de personalidad, incluyendo tanto el narcisismo grandioso como el vulnerable y necesidades psicológicas como la pertenencia. Pidió a los participantes que calificaran cada elemento relacionado con los *geeks* en una escala de 5 puntos para indicar hasta qué punto participaban en ellos. Los participantes también completaron escalas relacionadas con rasgos de narcisismo, autoestima, derecho y depresión. En general, el estudio descubrió que la participación de los *geeks* se asociaba con un elevado narcisismo grandioso, extraversión, apertura a la experiencia, privilegio, depresión y bienestar.

En un segundo estudio, Jessica llevó la escala a la Dragon Con de 2013 para comprobar si 200 asistentes podrían obtener una puntuación más alta que los grupos no *geek* en Mechanical Turk. Su equipo también tomó fotos para examinar si las percepciones de los observadores externos sobre la apariencia de los asistentes coincidían con sus puntuaciones de compromiso *geek* y narcisismo. Descubrieron que los asistentes tenían una puntuación más alta en compromiso *geek* y que el compromiso *geek* autodeclarado estaba asociado con el narcisismo. Sin embargo, un punto interesante es que aquellos que parecían llevar disfraces más preparados o que portaban maquillaje, que pueden ser signos de narcisismo en situaciones cotidianas, no eran necesariamente más narcisistas en el contexto de la convención.

En cinco estudios posteriores, Jessica analizó la personalidad y la participación en la cultura *geek*. En general, llegó a la conclusión de que los estudios presentaban pruebas de que los más comprometidos con la cultura *geek* son más propensos a informar de los rasgos asociados con el narcisismo, especialmente el narcisismo grandioso, y la propensión a la fantasía. También es posible que participen en la cultura *geek* para mantener la visión narcisista de sí mismos, satisfacer la necesidad de pertenencia y su necesidad de expresión creativa. La gente se involucra en la cultura *geek* por múltiples razones humanas fundamentales, y el narcisismo parece ser una de ellas. Los siete estudios, en los que participaron más de 2300 encuestados, aparecieron en un artículo de *PLOS One* en 2015.[1] Aunque nuestro equipo de investigación no tiene previsto llevar a cabo más estudios por el momento, la participación de los *geeks* ofrece un área fascinante para la investigación adicional, especialmente cuando se trata de profundizar en las razones por las que pueden existir estas asociaciones y cómo se manifiestan.

La gran migración de la fantasía y el narcisismo

Basándose en las normas sociales anteriores, parece que el narcisismo encajaría mejor con los deportistas que con los *geeks*, pero la cultura *geek* presenta en realidad cualidades que resultan atractivas para los narcisistas, entre ellas el potencial de mantenerse distante y la flexibilidad de la realidad. De hecho, una investigación reciente llevada a cabo en Australia ha estudiado a personas que son «superhéroes en la vida real».[2] No me refiero a los bomberos ni a otros socorristas, sino a personas que emulan a los héroes de los cómics adoptando identidades de superhéroes y ayudando a personas en peleas de bar o con las ruedas pinchadas. Leamos los reportajes sobre estas personas si aún no los ha visto: el Movimiento de Superhéroes de la Ciudad de la Lluvia, en Seattle, la Liga de la Justicia Xtrema, en San Diego y la Iniciativa de Nueva York, en la ciudad de Nueva York. El estudio descubrió que tienden a ser más narcisistas que la persona media, aunque también sugiere que el narcisismo puede ser prosocial entre estos grupos de *geeks*.

Gran migración a la fantasía

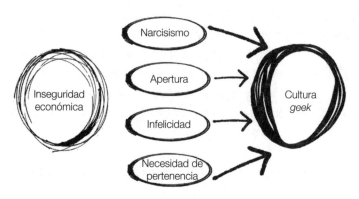

En una visión panorámica de la cultura moderna, vemos a millones de jóvenes que han sido educados para creer que son únicos e importantes, pero que ahora trabajan en una economía que no se ajusta a ese sistema de creencias, lo cual aboca a un gran conflicto. En todo el mundo existe una gran incertidumbre económica. Las economías mejoran, pero el empleo es inestable. Las profesiones son inestables, y el lugar de trabajo es inestable. Realmente, hay muy poca estabilidad. Los jóvenes quieren ser especiales e importantes, pero no lo son y no consiguen serlo. Esta desconexión ha empujado a los jóvenes a reinos de fantasía donde se sienten especiales e importantes. Un gerente intermedio que trabaja en una pequeña granja durante el día puede dirigir un gremio en *World of Warcraft* por la noche. Aquellos que tuvieron problemas con el atletismo cuando eran niños pueden ser una leyenda en los deportes de fantasía. La chica a la que echaron del equipo de animadoras puede vestirse de princesa *klingon* en una convención, y los hombres harán cola para verla.

Esta «gran migración de la fantasía» no solo tiene que ver con el narcisismo: la cultura *geek* también atrae a personas muy interesantes, creativas e inusuales, incluidas aquellas que son un poco neuróticas y que buscan una vía de escape. Esta tendencia continuará mientras las perspectivas económicas de los jóvenes no se correspondan con su deseada necesidad de estatus y éxito. Si miramos a Japón, vemos cuál es el futuro: la recesión que dura décadas ha provocado una explosión de la fantasía. Mucha gente se aleja de la realidad dejando de tener relaciones –o incluso sexo– con humanos. En su lugar, se inclinan por las relaciones con robots que hacen todo lo que el propietario quiere que hagan, y no hay amenazas para la autoestima ni incomodidades.

Para ser sinceros, la realidad es un poco aburrida, lo que proporciona el lugar perfecto para que el narcisismo dé un paso adelante. Los jóvenes ya no quieren pasar por el aro, aceptar un trabajo que pague las facturas, casarse, tener hijos y establecerse para siempre. Eso ya no suena emocionante ni atractivo. Además, mucha gente se siente sola a medida que la tecnología nos separa y las redes sociales se vuelven más omnipresentes. Cuando somos infelices y carecemos de relaciones estrechas, de conexión o de significado, nos vamos a otra parte. Esta migración no es necesariamente negativa, pero es un fenómeno social que está ocurriendo ahora mismo.

Un ejemplo exagerado pero acertado es lo que ocurre en la película *Ready Player One*, que describe un futuro virtual en el que la gente pasa una buena parte de su vida en espacios virtuales y satisface allí sus necesidades de estima. En resumen, una vez que existen los mundos virtuales, la gente migra a ellos su vida social para habitarlos. Si se observa la cantidad de tiempo que la gente pasa en las redes sociales, los juegos y las diversas formas de cultura *geek*, es obvio que los espacios virtuales ya están siendo habitados. Sin embargo, la «gran migración de la fantasía» no ha hecho más que empezar. Hay que esperar a que la realidad virtual se generalice aún más, cuando los elementos visuales puedan combinarse con el sonido y el tacto, para que los usuarios sientan que están en otra realidad. Más adelante, estas tecnologías podrían incluir la estimulación neuronal directa en los centros de dopamina y recompensa del cerebro. Desde el punto de vista del narcisismo, esto podría abrir nuevas posibilidades para que los mundos virtuales satisfagan las necesidades de estima sin competir físicamente con otros, o incluso sin llevarse bien. Esto podría dar lugar a problemas de personalidad más complejos que aún no podemos prever.

Como parte de esta «gran migración de la fantasía», algunas personas que migran *online* lo hacen con fines narcisistas, y esto beneficia tanto al narcisismo grandioso como al vulnerable. Para quienes no tienen forma de expresar su superioridad, éxito y estatus en el mundo real, los mundos virtuales podrían ofrecer una mejor manera de hacerlo. Además, las formas fantásticas de alcanzar el éxito virtual, como ganar dinero, acumular recursos y matar a otros, podrían proporcionar un estímulo egoico aún mayor que los logros cotidianos en el mundo real. Un mundo de fantasía, por definición, es un mundo creado por el usuario, no uno que le sea dado. Los individuos narcisistas pueden crear un mundo que satisfaga su propio narcisismo. Básicamente, la fantasía moderna puede soportar una cantidad saludable de ego.

Furries y *fursonas*

Otro grupo que se viste con diferentes atuendos e identidades, un poco diferente de los superhéroes o los fanáticos de la cultura pop, son los llamados *furries*. En general, los *furries* se interesan por los animales antropomórficos con personalidad humana, que pueden incluir inteligencia, expresiones faciales, habla, bipedismo y vestimenta. Los participantes suelen crear y llevar «fursuits» (del inglés «fur», pelaje, y «suit», traje) para sus personajes, que pueden ser sencillos y parecerse a mascotas deportivas o más complejos, con partes animatrónicas, mandíbulas móviles y maquillaje protésico. Las especies más populares son lobos, zorros, perros, grandes felinos y dragones.

Más del 95 % de los *furries* han adoptado una *fursona*, o personaje animal, que suelen utilizar *online* y en juegos de rol multijugador *online*. Algunos *furries* se identifican como no humanos hasta cierto punto, y algunas encuestas informan de que aproximadamente un tercio no se siente 100 % humano, frente al 7 % de los no *furries*. Casi el 39 % dice que no sería humano si fuera capaz de hacerlo.[3]

Desde el punto de vista de la psicología, se ha realizado un interesante trabajo sobre los *furries* y las *fursonas*. Los *furries* tienden a mostrar más extraversión y simpatía y aprecian la inclusión y la pertenencia. En comparación con otros grupos de fans, los *furries* también son más propensos a identificarse con otros *furries*, tener amigos *furries* y salir con otros *furries*. Como comunidad, los *furries* también se califican a sí mismos más alto en conciencia global, ciudadanía global y sostenibilidad medioambiental.

Un estudio de 2015 realizado por Stephen Reysen *et al.* descubrió que los *furries* valoran las cinco dimensiones de los «cinco grandes» más alto para su identidad *furrie* que para la suya propia.[4] Al mismo tiempo, en un estudio posterior, el equipo de investigación descubrió que los aficionados a los deportes también dan diferentes puntuaciones de personalidad cuando hablan de su «identidad de fan».[5]

En general, los *furries* y otros géneros de juegos de rol apuntan al deseo de la gente de buscar la libertad a través del anonimato. Un artículo clásico de 1976 habla de que los niños que se disfrazan en Halloween son más propensos a robar caramelos cuando van disfrazados y en grupo.[6] Otros estudios realizados desde entonces afirman que los personajes anónimos también pueden promover características positivas, como mostrar más personalidad o ser extravertido, o incluso salvar a la gente. Para los narcisistas, las identidades culturales *geeks* pueden ser una estrategia para ganar estatus y estima, aunque a veces el sexo, el estatus y las cosas no sean del todo reales.

Una visión más profunda: identificarse como un *geek* frente a un *nerd*

Aunque los términos *geek* y *nerd* se utilizan a veces indistintamente en la cultura popular, quienes se autoidentifican con estos términos suelen tener opiniones más marcadas. En los últimos años, la gente ha reclamado estas identidades, ha debatido las categorías y ha elaborado algunas directrices. En general, un *geek* es un aficionado o participante apasionado de un género, como las actividades y clubs de fans mencionados anteriormente. Los *geeks* tienden a ser «coleccionistas» y se obsesionan con los hechos y las actualizaciones relacionadas con su tema. Por otro lado, un *nerd* es un intelectual volcado en los estudios, a veces de un tema concreto. Los *nerds* tienden a estar orientados al logro y se centran en la adquisición de conocimientos y habilidades.

Mientras desarrollábamos la Escala de compromiso con la cultura *geek* en la Universidad de Georgia, mantuvimos muchos debates sobre las distinciones y similitudes entre ambos términos. En última instancia, no hay una respuesta correcta o incorrecta, y un término no es mejor o peor que el otro. Al final, decidimos que los *geeks* son participantes apasionados en un género, y los *nerds* son generalmente más librescos o estudiosos, pero no necesariamente apasionados por un tema concreto. Para responder a una pregunta que Jessica recibió una vez de un miembro de la facultad, sí, consideraríamos que los recreadores de la Guerra Civil son *geeks*.

Entre bastidores: desarrollo de la escala de compromiso de la cultura *geek*

Lo que me encantó de la investigación de Jessica –ahora doctora McCain– sobre los *geeks* es que demostró cómo operativizar realmente un constructo. Nadie había hecho este trabajo sobre la cultura y el compromiso *geek*, así que ella tuvo que definirlo, averiguar cómo medirlo y luego validar el trabajo yendo directamente a la Dragon Con, que se celebra en Atlanta, a unos 112 kilómetros de nuestro campus. Reclutó a otras personas para que la ayudaran y llevó a cabo siete estudios tanto en persona como *online*.

Ahora su artículo ha sido citado más de 20 veces, lo que indica que este ámbito seguirá creciendo. Otros seguirán definiéndolo, investigándolo y validándolo. En algún momento, en el futuro, es posible que tengamos una escala ampliada para la cultura *geek*, que puede incluir incluso más grupos de seguidores. También aprenderemos más sobre los «cinco grandes» en relación con los diferentes tipos de *geeks*, como los *furries*, y de qué modo la «gran migración de la fantasía» contribuye a nuestra búsqueda de una alternativa más allá de nuestra realidad cotidiana. Esto será especialmente cierto a medida que la identidad cultural pase de los lazos nacionales o étnicos a un sistema mitológico más global, mediado por Disney (o, en este momento, por Marvel).

III
Cómo lidiar con el narcisismo en la actualidad y en el futuro

11. Utilizar el narcisismo de manera estratégica

En serio, ¿por qué no limitarse a ser un tanto simple? El adiestramiento en liderazgo nos ayudará a darnos cuenta de que 1) hay formas de dirigir a la gente que fortalecen la organización, y 2) hay formas de dirigirla que solo ofrecen la impresión de fortalecer la organización, pero se centran más en el líder a costa de los seguidores. El primero –llamado a menudo *liderazgo de servicio*– funciona bien en entornos estables y transparentes. El segundo –llamémoslo *liderazgo que sirve a uno mismo*– funciona bien en entornos rápidos e inestables. En este último caso, como en otros entornos mencionados anteriormente en este libro, el narcisismo puede ser un arma de doble filo. Es una bendición mixta que presenta costes y beneficios.

En última instancia, hay momentos en la vida en los que podemos querer utilizar el narcisismo. Tal vez ya nos hayamos servido de él, o hayamos actuado de un modo un tanto narcisista, descubriendo que ha sido beneficioso. No lo neguemos ni pasemos por alto los posibles aspectos positivos. En su lugar, echemos un vistazo sincero a los momentos de la vida en los que el narcisismo podría ayudarnos. Esto no es, de ninguna manera, un llamado al narcisismo, sino simplemente un reconocimiento de que el rasgo del narcisismo existe, y que los individuos narcisistas de éxito están en nuestra vida por alguna razón. Quizá podamos aprender de ellos.

Pros y contras: la tragedia de los comunes

La forma más fácil pero más profunda de entender los beneficios y costes del narcisismo es a través del dilema de la «tragedia de los bienes comunes». Esta frase se refiere a un sistema de recursos compartidos en el que los individuos, que actúan de forma independiente según su propio interés, se comportan de forma contraria al bien común y utilizan los recursos disponibles solo en su propio beneficio. Durante el movimiento de cercamiento en Inglaterra, durante el siglo xvii, la gente empezó a cercar los pastos, campos, bosques y otros recursos compartidos y, finalmente, la tierra pasó a ser de propiedad privada, dejando a los más pobres abandonados a su suerte. En Estados Unidos, por ejemplo, el Boston Common solía ser un terreno compartido en el que todos podían llevar a pastar a sus animales.

En un sistema que funcionaba, previsto para estas zonas, la gente pastoreaba una determinada cantidad de ovejas y se repartía a partes iguales. La hierba se renovaba cada año, las ovejas pastaban, producían crías y el proceso continuaba indefinidamente. Por desgracia, lo que ocurrió es que alguien hizo trampa. Pastaban más ovejas, creyendo que una o dos más no supondrían ninguna diferencia, no perjudicarían a nadie y le beneficiarían enormemente. Y luego otras personas siguieron este ejemplo e introdujeron algunas ovejas de más en el terreno. Entonces, cada vez más gente hacía lo mismo. La hierba no volvía a crecer tan rápido como antes, y todo el mundo se daba cuenta de la situación. Pero, en lugar de retroceder, restringir a los tramposos y permitir que la hierba volviese a crecer, la gente se lanzó a pastorear todas sus ovejas para obtener el máximo beneficio mientras pudiesen. Esto destruyó el bien común por completo, y no quedó nada para que todo el mundo lo utilizase.

El narcisismo invoca a la tragedia. Al mismo tiempo, los narcisistas son los que se benefician. En esta carrera de explotación de un recurso precioso, como las tierras de pastoreo, el oro, una pesquería, un bosque u otra propiedad compartida, el primero que llega a la escena gana. Son los que más se llevan y los que más daño hacen, pero también se llevan a casa el mayor beneficio.

Este tipo de dilemas sobre el bien común demuestra lo complejo que es el narcisismo cuando se tienen en cuenta las compensaciones, incluso en los casos en los que los narcisistas se benefician a corto plazo, pero destruyen los bienes comunes. Eso significa que, para que su estrategia tenga éxito, tienen que repetir el proceso una y otra vez. Necesitan nuevos bienes comunes que explotar, de manera que se trasladan a nuevas ciudades, entablan nuevas relaciones, desempeñan nuevos trabajos y se integran en nuevos grupos sociales. Aunque de ese modo se benefician de las ganancias a corto plazo, es una estrategia difícil a largo plazo y una completa pesadilla para los demás.

En otra situación, el capitán de un barco de pesca comercial compite con otros capitanes para pescar salmones. Quiere pescar más salmones que los demás, de modo que hace un poco de trampa. Empieza a pescar antes de que se inicie la temporada y no ayuda a los demás capitanes a localizar los mejores lugares para pescar. Al poco tiempo, pesca más salmones que los demás y se jacta de ello en el bar cuando vuelve a puerto. En este punto del juego, el narcisismo es «bueno». Es el que más peces ha pescado.

El problema, por supuesto, es que los demás capitanes se dan cuenta de la situación y siguen su ejemplo. La sociedad pasa de la cooperación a la competencia. Los otros capitanes también empiezan a pescar antes de que se abra la temporada, y eso obliga al primer capitán a empezar incluso antes. Durante unos años, el narcisismo funciona y puede seguir obteniendo grandes capturas. Sin embargo, en algún momento empiezan los problemas. Todos los capitanes pescan en exceso y los salmones no se reproducen en grandes cantidades. El engaño acelera aún más el colapso. Cinco años más tarde, el primer tipo puede seguir siendo el capitán más exitoso, pero captura la mitad de lo que hacía antes. El narcisismo, que en principio le ayudó, ha terminado perjudicándole.

En nuestra investigación sobre el narcisismo y la tragedia de los bienes comunes, desarrollada en la Universidad de Georgia, llevamos al laboratorio a grupos de cuatro desconocidos y les dijimos que trabajasen como «directores generales» de cuatro empresas forestales. La silvicultura funciona de modo similar a la pesca y a otros recursos renovables: las empresas pueden ganar grandes cantidades de dinero rápidamente talando todo, pero luego el bosque se agota y no queda nada para seguir obteniendo beneficios. En nuestro estudio, los directores generales narcisistas empezaron siendo más codiciosos que los demás. Fueron los que más árboles talaron en la primera ronda, y eso hizo que todos los directores generales, incluso los menos narcisistas, fueran más competitivos.

El resultado es que los grupos con directores generales más narcisistas terminaron más velozmente con los recursos madereros. A los directores generales más narcisistas de estos grupos les fue bien porque talaron rápidamente los árboles. Sin embargo, la madera total cosechada por estos grupos narcisistas fue menor que la cosechada por los grupos más cooperativos. A largo plazo, la estrategia competitiva y narcisista perjudicó a todos, incluidos a ellos mismos, así como al bosque.

La lección en este caso es que, cuando busquemos los beneficios del narcisismo, consideremos lo que es necesario para el éxito a corto plazo: ganar una competición individual, conseguir un trabajo, encontrar una cita o actuar en público. El uso del narcisismo debe ser estratégico, de modo que se limite al contexto en el que realmente sirve de ayuda (véase la tabla 11.1).

Tabla 11.1. Beneficios y costes del narcisismo

CUANDO EL NARCISISMO AYUDA	CUANDO EL NARCISISMO PERJUDICA
Reuniones iniciales con personas	Relaciones a largo plazo
Actuación pública	Desempeño ético
Contexto en el que el riesgo es rentable (mercados alcistas)	Contexto en el que el riesgo perjudica (mercados bajistas)
Relaciones románticas a corto plazo	Relaciones románticas de larga duración
Liderazgo carismático	Liderazgo ético
Conexiones en las redes sociales	Amistades significativas

Hay formas inteligentes de utilizar el narcisismo o, por lo menos, de adoptar una mentalidad narcisista. Abordemos esto con un enfoque enumerativo, ¿de acuerdo? A continuación, exponemos las cinco reglas para utilizar el narcisismo con éxito:

Regla 1. Ser breve. El narcisismo es mejor a corto plazo. Podemos utilizar el narcisismo para iniciar relaciones o para conseguir un trabajo, lo cual implica la voluntad de asumir riesgos y exponerse. Incluso algo de fanfarronería ayuda en estas situaciones. Una compañera de facultad me contó una gran historia sobre un profesor que tuvo en la escuela de posgrado que no siguió este consejo. Mencionó durante la primera clase que se había graduado en la Harvard Divinity School. Los estudiantes pensaron que el profesor debía ser inteligente y se sintieron bien por estar en su clase, basándose en la lógica de que, si tomas una clase de una persona inteligente, eso indica que tú también eres inteligente. Pero entonces el profesor no dejaba de mencionarlo. Decía cosas como: «Cuando estaba en Harvard...». Esto pasó rápidamente de ser una atracción a una desventaja para los estudiantes. Para evitarlo, hay que utilizar el narcisismo en las presentaciones y abandonarlo después.

Regla 2. Mantenerlo en público. El narcisismo es estupendo para actuar en público, pero no nos lo llevemos a casa. Imaginemos que hablamos ante miles de personas o que aparecemos en la televisión en directo. Muchas personas se ponen nerviosas al pensar en esto. Piensan en lo que puede salir mal, o en que no se merecen la oportunidad. Los narcisistas son diferentes: lo ven como una forma de recibir aplausos y aportar lo que tienen que ofrecer al público. Y ¿adivinen quién rinde más? Los narcisistas. Las investigaciones demuestran que los narcisistas rinden mejor en muchas tareas de actuación en público, incluso en el juego infantil *Operación*, en el que se intenta extraer partes del cuerpo de plástico de un paciente con unas pinzas sin tocar los lados y hacer que suene el timbre.[1] Incluso en un juego como este, los narcisistas obtienen mejores resultados cuando están frente al público (y menos cuando el público no está presente). En estas situaciones públicas, la confianza y el pavoneo ayudan. Sin embargo, debemos dejar de lado esa actitud cuando estemos con nuestros hijos o amigos. Ellos no son nuestro público. Además, tampoco seamos maleducados con el personal, los ayudantes, el personal de sonido, o cualquier otra persona cuyo único trabajo es hacernos quedar bien en el escenario.

Regla 3. Dar el primer paso. Hay que ser audaces. Un aspecto del narcisismo que merece la pena emular es la audacia. A veces hay que ir a por todas y marcar la diferencia. Esto puede significar probar algo nuevo o publicar nuestros pensamientos en las redes sociales. La audacia tiene riesgos, por supuesto, pero es un rasgo importante que hay que tener si se quiere cosechar el éxito. El truco está en saber cuándo hay que ser audaz, por lo que la audacia debe ser una herramienta a nuestra disposición, pero no una parte de nuestra personalidad sin interruptor de apagado.

El reto de la audacia narcisista procede de dos aspectos. En primer lugar, queremos ser atrevidos, pero no queremos parecer idiotas. Según la investigación, el verdadero narcisismo o el narcisismo más extremo tiene audacia y comete errores sin reconocer que los ha cometido. En su lugar, debemos esforzarnos por ser audaces con responsabilidad.

En segundo lugar, hay que saber desactivar la audacia. En un viaje de pesca con mi padre en Nueva Zelanda, intentamos escalar una empinada ladera para pescar en una última poza. Mi padre me miró y me dijo:

–Tú tienes hijos, y yo también, y no podemos hacer esto. No podemos seguir más lejos.

Al principio me molestó porque no está en mi naturaleza rendirse, pero mi padre tenía razón. Llegó un punto en el que la necesidad de mi propio ego de subir a un acantilado y pescar en otro lugar, sin importar dónde estuviera, no era tan importante como la necesidad de mis hijos de tener un padre. En ocasiones, hay que anteponer las necesidades de los demás a las propias. Algunas personas, incluido yo mismo, necesitan escuchar ese mensaje más que otras.

Regla 4. Construir una red. Tenemos que construir una red social amplia y poco profunda. Tener unos cuantos amigos íntimos es esencial para el bienestar. En cuanto a la felicidad, en las relaciones la calidad siempre es mejor que la cantidad. Sin embargo, en el ámbito laboral, sea cual sea nuestro trabajo o carrera, es de gran ayuda disponer de una amplia red social. Nos ayudará a conseguir empleo si nos quedamos sin trabajo, o a construir una red de ventas. Los narcisistas saben cómo hacerlo. Consideran las redes como algo que explotar y se preguntan: «¿Qué puede hacer por mí?». Hasta cierto punto, esto es útil. Sin embargo, esta estrategia de explotación puede ser contraproducente. También es importante preguntarse: «¿Qué puedo hacer por los demás?». El intercambio de favores es fundamental para que la red tenga éxito.

El secreto narcisista para tener redes sociales más amplias, entonces, consiste simplemente en preguntar. Nos acercamos a más personas de forma sencilla y extravertida, e intentamos entablar comunicación con ellas. Esto puede significar empezar la conversación con un simple «hola». Puede significar intercambiar tarjetas de visita. Puede significar tomar una taza de café. Puede significar hacer conexiones en LinkedIn o en otras redes sociales relevantes. Estas amplias conexiones pueden ser beneficiosas cuando alguien quiere pedir un consejo o un favor, y podemos retomar la conexión cuando surja la oportunidad. Las personas más introvertidas, más ansiosas o más vulnerables al narcisismo son menos propensas a hacerlo.

Regla 5. Defendámonos. Debemos exigir lo que valemos, pero no lo que fantaseamos que valemos. Uno de los hallazgos más interesantes de la investigación hasta la fecha es que las personas antagónicas y desagradables ganan más dinero.[2] Y una de las razones de esto es que lo exigen. Se dirigen a su jefe para pedirle un aumento de sueldo sin dudar de su valía ni preocuparse por parecer codiciosos o desagradecidos. Esta es una buena estrategia; las personas deben sentirse con derecho a que se les pague lo que valen. Sin embargo, el punto clave es no exigir una fantasía equiparable a su importancia o brillantez especial. En su lugar, hay que presentar un argumento comercial racional sobre nuestra valía. De ese modo, se consiguen los mismos objetivos pero sin el antagonismo de las exigencias narcisistas.

Como parte de mi trabajo, fui director de un departamento académico ocho años, durante los cuales pasé mucho tiempo negociando salarios y solicitudes de presupuesto. Los académicos necesitan montones de recursos para dirigir un laboratorio: espacio, equipos, resonancias magnéticas, pagas para estudiantes de posgrado, salarios para posgraduados, viajes, y mucho más. Básicamente, un profesor de éxito en una universidad de investigación moderna está dirigiendo un pequeño negocio que es lucrativo para la universidad. Están permanentemente mal pagados, a menudo son contratados por departamentos competidores y muchas veces participan en las negociaciones. Me he dado cuenta repetidas veces de que las personas con las que es más fácil negociar son aquellas que tienen ideas concretas de lo que quieren, dan justificaciones específicas de lo que valen, esbozan los beneficios que creen que aportarán al departamento y detallan las pruebas de lo que han hecho en el pasado. Ahora bien, en todas estas negociaciones, yo ya sabía la mayor parte de eso. Sin embargo, ayudaba el hecho de que la gente estuviera dispuesta a sentarse y exponer sus argumentos. Lo importante no era que se me vendieran ellos mismos; yo ya los había comprado. Lo que necesitaba era un argumento comercial racional para presentarlo ante mi jefe (el decano) y venderlo en su nombre. Mi jefe, a su vez, tendría que pedírselo a una autoridad superior (el rector) y exponer un argumento comercial más sólido que el mío.

Cuando creamos que estamos presumiendo o haciéndonos demasiado caso a nosotros mismos, no olvidemos que en realidad estamos estableciendo un argumento de negocios para nuestro entrevistador, y estamos tratando de ayudar a nuestro entrevistador a aceptar ese argumento. El otro recordatorio que me gusta dar a los académicos –y a otros profesionales a los que no les gusta presumir– es que el protagonismo que se les otorga también lo comparten sus colegas y estudiantes. Cuando estudiaba en Berkeley, solíamos presumir de que teníamos más Premios Nobel que Rusia, o alguna otra comparación de iguales características. Nunca conocí a un Premio Nobel de Berkeley, pero incluso así recibí algo de brillo residual de sus triunfos.

No olvidar: las perpetuas desventajas

Sé que no puedo terminar un capítulo sobre el uso estratégico del narcisismo sin una palabra final sobre los potenciales aspectos negativos. La desventaja de estos cinco comportamientos narcisistas tiene que ver con el efecto potencial en las relaciones. Ser más confiado, audaz y asertivo desestabilizará nuestras relaciones actuales, poniendo en riesgo las relaciones cercanas. Este es el principal riesgo del narcisismo. Nos exponemos a nosotros mismos. Exigimos poder, estatus, liderazgo, material y respeto. Eso está muy bien, y a menudo funciona. Sin embargo, a su vez, debemos devolver más de lo que recibimos. Si construimos redes y somos personas amables, ayudaremos al mundo con nuestro narcisismo. Si exigimos un salario justo en nuestro trabajo para poder mantener a nuestros hijos, eliminar el estrés de nuestra vida y rendir más en nuestro trabajo, todos ganarán. Si dirigimos una empresa y ganamos millones de dólares y además fabricamos un gran producto y empleamos a un gran número de personas, así es como deberían funcionar las cosas.

En esos casos, las necesidades del ego se compensan con el beneficio general para la sociedad. Sea cual sea la situación, se producirán pequeños costes y pequeños beneficios, así como grandes costes y grandes beneficios, pero es importante conceptualizar éticamente esa compensación general, en especial cuando se piensa en el propio narcisismo. ¿Aportamos al sistema más de lo que recibimos? ¿Causamos menos sufrimiento del que creamos? Estas preguntas pueden ser difíciles de responder en nuestra vida. También son difíciles de responder en el laboratorio, pero son las que nos tenemos que plantear.

Una visión más profunda:
la tragedia de los comunes en el trabajo

La tragedia de los comunes afecta a menudo a los lugares de trabajo. Si la empresa es dueña de los bienes comunes, y no se sabe de cuánto pasto disponemos, ¿por qué no ir a por ello? En una investigación de psicología social realizada a principios de la década del 2000, Timothy Judge *et al.* llevaron a cabo varios estudios sobre el papel que desempeñan el sexo y la agradabilidad en los ingresos.[3] Esencialmente, como suele decirse, los chicos buenos terminan siendo los últimos. Los hombres y mujeres agradables ganaban menos –hasta 5000 dólares al año en aquel momento– que los «hombres desagradables», que eran agresivos y confirmaban los roles de género convencionales. De hecho, la relación entre agradabilidad e ingresos fue sorprendentemente negativa para los hombres agradables, que ganaban una media de 7000 dólares menos que los desagradables.

La agradabilidad también afectaba a los ingresos futuros. En parte, esto se explicaba por el valor que los hombres desagradables daban a los ingresos altos por encima de las relaciones.

Estos efectos organizativos pueden extenderse también a los efectos sociales. La psicóloga social Brenda Major ha escrito sobre los vínculos entre la comparación social, la desigualdad social y los derechos personales y colectivos.[4] Básicamente, los que se sienten con derecho (como los narcisistas) ven lo que gana el que más gana y quieren más. Los que se sienten con pocos derechos quieren llevarse bien con los demás y son tratados de acuerdo con el salario «medio», lo que mantiene la paz en el grupo, si bien reciben menos. Los miembros de grupos desfavorecidos pueden incluso desarrollar un menor sentido del privilegio personal, y lo que «es» tiende a convertirse en lo que «debería» ser. Esto es lo que ocurrió con los orígenes de las brechas salariales, incluso para los grupos de género y raciales/étnicos. Sin embargo, cuando las personas comparan sus factores situacionales y personales con los grupos favorecidos, eso les lleva a cuestionar las discrepancias y a potenciar su derecho a esa misma remuneración, lo cual genera mayores niveles de descontento.

Entre bastidores:
competencia y cooperación

Cuando me encontraba en la escuela de posgrado de la Universidad de Carolina del Norte, en Chapel Hill, el profesor Chester Insko hablaba de la cooperación y la comunicación, con la gran pregunta sobre la mejor manera de hacer que los humanos cooperen. ¿Deben las sociedades ser simplemente amables todo el tiempo, deben ser totalitarias o debe haber una combinación? Como parte de este tema, habló de la táctica militar del Imperio mongol de «rendirse o morir», que ofrecía a los enemigos la oportunidad de rendirse en lugar de que su ciudad fuera saqueada y destruida. Las ciudades asentadas más pequeñas a menudo no podían dejar sus posesiones y reconstruirlas eficazmente en otro lugar, por lo que se rendían y se les perdonaba la vida, pero se les exigía que apoyaran al ejército mongol con suministros y más combatientes.

Insko también habló de la Tregua de Navidad de 1914 durante la Primera Guerra Mundial, cuando surgieron treguas no oficiales en todo el frente occidental. Los soldados declararon su propia tregua en las trincheras para celebrar las fiestas, y los dos bandos se saludaron, cantaron villancicos juntos, e intercambiaron regalos como cigarrillos o comida. Sin embargo, la guerra se reanudó días después cuando los comandantes lo exigieron.

Como táctica combinada, el politólogo estadounidense Bob Axelrod creó un modelo de «ojo por ojo» que parece funcionar muy bien.[5] En resumen, si alguien coopera con nosotros, nosotros cooperamos también con él. Si alguien compite con nosotros, competimos también. Empezando por la compasión, y a veces dando un respiro a la gente si actúa de forma competitiva por error, se tiene una receta decente para una sociedad fluida y cooperativa. Aunque el derecho y la tragedia en torno a los bienes comunes pueden complicar esto, el modelo parece funcionar.

12. Reducir el narcisismo ajeno

Cambiar la personalidad de otra persona es un desafío. La cuestión clave es la motivación. En el caso de querer cambiar la personalidad de otra persona, *nosotros* tenemos obviamente la motivación, pero tal vez la otra persona no tenga dicha motivación. Esto hace que cambiar a otra persona sea bastante difícil. Sin embargo, es posible que estemos casados con un narcisista, que tengamos un amigo o familiar narcisista, o que trabajemos con un jefe o compañero de trabajo con tendencias narcisistas. Incluso podemos estar preocupados por nuestros hijos, que pueden estar en un grupo social narcisista en la escuela o tener un padre narcisista. También podemos encontrarnos en una situación en la que se encuentran muchos padres: no querer transmitir sus cualidades más negativas a sus hijos. La reciente serie de HBO *Big Little Lies* presenta la lucha con un cónyuge muy controlador, atractivo, abusivo y narcisista, interpretado por Alexander Skarsgård. Su esposa (interpretada por Nicole Kidman) intenta cambiarlo de muchas maneras, desde la terapia hasta la sumisión, pero solo son eficaces temporalmente.

Por supuesto, la mayoría de las situaciones sobre las que recibo preguntas no son tan extremas, pero siempre me gusta hablar de los ejemplos más extremos por adelantado para ser lo más útil posible. En una charla TEDx de 2017, por ejemplo, yo hablaba del lado más liviano del narcisismo, y la gente se

preocupaba de que no hablara de los aspectos serios y perjudiciales del narcisismo que crean verdaderos problemas en las
relaciones. En este capítulo, esbozo herramientas para ayudar a
quienes presentan rasgos o tendencias narcisistas, si bien no se
hallan en el nivel clínico de narcisismo, que requiere diagnóstico y tratamiento profesional. Sin embargo, antes de compartir
estas estrategias, quiero abordar la importancia de la seguridad
en los casos más graves.

Como bien se representa en *Big Little Lies*, la prioridad
número uno es ayudarnos a nosotros mismos y protegernos.
Nos aseguramos de que no nos perjudican física, emocional o
económicamente. Esto significa establecer límites firmes y llevar un registro de lo que ocurre. En *Big Little Lies*, el terapeuta de Nicole Kidman le aconseja que consiga un apartamento
secreto al que escapar cuando sea necesario. Este consejo está
sacado de la literatura de psicología social. Hay que crear una
alternativa si se quiere dejar efectivamente una relación. Por
eso también son tan importantes los centros de acogida para
mujeres maltratadas, sobre todo para quienes no son económicamente independientes.

Después, es importante recordar que cambiar a otra persona tiene escasas probabilidades de éxito. Todos los cónyuges,
padres e hijos intentan cambiar al otro de muchas maneras.
Mi madre sigue deseando que hubiese estudiado medicina, mi
mujer sigue deseando que siga una dieta normal y mis hijas
siguen deseando que no las avergüence haciendo chistes malos
delante de sus amigos. Reconozco que estos deseos son positivos. Probablemente me ayudaría tener un título de médico,
comer mejor y no avergonzar a mis hijas (bueno, quizá no eso),

pero siguen sin cumplirse. Esa es simplemente la naturaleza de intentar cambiar a la gente.

Aun así, si se quiere cambiar a otra persona, hay varias estrategias que tienen cierta base en la investigación, en particular la *entrevista motivacional*, utilizada por los terapeutas para animar al cliente a ser un aliado en la terapia aumentando la motivación intrínseca de este para el cambio. Fundamentalmente, la mejor estrategia no es cambiar de manera directa el narcisismo de la persona, sino cambiar el deseo de la persona de cambiar. En otras palabras, convencemos al narcisista de que quiere cambiar, y luego le podemos ayudar si es necesario, pero él debe hacer el cambio solo.

En relación con esto, hemos empezado a investigar los deseos de cambiar de los narcisistas. Durante años he pensado (y las personas que trabajan en este campo también lo piensan) que los narcisistas, en especial los narcisistas grandiosos, no querían cambiar porque amaban lo que eran. En cierto modo, esto es todavía lo que observamos. Los narcisistas grandiosos tienen una alta autoestima, son felices y se sienten más cerca de su yo ideal que el resto de nosotros. Sin embargo, cuando se trata de sus rasgos de personalidad más antagónicos e insensibles, como su naturaleza manipuladora o su falta de empatía, los narcisistas suelen ver estas cualidades como negativas y quieren cambiarlas.

En esta investigación, pedimos al narcisista y a un amigo que calificaran sus rasgos de personalidad, la positividad de estos rasgos y la conveniencia de cambiarlos.[1] Resulta que las percepciones de sí mismos que tenían los narcisistas eran bastante similares a las percepciones de sus compañeros, así como la positividad (o la falta de ella) y la conveniencia de cambiar estos rasgos. Los individuos narcisistas con los que he hablado que quieren cambiar comparten historias similares. Experimentan dos carencias importantes en su vida: quieren mantener las relaciones familiares estrechas que ven que tienen los demás, y quieren rendir más profesionalmente teniendo las relaciones de equipo positivas que también tienen los demás. Quiero ser claro: las personas que hablan de su narcisismo conmigo tienen un alto grado de autoconciencia, lo que no es típico, pero la investigación sugiere que suele haber cierta comprensión. En este caso, queremos animar a los individuos narcisistas a trazar la vida que quieren tener y luego considerar cómo su personalidad narcisista interfiere con ella.

Tácticas de reducción

Podemos desglosar las áreas de cambio en los tres ingredientes clave del narcisismo: extraversión agéntica, antagonismo y neuroticismo. Luego discutiremos las tácticas de cambio en cada una de esas áreas. El reto es que el narcisismo es un intercambio, de manera que no es tan sencillo como deshacerse de los rasgos. Las personas son complejas, de manera que cuando hablemos de estas estrategias, mantengamos también los beneficios en mente. En la tabla 12.1 ofrezco una visión general de los ingredientes del narcisismo y de los aspectos del cambio.

Tabla 12.1. Respuestas a los rasgos narcisistas

	BENEFICIOS	COSTES	SOLUCIONES/RESPUESTAS
EXTRAVERSIÓN AGÉNTICA	Motivado Socialmente extravertido	Centrado en el trabajo Infidelidad	Redirigir o recanalizar Detener riesgos específicos
ANTAGONISMO	Agresivo Rompe las reglas	Agresión/violencia Engaño Antisocial Desconfianza	Turno comunal Gratitud Detener riesgos específicos
NEUROTICISMO	Detección de amenazas	Sufrimiento Ansiedad Hostilidad	Detener la hostilidad Reducción de la ansiedad mediante la dieta, el ejercicio, el sueño y la medicación

Extraversión agéntica

En primer lugar, la extraversión agéntica, y el impulso que conlleva, es uno de los rasgos más atractivos del narcisismo. Capta la confianza y la audacia social, así como la capacidad de alcanzar objetivos, ascender al liderazgo y lograr otros resultados positivos. Al mismo tiempo, la extraversión agéntica en sí misma puede ser negativa. Puede acarrear algunas consecuencias negativas que no son clínicamente significativas, pero que hacen que la vida sea peor de lo necesario. Un ejemplo es el equilibrio entre trabajo y familia. Las personas con una extraversión agéntica acusada tienden a centrarse mucho en las tareas y los proyectos. Estas personas están influenciadas por las recompensas, incluidas las psicológicas. Se sienten atraídas por el éxito, la fama y las oportunidades de tener éxito, sobresalir y obtener reconocimiento.

El narcisista no puede desactivar esta energía y probablemente no quiera hacerlo. En su lugar, debe hacer espacio para esa energía dentro de su relación, su familia o los otros aspectos importantes de la vida que deben ser equilibrados. En lo esencial, tiene que recanalizar la energía y hacer que la nueva prioridad forme parte de los objetivos del narcisista. Como ejemplo, imagine que tengo un amigo que es narcisista agéntico, pero que quiero que me incluya más en su vida. Para ello, debo encontrar la manera de que mi inclusión le ayude a conseguir sus objetivos. Con la familia, puede significar exigir una cierta cantidad de tiempo centrado en la familia exclusivamente, con los teléfonos inteligentes guardados. Tal vez tenga que imponer reglas estrictas para concentrar la intención y la energía.

Otro desafío con este tipo de extraversión agéntica es que las personas que son socialmente seguras y extravertidas tienden a tener mayor riesgo de infidelidad, incluida la sexual. Esto también puede significar mantener un gran número de relaciones fuera de las primarias, lo cual es importante para regular directamente una relación con alguien que es narcisista. Si estoy en una relación con alguien y necesito una cierta cantidad de tiempo o un cierto nivel de atención, esto necesita ser reconocido en la relación. Hay que imponerlo, en cierto sentido.

Antagonismo

Cuando se trata de un rasgo central del narcisismo, el antagonismo es claramente mucho más destructivo que la extraversión. Al mismo tiempo, es importante recordar que incluso el antagonismo presenta ciertos beneficios. Es útil para romper las reglas. Es útil para exigir más sueldo. Es útil ser agresivo en los deportes. Hay momentos en los que la gente necesita romper un sistema para llevar a cabo un cambio, y la agresividad es importante para eso. Sin embargo, la agresividad también tiene un lado oscuro. El antagonismo está relacionado con el abuso emocional y físico, el engaño, numerosos comportamientos antisociales, la violación, la agresión sexual y el abuso de la pareja. Si nos enfrentamos a alguno de estos problemas en un umbral crítico, la policía debe intervenir. No deberíamos leer lo que escribo e intentar utilizar estos trucos. Lo que estoy sugiriendo son herramientas para tratar con personas dentro del ámbito normal del narcisismo que no están infringiendo la ley.

Al tratar con el antagonismo narcisista, disponemos de herramientas blandas, insinuaciones y formas sutiles de suscitar menos antagonismo, y también tenemos herramientas duras, que son más directas y confrontativas. Empezando por las herramientas blandas, pensemos que los narcisistas son personas que están motivadas para obtener una recompensa, lo que significa que quieren sentirse bien consigo mismas. Si hay una oportunidad de vincular los comportamientos amables, comunitarios o afectuosos con el hecho de sentirse bien, eso debería llevar a una reducción del antagonismo.

Publicamos una investigación sobre esta idea en el año 2009.[2] Imaginemos un grupo de personas que están casadas con narcisistas grandiosos. Algunas de estas personas, en el transcurso de sus relaciones, son capaces de hacer aflorar rasgos de cariño y bondad en sus cónyuges narcisistas. A veces llamamos a esto activación comunitaria, o cambio comunitario, porque estos rasgos comunitarios se activan en el narcisista y cambian en dirección a rasgos más afectuosos. En esas relaciones, observamos que las personas con parejas narcisistas estaban realmente satisfechas porque el rasgo narcisista restante de extraversión era positivo, y los bordes duros del antagonismo se habían suavizado. En otras parejas en las que no se había producido esa transición, el cónyuge no narcisista estaba menos satisfecho. En teoría, este cambio suena muy bien, pero hacerlo realidad es difícil. Una solución básica es un sistema basado en la recompensa. Cuando los narcisistas actúen de forma cariñosa o comunitaria, los felicitamos y se lo agradecemos. Les decimos, por ejemplo, que nos hemos dado cuenta de que ha sido amable con un hijo o cariñoso con su mujer.

Otra táctica, que es una cura clásica para el privilegio, es la deprivación. Hacer que una persona trabaje por algo en lugar de que se lo den, ya sea amor, una relación de negocios o una amistad. La gente puede hacer esto poniéndose en un estado de micropriva ción, que también se conoce como gratitud. Reservar intencionadamente un tiempo para expresar gratitud, aunque sea diez minutos al día, puede generar sentimientos positivos y felicidad. Dado que los narcisistas no suelen ser agradecidos y son más propensos a culpar a los demás de sus problemas, conseguir que cambien a esta mentalidad de agradecimiento puede ser una batalla ardua. Debemos ponernos a nosotros mismos como modelo, pedir al narcisista que participe en oraciones antes de las comidas o en declaraciones de gratitud, y hablar de gratitud regularmente en nuestras conversaciones.

Un grupo de investigadores del Reino Unido respaldó estas ideas en un estudio del año 2014 que evocaba la empatía a través de la toma de perspectiva.[3] Animaron a un grupo de participantes en el estudio a ponerse en el lugar de otra persona y a ver un vídeo que provocaba empatía. El grupo que adoptó la perspectiva redujo los niveles de rasgos «inadaptativos» del narcisismo, como el privilegio y el comportamiento explotador, aumentó la empatía autodeclarada e incluso disminuyó la frecuencia cardiaca. En general, concluyeron los investigadores, los narcisistas pueden sentirse conmovidos por el sufrimiento de otra persona si deciden adoptar su perspectiva.

Con tácticas «más duras», los narcisistas necesitan ser confrontados directamente. A partir de nuestro trabajo con la autoconciencia narcisista, hemos descubierto que las personas narcisistas son conscientes de que, a veces, pueden ser estúpidos y de que su antagonismo puede causar problemas. Sin embargo, cuando nos enfrentemos a ellos es mejor hacerlo en privado. No hay que avergonzarlos ni humillarlos. En lugar de ello, situamos el problema que les preocupa en el contexto de una relación general positiva con el deseo de superación. Por ejemplo, entre la familia, los padres y los abuelos a menudo tienen desacuerdos sobre la apariencia o los modales de un nieto, y una forma de abordar una conversación con un abuelo narcisista es reconocer las incómodas diferencias de opinión, pero explicar que no pueden hacer nada para cambiar al niño. De hecho, es útil mencionar que criticar al niño podría perjudicarle y arruinar la relación. Este tipo de conversación permite a las personas aclarar, en sus propias mentes, lo importante que es la apariencia frente a lo importante que es el amor. Si el narcisista se da cuenta de que el aspecto de su nieto ha sido más importante para él que el amor, a menudo le resulta difícil admitirlo, pero una vez que los dos valores se enfrentan, la comprensión y la acción pueden reducir su antagonismo.

Neuroticismo

Como último rasgo, el neuroticismo es el bastión del narcisismo vulnerable, y no es positivo para las relaciones. Es difícil estar con personas neuróticas porque necesitan más apoyo, tienen pensamientos negativos sobre el presente y el futuro, ven más amenazas en el entorno y son difíciles de consolar. En ocasiones, necesitamos personas temerosas en la sociedad, pero, en el matrimonio occidental moderno, el neuroticismo es generalmente negativo. Si se añade el antagonismo, es una combinación desagradable. Más allá de eso, la parte del neuroticismo que a menudo se deja fuera de la discusión es la hostilidad y la ira. Cuando pensamos en el neuroticismo, solemos hablar de la tristeza y la depresión, que son internalizaciones, pero la hostilidad conduce a la ira, que es una externalización.

La buena noticia es que varias acciones pueden alterar el neuroticismo, que está en el centro de muchos problemas de salud mental. Los cambios en el estilo de vida, como el ejercicio, la dieta, el sueño, la meditación y el mindfulness, pueden ayudar mucho. El reto, por supuesto, es animar a otra persona a hacerlos, pero merece la pena el esfuerzo, sobre todo si podemos participar en esas actividades con ella.

Después, los medicamentos antidepresivos y ansiolíticos, como las benzodiacepinas y los inhibidores selectivos de la recaptación de la serotonina, pueden ayudar, sobre todo los ISRS, lo que puede llevar a un cambio que se suma a otro. Es decir, la medicación reduce las tendencias neuróticas, lo que disminuye la depresión y mejora los hábitos de vida que luego mejoran aún más el neuroticismo.

¿Qué ocurre con la manipulación?

Por supuesto, otra forma de lidiar con el narcisismo, que no es nada sutil, es simplemente manipular al narcisista. Si entendemos cómo está conectado alguien que es narcisista, vemos cuáles son sus objetivos, le permitimos conseguir sus objetivos y nos beneficiamos de ello. Por ejemplo, si queremos gustarle a un narcisista grandioso, le hacemos un cumplido, nos damos importancia, y hablamos de un futuro en el que le vemos triunfando. Como todos estamos subidos en el mismo barco, funciona.

Todos queremos relaciones auténticas, por supuesto, y las relaciones manipuladoras resultan agotadoras y poco saludables, por lo que mi recomendación es que solo llevemos a la práctica esta idea si no tenemos otra opción de interactuar con el narcisista, como en una relación casual en el trabajo, y necesitamos encontrar formas de trabajar con este método para no vernos perjudicados. En una relación estrecha, como el matrimonio, en lugar de recurrir a la manipulación, consideramos si queremos permanecer en la relación, o qué estrategias profesionales, como el asesoramiento matrimonial, podrían funcionar.

Lo primero que me alertó de esta táctica fue un programa de radio en el que estuve hace años y que presentaba la madama de un burdel. Dijo que cuando entran hombres claramente narcisistas, las mujeres los ven como objetivos marcados porque son muy fáciles de manipular simplemente adulándolos. Las mujeres saben que estos tipos son payasos; y aunque muestren un exterior audaz, seguro de sí mismo, independiente y arrogante, no son más que pollos esperando a ser desplumados cuando entran en un burdel.

La manipulación también puede tener graves consecuencias. La gente me pregunta sobre Donald Trump y cómo lo trataría. Haría lo que otros países parecen hacer: planear grandes desfiles, invitarlo a grandes cenas y hacer que pareciese que adoptamos un gran acuerdo. Le encanta, y es la mejor manera de negociar con él. Cuando la gente intenta manipular a Trump atacándole, no funciona porque su nivel de grandiosidad coincide con el narcisismo de Lyndon Johnson. No es tímido, no se echa atrás y es demasiado arrogante para que eso funcione. Cuando el primer ministro de Israel, Benjamín Netanyahu, publicó en Twitter, en junio de 2019, sobre un nuevo asentamiento en los Altos del Golán llamado «Altos de Trump», por ejemplo, escribió: «Establecer una nueva comunidad en los Altos del Golán con el nombre de un amigo de Israel, el presidente de Estados Unidos @realDonaldTrump. Un día histórico». En respuesta, Trump retuiteó el tuit y respondió: «Gracias, señor presidente, ¡un gran honor!». *Ese* sí que es un líder que sabe trabajar correctamente con Trump.

En este otro ejemplo, hice una consulta informal para un juicio de pareja que involucraba a un poderoso narcisista grandioso. La pareja del narcisista me pidió consejo. Cuando le pregunté qué quería, dijo que necesitaba cierta cantidad de dinero. Así pues, le dije que consiguiera esa cantidad y que luego «perdiera». Aunque pueda parecer confuso, le expliqué que el narcisista necesitaba ganar, de manera que el camino más fácil para conseguir el dinero era permitir que el narcisista ganara públicamente para que el no narcisista pudiera ganar económicamente.

¿Y qué hay de hablar?

A veces, las personas me preguntan si pueden simplemente mantener una conversación con su pareja o familiar narcisista a propósito del cambio. Por ejemplo, me preguntan si pueden hablar con el narcisista sobre las estrategias que están pensando utilizar, como, por ejemplo, elogiar más el comportamiento cariñoso. En general, la mayoría de los consejos que se dan sobre el narcisismo sugieren que la confrontación directa con una persona acerca de su narcisismo no ayuda. Por ejemplo, cuando nos dirigimos a nuestro cónyuge para que mantenga la casa limpia, es mucho más efectivo mantener una conversación sobre pequeños cambios en las acciones y comportamientos, como lavar los platos o sacar la basura, en lugar de llamarle «cerdo» o «desordenado». Del mismo modo, llamar a alguien «narcisista» y describirlo como un rasgo de personalidad amplio puede ser hiriente y poco útil. En su lugar, nos centramos en los comportamientos específicos que queremos cambiar y ponemos ejemplos concretos que les ayuden a ver cómo sus acciones afectan a los demás. Si simplemente no se dan cuenta de lo que están haciendo, es posible que puedan anclar su motivación en un nuevo comportamiento, tal como sucede en la técnica de entrevista motivacional antes descrita.

Más allá de eso, algunos estudios recientes nos muestran que muchos narcisistas parecen tener al menos cierta conciencia de sus comportamientos y están de acuerdo en que algunas de sus acciones son negativas. Teniendo en cuenta esta nueva investigación, merece la pena mantener una conversación si nuestra pareja tiene conciencia de sus acciones y parece abierta a este tipo de discusión. Incluso en ese caso, es importante tener cuidado con las palabras que se utilizan para hablar con él respecto de sus acciones y comportamientos. De nuevo, nadie quiere verse marcado con una etiqueta negativa, especialmente un narcisista cuya motivación proviene de ser superior y especial. Para ello, hablemos de los perfiles de rasgos generales, como el antagonismo, y expliquemos cómo eso está perjudicando la relación. Si la conversación va bien, es posible que se abran y hablen de las formas en que su antagonismo perjudica también otras áreas de su vida.

¿Qué pasa con la crianza de los hijos?

La gente me pregunta siempre sobre el narcisismo y la crianza. Quieren saber cómo pueden criar a un niño que no sea narcisista. La gente no quiere tener hijos mimados, que parezcan egoístas o que sean crueles. Esto tiene mucho sentido. Pero, para ser honesto, no me preocupa tanto la crianza de los hijos. El ser padres es importante, pero no tiene mucha importancia. En general, doy de comer a mis hijas, les digo que las quiero y salgo de aventuras con ellas, para que desarrollen el sentido de la autonomía. Más allá de eso, no intento moldear su personalidad porque no funciona dentro del rango normal de la crianza.

Quiero señalar dos puntos importantes antes de que la gente me llame loco. Sí, podemos estropear a nuestros hijos. Si los metemos en una caja y los criamos ahí, quedarán terriblemente traumatizados. En segundo lugar, la crianza es importante en el sentido de que es importante alimentar y vestir a nuestros hijos y protegerlos de cualquier daño, pero pensemos en las familias que conocemos que tienen dos hijos. A no ser que sean gemelos idénticos, incluso mellizos, los hermanos son extremadamente diferentes entre sí, y nunca podrían cambiarse por el otro. Más allá de asegurarnos de que nuestros hijos se alimentan y se comportan de acuerdo con la sociedad, no tenemos tanto control. Yo no podría cambiar la personalidad de una hija por la de la otra, aunque tuviera los recursos de todo un hospital psiquiátrico, Facebook y la CIA.

Dicho esto, la gente quiere una estrategia o un método para saber que está tomando las decisiones correctas y llevando cabo las acciones adecuadas. Una estrategia que recomiendo a los padres es el método CPR para el control del narcisismo. La *C* significa compasión y cuidado. Uno de los mayores amortiguadores contra el narcisismo es mantener relaciones cálidas y empáticas. Tenemos que ejemplificar ese tipo de relaciones en nuestra propia vida y recompensar a nuestros hijos por ellas.

La *P* es de pasión. Cuando abordamos cualquier cosa con pasión y alegría –incluidos los deportes, la música, el trabajo y el amor–, el ego desaparece. No presumimos de lo que hacemos, sino que compartimos nuestro entusiasmo con los demás. De hecho, los estudios demuestran que las personas no pueden experimentar una pasión profunda cuando reflexionan sobre su excelencia. Compartimos nuestra pasión con nuestros hijos y fomentamos la suya propia.

La *R* significa responsabilidad. Es fácil asumir la responsabilidad del éxito, pero es difícil asumir la responsabilidad por el fracaso. Asumir la responsabilidad de ambos resultados es clave para mantener el ego bajo control. Esto es una práctica. Por ejemplo, he estudiado durante años el sesgo de autoservicio, o la tendencia a atribuirse el mérito del éxito y culpar a los demás del fracaso. Soy consciente del problema. Sé que, a largo plazo, es más inteligente aprender de los errores que pretender que sean culpa de otros, pero a pesar de ello sigo poniendo excusas cuando meto la pata.

Ampliemos los conceptos CPR y las razones que amortiguan el narcisismo. La compasión, por supuesto, tiene que ver con la conexión, el amor y la pertenencia. La investigación sobre el apego, incluso entre primates no humanos y otros ma-

Método CPR

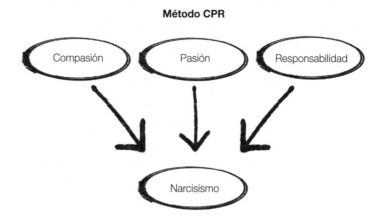

míferos, muestra que el amor es una experiencia fundamental. Las experiencias de apego tempranas son vitales, así como los amigos posteriores. Por ejemplo, a menudo invito a los amigos de mis hijas a comer, y les preparo una comida o, al menos, les preparo algo en nuestra cocina, lo que demuestra mi apoyo y también crea un ambiente acogedor para sus amigos. Yo no puedo proporcionar amistades a mis hijas, pero puedo apoyarlas.

A continuación, la gente no piensa tanto en la pasión cuando se trata de combatir el narcisismo, pero es una de las herramientas más importantes. Si hacemos un trabajo que nos gusta y nos dedicamos a diario a actividades que disfrutamos, enseñamos a nuestros hijos lo que es posible y que ellos también pueden tener pasión en sus vidas. Por otro lado, si dedicamos la mayor parte de nuestro tiempo a tareas para llamar la atención, no ser castigados o no vernos menospreciados, nuestro hijo también lo observará. Además, cuando las personas actúan desde un estado de flujo y se involucran en esa armonía perfecta en todo su potencial, el ego y el narcisismo desaparecen. Ese sentimiento atrae la energía del proceso creativo más que el de un logro específico, lo que significa que nuestro mayor rendimiento proviene de dejar de lado el ego. Nuestros hijos lo reflejarán.

En relación con esto, la responsabilidad consiste en hacerse cargo de la propia vida, de los errores y de los éxitos en igual medida. La mejor manera de fomentar esto con nuestros hijos es premiarlos por hacerlo. Si cometen un error, les decimos que fue un buen intento, que no funcionó, pero que no significó nada desde el punto de vista de su identidad. También ayuda decirles que los respetamos cuando asumen la responsabilidad de sus actos. Cuando premiamos el éxito y castigamos el fracaso, ponemos fin a la deshonestidad, la vergüenza y la culpa en lugar de la responsabilidad. En lugar de eso, celebramos sus esfuerzos incluso cuando lloremos el fracaso, lo que aumentará su capacidad para recuperarse de los fracasos en la edad adulta y seguir avanzando con integridad.

13. Reducir nuestro propio narcisismo

La realidad es que muchos de nosotros luchamos con algunos aspectos del narcisismo. Aunque no nos preocupe un diagnóstico clínico del trastorno narcisista de la personalidad, podemos darnos cuenta de que nuestra necesidad de atención nos acarrea problemas, o que nuestro sentido de que tenemos derecho a algo nos hace enfadar cuando no es útil. Me doy cuenta de mi sentido de mis derechos cuando viajo y, como sucede a menudo, las cosas se desmadran. Puedo estar atrapado en un aeropuerto con literalmente miles de personas y, aun así, conseguir enfadarme porque soy yo el que se siente incómodo. También me cuesta apagar mi ambición y centrarme en mi familia. Me gustaría tener un interruptor del ego que pudiera controlar, pero, por desgracia, los cambios positivos me han llevado años de práctica.

Hace unos cien años, en el nacimiento de la ciencia de la personalidad, los investigadores creían que la personalidad adulta no cambiaba. Freud consideraba que la personalidad se fijaba en los primeros seis años de vida, y que la forma de afrontar los retos de una persona marcaba la diferencia en la vida a partir de esa edad. Por ejemplo, si uno se resistía a ir al baño de niño, de adulto se convertiría en un «retentivo anal», es decir, en una persona flexible, codiciosa y estirada. Si le gustaba demasiado la lactancia materna, la persona se convertiría en un «obseso oral» en la edad adulta: adicto, buscador de placer y siempre con algo en la boca, como un cigarrillo o un lápiz. Si nos gustaban nuestros genitales, nos convertiríamos en «fálicos» al llegar a la edad adulta: agresivos, competitivos y dominantes. Aunque estos rasgos de la personalidad perduran y seguimos llamando a la gente «anal», «oral» o «fálica» (ya que «falocéntrico» no suena del todo bien), Freud se equivocaba tanto en la raíz como en la flexibilidad de estos rasgos.

El gran psicólogo estadounidense William James era más optimista sobre el cambio de la personalidad, pero incluso él pensaba que la personalidad podía cambiar cuando la gente era joven, si bien luego se endurecía y se tornaba inflexible. Escribió que «en la mayoría de nosotros, a la edad de treinta años, el carácter se ha endurecido como el yeso, y nunca volverá a ablandarse».[1] Y, aunque esto se acerca más a lo que sabemos hoy en día, sigue siendo incorrecto.

Cambiar lo que podamos

La personalidad puede cambiar, y suele hacerlo a lo largo de la vida. En las investigaciones sobre los «cinco grandes», la extraversión y la apertura suelen disminuir con el tiempo, mientras que aumenta la agradabilidad. A medida que envejecemos, el patrón es volvernos menos curiosos, impulsivos y sociables, pero también nos volvemos más amables. Este patrón sugiere que el narcisismo (alta extraversión y baja agradabilidad) debería disminuir a medida que envejecemos. Aunque hay menos investigaciones sobre el narcisismo que sobre la personalidad en general, la mejor estimación es que, en promedio, el narcisismo disminuye cuando envejecemos. Esto no significa que el narcisismo disminuya en todos los casos, y el narcisismo en la edad avanzada puede convertirse en un problema mayor en algunas personas que experimentan deterioro cognitivo y pérdida de autocontrol emocional. Estos individuos pierden parte de la capacidad de regular su narcisismo y pueden volverse aún más coléricos y críticos con el paso del tiempo.

Aun así, si la personalidad puede cambiar a medida que envejecemos, queda la pregunta de si podemos acelerar intencionalmente esos cambios en nuestra personalidad poniéndonos estratégicamente en determinadas situaciones, teniendo ciertas experiencias o tomando ciertos medicamentos. Una forma de responder a esta pregunta es observar las investigaciones que miden los cambios de personalidad tras intervenciones, como la psicoterapia y los psicodélicos, y, afortunadamente, Brent Roberts *et al*. lo han hecho en una revisión sistemática que se publicó en el año 2017.[2] Analizaron más de doscientos estudios en los que efectuaron un seguimiento de los cambios en los rasgos de personalidad durante las intervenciones.

En primer lugar, la mayor parte de lo que sabemos sobre el cambio de la personalidad procede de la investigación en psicoterapia, y la mayoría de las personas acuden a psicoterapia por rasgos relacionados con el neuroticismo. En ese sentido, sabemos mucho más sobre el cambio en el neuroticismo que en los otros rasgos. Dicho esto, sí parece haber un cambio fiable en la personalidad tras intervenciones intencionales, que pueden incluir fármacos como la psilocibina o ciertos antidepresivos, terapias psicodinámicas o cognitivo-conductuales, o intervenciones experimentales. Los resultados son relativamente similares a través de esas opciones en términos de cambio de personalidad. En lo que respecta a los rasgos de los «cinco grandes», la mayor área de cambio se produce en el neuroticismo, lo que significa que las personas se vuelven menos neuróticas o más estables emocionalmente con el tiempo utilizando estos tratamientos, descubrieron Roberts *et al*. Sin embargo, también hay pruebas de cambios menores en los demás rasgos. Las personas aumentan ligeramente en extraversión, capacidad de acuerdo, conciencia y apertura.

La siguiente cuestión por comprobar es si las personas pueden cambiar voluntaria o intencionalmente sus rasgos de personalidad. Una de las formas en que los investigadores Chris Fraley y Nathan Hudson probaron esto en 2015 fue preguntando a las personas, al comienzo de un experimento de dieciséis semanas, cuál de los «cinco grandes» rasgos querían cambiar.[3] Luego creaban planes para implementar el cambio. Los investigadores descubrieron que las personas se movían en la dirección que querían, aunque solo ligeramente. El rasgo más fácil de cambiar, lo cual es estupendo en general, pero no es una buena noticia para el narcisismo, fue el aumento de la extraversión.

Aunque esta área de investigación es nueva, es también muy prometedora. Por ejemplo, otro estudio publicado en el año 2018[4] siguió un programa de *coaching* de diez semanas de duración diseñado para fomentar el cambio voluntario de la personalidad. Los resultados indican que el programa produjo aumentos en la concienciación y la extraversión y disminuciones significativas en el neuroticismo, y los cambios se mantuvieron tres meses después del programa, en particular en lo que respecta al neuroticismo y la extraversión.

Al mismo tiempo, el cambio puede ser contraproducente. Uno de los ejemplos más interesantes tiene que ver con las intenciones de autoestima. En un estudio de 2011, en el que se instruyó a compañeros de habitación universitarios de la Universidad Estatal de Ohio para que aumentaran su autoestima o su conexión, los que se centraron en la conexión tuvieron una mayor conexión, pero los que se centraron en la autoestima terminaron con una mayor desconfianza y aislamiento.[5] Lo que observamos de forma natural, que queda fuera de los datos científicos, pero parece ser cierto, es que los individuos narcisistas desean cambiar a medida que maduran y prestan atención a los cambios en el mundo social que les rodea. Muchos jóvenes empiezan siendo ambiciosos y no ven mucho valor en la vida familiar, que consideran aburrida y costosa en términos de tiempo y estilo de vida. Lo que les ocurre a algunos de estos jóvenes más centrados en sí mismos cuando crecen y ven a sus amigos formar familias es que se dan cuenta de que se están perdiendo esa experiencia vital. Al principio es difícil de entender, porque ser narcisista consiste sobre todo en estar intencionadamente desequilibrado, enfatizando el «yo» por encima del «otro». Sin embargo, cuando alguien tiene la idea fundamental de que construir una vida sobre algo tan efímero como el estatus social es una mala inversión, quiere algo más significativo o sustancial.

Salen a la luz nuevos hallazgos sobre este aspecto del cambio. Un estudio publicado en 2019 analizó el narcisismo a lo largo del tiempo.[6] Llamado «You're Still So Vain», el artículo analiza cómo el narcisismo tiende a disminuir con la edad desde los veinte hasta los cuarenta años, particularmente lo relacionado con las facetas de liderazgo, vanidad y privilegio del narcisismo. El narcisismo disminuyó con el tiempo, pero lo hizo con complejidad. Por ejemplo, los participantes en el estudio que eran supervisores en sus puestos de trabajo tuvieron descensos menores en el liderazgo, lo que tiene sentido. Además, los que tenían relaciones inestables o estaban físicamente sanos tuvieron menores descensos en vanidad. Estos resultados tienen sentido porque los adultos jóvenes con mayores niveles de liderazgo tenían más probabilidades de ocupar un puesto de supervisión en la mediana edad, y los que tenían mayores niveles de vanidad tenían menos hijos y más probabilidades de estar divorciados en la mediana edad. En conjunto, las personas tienden a ser menos narcisistas a medida que envejecen, pero esto depende de las trayectorias profesionales y familiares concretas que sigan durante su vida.

Las sugerencias específicas que siguen van dirigidas al objetivo más amplio de reducir el narcisismo ampliando la capacidad de amar a nivel personal. Para llegar a ese objetivo mayor, es necesario utilizar el «modelo trifurcado».

Cambiar el narcisismo

La primera pregunta que hay que formularse es: ¿qué aspectos del narcisismo deben cambiar? Podemos dividirlos en extraversión agéntica, antagonismo y neuroticismo, como hemos hecho en el capítulo 12, y pensar en ellos como en los estudios

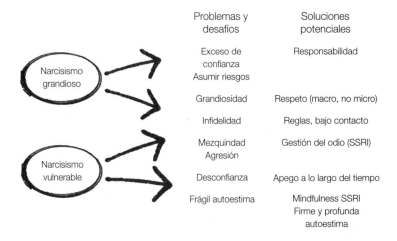

Problemas y desafíos	Soluciones potenciales
Exceso de confianza Asumir riesgos	Responsabilidad
Grandiosidad	Respeto (macro, no micro)
Infidelidad	Reglas, bajo contacto
Mezquindad Agresión	Gestión del odio (SSRI)
Desconfianza	Apego a lo largo del tiempo
Frágil autoestima	Mindfulness SSRI Firme y profunda autoestima

de intervención allí mencionados. Idealmente, así es como se haría en las investigaciones científicas. Sin embargo, dados los límites de lo que sabemos, quiero ahondar en cuestiones específicas que veo con frecuencia y que pueden corresponderse con respuestas prácticas. Tenemos que averiguar qué es lo que nos crea más problemas en nuestra vida y luego aplicar una práctica adecuada. Hablaremos de ello en un espectro que va desde los problemas clásicamente grandiosos, como la asunción de riesgos, hasta los clásicamente vulnerables, como la frágil autoestima.

Exceso de confianza

El exceso de confianza y la asunción de riesgos son en muchos casos beneficios del narcisismo grandioso, pero también pueden tener consecuencias catastróficas. En la tristemente célebre quiebra del Barings Bank, uno de los bancos más prestigiosos del Reino Unido desde el año 1700, un operador de veintiocho años llamado Nick Leeson defraudó a la empresa unos 1 300 millones de dólares, lo que suponía el doble de la capacidad comercial disponible del banco. Sus riesgos provocaron un gran colapso. En realidad, aunque el operador se convirtió en el rostro de la caída, a menudo hay un director general que apoya el riesgo en este tipo de sucesos. En un estudio de 2016 sobre la crisis financiera de 2007-2009, por ejemplo, los directivos demasiado confiados eran más propensos a saltarse las normas de los préstamos y a aumentar su endeudamiento.[7] Esto, en última instancia, hizo que sus empresas fueran más vulnerables a la recesión económica y, durante la crisis, tuvieron más impagos de préstamos, mayores caídas en el rendimiento operativo y bursátil, mayores aumentos en la probabilidad de impago y una mayor probabilidad de rotación de los directivos.

En estos casos, el problema de la asunción de riesgos es que las personas creen que pueden salirse con la suya, compensar si fracasan o asumir un riesgo mayor para cubrir el riesgo anterior. Los narcisistas, en general, se arriesgan, observan el *feedback* (o la falta de él), no aprenden de esos riesgos y asumen más riesgos. Cuando el juego se convierte en un problema, por ejemplo, la gente toma dinero de sus seres queridos, se endeuda y destruye su vida en un intento de corregir una racha original de mala suerte. Están convencidos todo el tiempo de que tienen el esquema, el truco o la ventaja interna para ganar.

¿Cómo se explica este nivel de exceso de confianza? Uno de mis lemas para vivir es: «La realidad siempre gana», lo que significa que no importa lo que creamos o lo que fantaseemos, la realidad pondrá las cosas en su sitio. Para hacer frente a este exceso de confianza, la realidad debe intervenir. Las investigaciones sugieren encontrar esto a través de la responsabilidad y la transparencia con un supervisor, una máquina o un compañero. Entonces es menos probable que la gente exagere o se valore a sí misma en su rendimiento. No estoy abogando por el espionaje corporativo interno de cualquier medio, pero, en términos de nuestra propia vida, tener algún mecanismo de responsabilidad ayudará a reducir el narcisismo.

Personalmente, mi mecanismo favorito para la rendición de cuentas son las consecuencias naturales. El ejemplo más sencillo es cuando un niño se quema la mano en la estufa. Se quema la mano una vez, se da cuenta de que no debe hacerlo y no vuelve a intentarlo. Es la magia del aprendizaje sin enseñanza. En muchas actividades relacionadas con la naturaleza, aparecen estas consecuencias. Si practicamos cualquier deporte, incluso uno que pueda causar daños físicos, como el fútbol, el surf o el esquí, es probable que nos hayamos dado un golpe en la cabeza, nos hayamos desmayado o nos hayamos caído. Esto no significa que abandonemos, pero sí que seremos más precavidos a medida que desarrollemos nuestras habilidades.

Grandiosidad

Después del exceso de confianza tenemos la grandiosidad, o el hecho de creerse alguien importante. Casi todo el mundo infla su forma de ser y de verse a sí mismo, y no es necesariamente problemático. Sin embargo, cuando interfiere con el trabajo o las relaciones puede ser el momento de cambiar. Una forma de reducir la visión de sí mismo es hacerse preguntas específicas sobre esas cualidades. Si creemos que somos «grandes» estudiantes, ¿cuál es nuestra nota media? Si somos «grandes» líderes, ¿qué funciones específicas de liderazgo hemos asumido y cómo motivamos y orientamos a los demás? Cuando reparemos en los detalles, quizá nos resulte más difícil encontrar respuestas. Esto marca el límite entre hablar de que tenemos un buen juego y tenerlo en realidad.

Por el contrario, otra forma de atacar la grandiosidad es mostrar al «yo» lo grande que es el mundo, lo que se conoce como experiencia de asombro. Cuando el mundo es vasto, el «yo» es pequeño. Puede ser una experiencia incómoda, pero también poderosa. Los estudios sugieren que las experiencias de asombro, como estar en un bosque majestuoso, pueden reducir la idea grandiosa que tenemos de nosotros mismos y aumentar la humildad. En los entornos virtuales, la simulación de la Tierra como un pequeño punto azul en el universo utiliza la misma idea para provocar asombro.

Lo que no parece funcionar, por desgracia, es lo que he llamado «microasombro» en la vida cotidiana. En la Universidad de California, en Irvine, Paul Piff *et al.* investigaron este aspecto indicando a los participantes que se fijasen en los detalles de la grandeza, como una hermosa puesta de sol sobre el borde de la orilla de la costa del Pacífico.[8] Uno se imagina que eso puede cambiar a alguien, y en el trabajo que han realizado, aumenta el comportamiento prosocial, pero no perdura. Aunque la gente lo aprecia, luego sigue con su vida cotidiana sin efectos a largo plazo.

Infidelidad

Otra variable asociada al narcisismo grandioso es la infidelidad. Cuando la mayoría de la gente piensa en alguien que es infiel en una relación, lo consideran un acto hiriente, y lo es, pero la investigación muestra que está impulsado por el lado extravertido del narcisismo. Es un comportamiento de búsqueda de atención y recompensa. La mejor manera de detener este tipo de comportamiento es evitar la recompensa, incluso la tentación de esta. La gente cree que tiene fuerza de voluntad, pero la regla general del autocontrol es que, si no lo queremos, nos alejamos de él. Si no queremos helado en nuestra dieta, no lo guardamos en el congelador. Si no queremos beber, no vamos a bares. Si no quiero engañar a mi mujer, no salgo con mujeres que no son mi mujer a altas horas de la noche cuando estoy bebiendo en los bares. Si respetamos esta pauta, se reduce en gran medida la posibilidad de infidelidad en busca de recompensa.

La gente se abalanzó sobre Mike Pence cuando se presentó como candidato a vicepresidente porque dijo que no pasaba tiempo a solas con mujeres que no fueran su esposa. Esto puede dar lugar a todo tipo de problemas políticos y sociales, pero lo que hace es proteger a Pence de engañar a alguien, de ser descubierto engañando a alguien, o incluso de ser acusado de engañar a alguien.

Agresión

La malevolencia y la agresión son obviamente problemas profundos del narcisismo. En nuestro trabajo, he visto que las personas narcisistas pueden ser conscientes de que su agresividad es dañina y aleja a la gente y puede abocar a la intimidación y la violencia física. En la mayor revisión que he encontrado sobre el tratamiento de la ira, que es un gran metaanálisis publicado por la American Psychological Association, no hay esencialmente ninguna diferencia en la efectividad de los diferentes tratamientos.[9] La terapia de grupo para el control de la ira, el tratamiento de autoayuda y algunos otros funcionan, pero en cualquier caso el método que no funciona es la catarsis. Se trata de la vieja idea de que la agresividad es energía reprimida que necesita ser liberada. Antes se le decía a la gente que golpeara almohadas o que imprimiera la imagen de la persona que odiaba y le lanzara dardos. Lo que esto parece hacer es reforzar aún más la agresión, haciendo que sea gratificante.

Además, la depresión puede parecer agresividad, especialmente en los hombres. Cuando algunos hombres están deprimidos, se vuelven hostiles, lo que parece ser insensibilidad, pero en realidad es neuroticismo o sufrimiento. Cuando, en lugar de interiorizarse, la depresión se exterioriza, la gente se muestra irritable, crítica e irresponsable, y puede ser malinterpretada y diagnosticada erróneamente.

Desconfianza

La desconfianza ocurre tanto en el narcisismo grandioso como en el vulnerable, pero es más acusada en las modalidades más vulnerables. Esta desconfianza está relacionada con el apego básico, especialmente con el apego básico a los padres. Según la teoría del apego, los niños que se crían en entornos menos estables, o en entornos menos seguros con padres que no están presentes, tienen más probabilidades de sufrir trastornos mentales o problemas de abuso de sustancias. Como estos niños crecen en ese entorno, aprenden a confiar menos en los demás y a ser más precavidos en sus relaciones con otras personas. Esta es una respuesta racional, y es adaptativa cuando se trata de niños, pero lo es menos después.

Los problemas aparecen cuando ese niño crece y quiere entrar en un entorno sano en el que funcione la confianza, pero su tendencia a desconfiar de los demás le dificulta forjar relaciones estrechas. Los investigadores han dedicado tiempo a los estilos de apego relacional, sobre todo entre los niños, y algunas investigaciones indican que el cambio puede producirse al pasar de la desconfianza a la confianza. En algunos casos, el tratamiento para la desconfianza consiste simplemente en lidiar con ella, lo que significa que se establece una relación con alguien en quien se quiere confiar y que se siente cómodo con la desconfianza hasta que se aprende a superarla con el tiempo. Esto es duro, pero la terapia puede ayudar a ello, y parece ser el enfoque más eficaz.

Fragilidad

Por último, está el tema de la fragilidad de la autoestima, o la idea de que, si alguien dice algo negativo o poco halagador sobre nosotros, nos volvemos reactivos o nos desestabilizamos por ello. Por poner un ejemplo, después de que se publicara en Internet el vídeo de mi charla TEDx de 2017 sobre el narcisismo, cometí el error de leer los comentarios. La gente decía que me veía gordo. Esos espectadores podrían haber hecho un montón de comentarios negativos sobre mí que no me habrían importado, pero, por alguna razón, leer que me veía gordo me creó una herida narcisista. Esa fragilidad que sentí me causó sufrimiento. Este tipo de sufrimiento desencadena entonces una reacción. La inclinación natural en estos casos es pasar a la ofensiva y devolver el ataque, o ponerse a la defensiva y decir que no estás gordo. En general, intento no alimentar a los *trolls*, pero eso no es satisfactorio a corto plazo.

La solución más fácil es no escuchar *ningún* comentario porque todos los demás son idiotas. Por supuesto, eso no es efectivo porque nunca aprenderíamos nada sobre nosotros mismos. En lugar de eso, necesitamos un sistema para aprender del exterior tomando tanto la información positiva como la negativa, no dejarnos desregular por ella y seguir adelante con lo que sabemos. El mindfulness puede ayudarnos a ello.

Sin embargo, una práctica más específica es la autocompasión, que se define como la capacidad de tratarse a sí mismo como lo haría un amigo cariñoso. Esto incluye verse a uno mismo como un miembro común de la humanidad, estando presente en el momento, y no castigarse por los errores del pasado. Esta práctica de la autocompasión, sobre todo pensando en cómo respondería nuestro amigo, puede ser muy útil. Los amigos probablemente nos dirían que nos relajemos, respiremos, nos desprendamos del comentario negativo y sigamos adelante como un ser humano, como todos los demás.

Esa voz interior de la autocompasión elimina el escozor que produce el *feedback* negativo. Con el tiempo, podemos desarrollar esa capacidad de recibir *feedback* y ser capaces de evaluarlo como relevante o irrelevante. Algún *feedback* relevante proviene de personas que nos importan, y queremos escucharlas. Otros comentarios provienen de *trolls* de Internet, y realmente no queremos escucharlos. La versión resumida es que eliminamos el ego de la ecuación.

Grandes soluciones

Terminaremos con una visión de conjunto sobre cómo abordar nuestro propio narcisismo desde el punto de vista de la sociedad. En la investigación de la personalidad, la teoría de la inversión social se basa en la idea de que la sociedad es una unidad integrada que combina trabajo, voluntariado, religión y comunidad. Se trata de ayudar a los mayores y a los menores en este sistema dinámico. Para invertir en una comunidad, nuestra personalidad debe estar conformada de determinadas maneras, que forman el eje de estabilidad de los «cinco grandes».

Para ser miembros estables de una comunidad, tenemos que ser agradables, cuidadosos, tranquilos, emocionalmente estables, amables y trabajadores. En la medida en que estemos dispuestos a invertir en la comunidad, nos orientaremos naturalmente hacia la disciplina, la conciencia, la amabilidad y la cooperación. Además, forjaremos más amistades y estableceremos más conexiones sociales, y nos sentiremos mejor con nosotros mismos. Nos sentiremos más estables y menos solos. Según un metaanálisis de 2007 sobre la investigación de la inversión social realizado por Jennifer Lodi-Smith y Brent Roberts en la Universidad de Illinois en Urbana-Champaign,[10] cuando nos comprometemos psicológicamente con estos roles en una comunidad es más probable que cambiemos en esta dirección positiva.

Es exactamente el mismo principio que se aplica al ejercicio. Practico yoga a diario, de manera que mi cuerpo se ha adaptado a practicar yoga todos los días. Si yo fuera un corredor de fondo, mi cuerpo se adaptaría a ser un corredor de fondo. Lo mismo ocurre con la forma en que tratamos nuestra vida social. Si nos implicamos con la comunidad, nos convertiremos en personas centradas en la comunidad, con los rasgos de personalidad de personas centradas en la comunidad. A nivel individual, cambiar el narcisismo es abrirse al amor. A nivel social, se trata de conectar con la comunidad de forma más amplia.

14. Psicoterapia para el narcisismo

Tengo buenas y malas noticias. Las buenas noticias son que, a pesar de lo que hayamos leído, el trastorno narcisista de la personalidad, o NPD, *puede* tratarse en psicoterapia. La mala noticia es que no existe un tratamiento estándar. Ningún ensayo clínico se ha centrado en el trastorno narcisista de la personalidad, ni ha comparado diferentes tratamientos. Más bien, los profesionales de la salud mental que han tenido algún éxito en el tratamiento del narcisismo han presentado informes clínicos, y el NPD se ha incluido de forma secundaria en los ensayos clínicos centrados en otros trastornos.

Por ejemplo, el proyecto Research Domain Criteria, o RDoC, es una iniciativa del National Institute of Mental Health que comenzó en 2010 para encontrar nuevos enfoques a la hora de investigar los trastornos mentales. Mediante la integración de la biología, el comportamiento y el contexto, el objetivo es explorar los procesos básicos del comportamiento humano en toda la gama que abarca de lo normal a lo anormal. Fundamentalmente, el objetivo desde el punto de vista de la medicina científica moderna es desglosar las enfermedades, como el trastorno mental, en sus procesos neuroquímicos básicos, estudiarlos en el laboratorio y luego probar los tratamientos en roedores antes que en humanos. Como cabe imaginar, esto es útil a nivel básico: hay roedores que se utilizan en experiencias relacionadas con la depresión, la demencia y otras enfermeda-

des mentales, pero no es útil para procesos psicológicos humanos complejos que no se comparten con los roedores, entre los
que se encuentran la mayoría de los trastornos de la personalidad. Incluso si se pudiera construir un modelo de narcisismo
en roedores, como la dominación y el apareamiento en ratas, y
probar tratamientos, probablemente no sería productivo ni útil.

Además, el gobierno de Estados Unidos no considera que el
NPD sea un importante problema de salud. Se destinan muchos
más fondos de investigación al estudio del trastorno límite de
la personalidad debido al claro daño que es capaz de provocar
y al potencial de prevención. El daño causado por el NPD, por
ejemplo, recae entre los sistemas de salud mental y de justicia
penal, por lo que la investigación sobre el NPD suele pasar a
ser un objetivo o una prioridad secundaria. A menudo, un estudio sobre el tratamiento del trastorno límite de la personalidad
también puede evaluar y captar datos sobre el NPD vulnerable.
Asimismo, un estudio sobre terapia de grupo podría incluir el
narcisismo como uno de los diversos trastornos diagnosticados
entre los participantes.

Debido a que no existe un estudio específico para señalar un
estándar para el tratamiento, no podemos decir definitivamente
cómo tratar el NPD. Trataremos de hacerlo lo mejor posible
ofreciendo una visión general de lo que indica la investigación
y llenando los vacíos con algunas especulaciones sobre lo que
podría funcionar.

Obstáculos potenciales
para el tratamiento del NPD

Antes de explicar las tres vías que podrían funcionar –la psicodinámica, la cognitivo-conductual y la psiquiátrica– es importante señalar los obstáculos que pueden interponerse en el tratamiento del NPD, lo que determinará la opción más eficaz. En psicoterapia, por supuesto, la motivación es un factor importante, y para que tenga éxito, la persona que entra en tratamiento debe querer estar allí en primer lugar y ser capaz de seguirlo. Los narcisistas suelen tener una escasa motivación para buscar tratamiento, en especial los que padecen formas más grandiosas. Los narcisistas vulnerables buscan tratamiento porque están sufriendo, pero los cónyuges de los narcisistas grandiosos son los que más solicitan ayuda. Esto es lo que veo también como experto. La mayoría de las veces, las personas me preguntan por cómo tratar o entender a un ser querido con narcisismo, en lugar de por su propio narcisismo. Los narcisistas también tienen una alta tasa de abandono de la terapia. En un estudio de 2008 sobre el narcisismo y el abandono de la terapia, John Ogrodniczuk *et al.* de la Columbia Británica analizaron a 240 pacientes admitidos en un programa de tratamiento formal de día completo para pacientes, diseñado para hacerlos sentir más felices, mejorar los problemas interpersonales y reducir el malestar psiquiátrico general.[1] La tasa de abandono fue del 63 % para los pacientes con narcisismo y del 32 % para el resto. Los narcisistas que se quedaron mejoraron como todos los demás pacientes que participaron en el estudio. Según concluyeron los autores del estudio, seguían teniendo comportamientos intrusivos, como actitudes dominantes y vengativas, pero tenían menos dificultades interpersonales.

Lo positivo en este caso es que un psicólogo experto en el tratamiento del trastorno narcisista de la personalidad será consciente de ello y podrá utilizar técnicas para mantener a las personas en terapia. Esto a menudo significa jugar con el narcisismo del cliente diciendo:

–Tiene tantos talentos que podrían beneficiar al mundo. Tenemos que controlar su NPD, para que pueda tener el impacto que merece.

Wendy Behary, trabajadora social clínica que ha hecho carrera en el tratamiento del NPD y que ha escrito *Disarming the Narcissist: Surviving and Thriving with the Self-Absorbed*, lo describe como una danza. El terapeuta debe alternar entre elevar a los clientes en algunos momentos y ayudarles a enfrentarse a realidades menos halagüeñas en otros.[2]

Los psicoterapeutas bien formados también utilizan la *entrevista motivacional* –que surgió en la investigación sobre el tratamiento del abuso de sustancias– para atraer a los clientes narcisistas. El narcisismo, al igual que la cocaína, es un arma de doble filo, por lo que el objetivo de la entrevista motivacional es animar al cliente a ver claramente los aspectos negativos del narcisismo y llegar a la conclusión de que el cambio es necesario. Para lograrlo con éxito, el psicoterapeuta empatiza con las luchas del narcisista y elogia los dones de este mientras los vincula con su anhelo recién fortalecido de cambiar. Al igual que el *coaching* de un amigo que afronta una relación romántica destructiva, es importante apoyarlo para que no se sienta apartado, pero también apoyar su decisión de dejar la relación.

Cuatro formas en que los psicoterapeutas consideran el tratamiento del NPD

Aunque no existe un estándar definitivo, los psicoterapeutas se alinean en torno a algunos aspectos del tratamiento del NPD. En un estudio del año 2015 sobre el narcisismo patológico, un grupo de investigadores de universidades canadienses pidió a treinta y cuatro psicoterapeutas que explicaran a los investigadores cómo clasificarían varias descripciones de los trastornos.[3] Las descripciones incluían una versión de NPD grandioso, una versión de NPD vulnerable y un trastorno de pánico. En general, el equipo de investigación quería comprobar si los terapeutas abordarían los trastornos narcisistas de forma diferente a los trastornos de pánico. El equipo de investigación encontró cuatro formas en las que los psicoterapeutas enfocaban el tratamiento del NPD.

En primer lugar, los terapeutas hablaron de los enfoques introspectivos y relacionales del NPD. Esperaban que los pacientes estuvieran dispuestos a mirar en su interior para tratar los problemas fundacionales de la infancia que pudieran haber afectado a las relaciones actuales, incluida la relación con el terapeuta, lo cual se denomina *transferencia*. A medida que las personas se desarrollan y encuentran maneras de relacionarse con los demás en la vida, pueden transferir sentimientos de los primeros años de su vida a esas relaciones. La terapia, en este caso, investiga la idea de la transferencia en sí misma y el análisis de la transferencia como forma de ahondar en la raíz de los problemas.

Un segundo tema surgió con la terapia cognitivo-conductual clásica. Aunque varios tipos de terapia cognitivo-conductual pueden ser de ayuda en el narcisismo, este grupo se centró en una terapia manual dirigida basada en tareas, que se utiliza más comúnmente con un trastorno de pánico y no con el narcisismo. En un trastorno de pánico, el terapeuta puede animar al paciente a inducir un ataque de pánico inspirando y espirando en una bolsa de papel y luego entrenarlo en el momento para descondicionarlo. Este enfoque funciona para una situación específica como un ataque de pánico, pero los terapeutas del estudio coincidieron en la conclusión de que no es probable que se pueda aplicar a los aspectos más amplios de la personalidad del narcisismo.

A continuación, el grupo se dividió según el tratamiento recomendado para las tendencias grandiosas y vulnerables. En el caso de los narcisistas más vulnerables, los terapeutas dijeron que eran más propensos a proporcionar apoyo durante la terapia, ya que este tipo de cliente tiende a ser más necesitado, triste o tímido. También adoptaron una postura de apoyo con aquellos que expresan una falta de autoestima, vergüenza o inferioridad, expresando afirmaciones más positivas, como «Eres una buena persona», para contradecir la frágil autoestima del paciente.

El cuarto tema del estudio, que se convierte en un problema más importante en la terapia, se centra en los «pacientes enojados y provocadores», o los narcisistas grandiosos que culpan a los demás de sus problemas. Estos pacientes ponen a prueba los límites en la terapia, tienden a ser abusivos y no son fáciles de tratar. Los terapeutas dijeron que lo mejor es ser coherente al analizar los comportamientos de los pacientes, mostrándoles repetidamente cómo sus patrones afectan a sus vidas. En estos casos, los terapeutas señalaron la necesidad de ser conscientes de establecer límites y de ser directos con el cliente.

En general, tal como indica el estudio, los psicoterapeutas pueden tratar el narcisismo hablando del pasado, tratando la autoestima y el autodesprecio, y conectando los patrones o comportamientos negativos con problemas actuales, como los de pareja.

Tres terapias básicas para el narcisismo

A continuación, esbozaré tres amplios tipos de terapia que son populares en la actualidad para tratar el NPD: psicodinámica, cognitivo-conductual y medicación psiquiátrica (véase la tabla 14.1). Estas contienen subcategorías, y constantemente se están desarrollando nuevos tratamientos, pero esta es una forma razonable de identificar similitudes y diferencias.

Tabla 14.1. Terapias básicas para el narcisismo

	EJEMPLO	PRINCIPIOS
PSICODINÁMICA	Psicoterapia centrada en la transferencia	Centrarse en las primeras relaciones y en la defensa del ego
COGNITIVO-CONDUCTUAL	Terapia de esquemas Terapia conductual dialéctica Terapia de aceptación y compromiso	Centrarse en el esquema relacional y la representación Centrarse en la regulación de impulsos y afectos Aceptación budista/estoica de la vida y dejarla pasar
MEDICACIÓN	SSRI Ketamina	Estabilizar los niveles elevados Activación de la serotonina

Psicodinámica

Se ha informado de una serie de enfoques terapéuticos que ayudan con el narcisismo. El original –y todavía bastante común– es el tratamiento psicodinámico, el cual adopta varias modalidades. Cada una de ellas comparte el interés por comprender los procesos inconscientes, discutir las raíces infantiles del trastorno y trabajar para asentar la percepción del cliente. Esta es una manera elegante de decir que el cliente «lo consigue». La terapia psicodinámica para el NPD tiende a centrarse en identificar los sentimientos ocultos de rechazo o ira, descubrir las raíces de estos sentimientos en la infancia y ayudar al cliente a entender cómo esos traumas de la infancia se tradujeron en el hecho de convertirse en un adulto narcisista.

Como se ha mencionado al principio del libro, las terapias psicodinámicas proceden de la terapia psicoanalítica expuesta por primera vez por Freud, que posteriormente fue desarrollada en las décadas de 1960 y 1970 por los psicoanalistas austriacos Otto Kernberg y Heinz Kohut. Conocidos por sus teorías acerca de la personalidad límite y la patología narcisista, ambos estudiaron las causas, la organización psíquica y el tratamiento de los trastornos de manera diferente. Kernberg se centró más en las teorías de Freud sobre la lucha de la persona entre el amor y la agresión, y Kohut se distanció de las ideas de Freud al hablar de la necesidad de autoorganización y autoexpresión de las personas. En lugar de prestar apoyo durante la terapia, Kernberg insistió en ser neutral, desafiando siempre la tendencia del narcisista a buscar el control, lo que se alinea con el pensamiento de Freud. Por otro lado, Kohut consideraba que las ilusiones narcisistas eran una forma de centrarse en el «yo» y en la introspección, y fomentaba la transferencia para ayudar al paciente a alcanzar la autocuración.

Sin embargo, la ciencia ha progresado más allá de estos dos primeros enfoques, y las terapias psicodinámicas modernas integran ambas ideas. La terapia centrada en la transferencia, por ejemplo, examina la interacción entre paciente y terapeuta para entender cómo reacciona el paciente. Si surge la ira o la atracción, por ejemplo, eso podría indicar cómo percibe el paciente el mundo y de qué manera interactúa con él. Las terapias psicodinámicas modernas suelen ser breves, y no cinco días a la semana en el diván de un analista durante años. Aunque esos tratamientos de la vieja escuela siguen existiendo, no se consideran necesariamente los más eficaces, tanto por el tiempo como por la cartera. Incluso hoy, este tipo de terapia psicodinámica es más popular en la ciudad de Nueva York, y se están realizando nuevas investigaciones en la Universidad de Columbia. Al mismo tiempo, varios grupos en distintos lugares han desarrollado diferentes terapias que toman elementos prestados de la terapia psicodinámica, aunque suelen ser de menor duración.

Terapia cognitivo-conductual

Los enfoques más contemporáneos utilizan la terapia cognitivo-conductual, o TCC, que examina los pensamientos y acciones que causan problemas personales en el presente. El enfoque de la TCC es racional y su objetivo es cambiar los pensamientos y comportamientos destructivos. Por ejemplo, un cliente puede tener problemas en el trabajo porque es un tirano y crea un entorno tóxico. Sabe que es un vendedor con talento, pero la empresa quiere despedirlo. El psicólogo puede identificar la explicación del narcisista para sus quejas, como, por ejemplo: «Los miembros del personal son estúpidos y se interponen en mi camino», y luego se compara con el objetivo del cliente: «Quiero ser el vendedor número uno de la empresa». A continuación, el proceso de la terapia examina de qué manera el comportamiento destructivo daña el objetivo del cliente y posteriormente saca a relucir los detalles de por qué los miembros del personal son «estúpidos». El psicólogo animará al cliente a probar nuevos pensamientos, como, por ejemplo: «El personal no está capacitado, y necesitan que les ayude para que a su vez puedan ayudarme». La TCC está diseñada para ser un tratamiento a corto plazo, que pretende resolver problemas específicos, en lugar de intentar reconstruir al narcisista.

La terapia cognitivo-conductual es el modelo estándar que se enseña en los centros de formación académica basados en la investigación, como el que tenemos en la Universidad de Georgia. Iniciada por el psiquiatra estadounidense Aaron Beck, en la década de 1970, la terapia cognitiva investiga las conductas, los pensamientos y las representaciones del yo, de los demás, de las relaciones y del pasado. Su aplicación más extendida ha sido para tratar la depresión, donde se ha convertido en un modelo para centrarse en las visiones negativas del futuro, por qué existen esas visiones, cómo enfrentarse a ellas y de qué manera cambiar potencialmente algunas de ellas. Puede ser un proceso específico y dirigido que funciona eficazmente, en especial con la depresión.

Desde los primeros trabajos de Beck, se han desarrollado

nuevas modalidades de terapia cognitiva para los trastornos de la personalidad, en particular la terapia de esquemas de Jeffrey Young, destinada a quienes recaen o no responden a otras terapias como la TCC tradicional. Se centra en las creencias de uno mismo en relación con las relaciones actuales y pasadas. Desde el punto de vista clínico, los analistas observan que los clientes narcisistas tienen visiones de sí mismos extremadamente positivas junto con visiones de sí mismos muy negativas, que son desencadenadas por diferentes entornos. La terapia de esquemas señala esos momentos desencadenantes, descubre el patrón de pensamiento o comportamiento que tiene lugar y, a continuación, intenta modificarlo para que sea menos dañino y más positivo. Este enfoque se ha probado con éxito en grandes grupos de personas con distintos trastornos de la personalidad, aunque no específicamente con el narcisismo.

Otra terapia popular y bien estudiada es la terapia dialéctico-conductual, o DBT, dirigida normalmente al trastorno límite de la personalidad. Iniciada por la psicóloga de la Universidad de Washington Marsha Linehan, la técnica combina las herramientas cognitivo-conductuales con el mindfulness para aprender a afrontar los pensamientos sin actuar de manera impulsiva. Aunque Linehan desarrolló originalmente la DBT para tratar las conductas suicidas, se ha extendido a otros trastornos mentales, en particular a los relacionados con la desregulación de las emociones. Según mi propia experiencia, cuando me enfadé con un superior en mi universidad, el grupo de DBT de mi departamento me aconsejó que me pusiera una compresa fría en la cara para detener el bucle de *feedback* de la sangre que fluía por mis mejillas. Otra táctica de la DBT es utilizar la «mente sabia» para tomar decisiones, en lugar de la mente llena de emociones, que podría tomar decisiones impulsivas en el momento. Me ayudó en su día; no me despidieron. Aunque pocos estudios han investigado el efecto de esta terapia sobre el narcisismo, un estudio de casos realizado por Sarah Fischer en la Universidad de Georgia (ahora en la Universidad George Mason de Virginia) mostró que las puntuaciones en el Inventario de personalidad narcisista disminuyeron después de la DBT. Parece que los narcisistas vulnerables podrían beneficiarse especialmente de dicha terapia.

Una tercera terapia cognitiva que está creciendo en popularidad es la terapia de aceptación y compromiso, o ACT, que extiende los ideales budistas de aceptación. Más que una práctica de mindfulness, la ACT se basa en la aceptación, para bien o para mal, de las situaciones. Básicamente, el sufrimiento ocurre en la vida, y es importante aceptarlo. Esta terapia tiene sentido desde el punto de vista histórico y es lo que enseñó el Buda en la parábola de la semilla de mostaza: una mujer que sufre porque ha perdido a un ser querido pide ayuda al Buda, y este accede a hacer una poción mágica si ella recoge una semilla de mostaza de cada persona que no haya perdido a un ser querido. Por supuesto, ella busca las semillas y no encuentra a ninguna persona que no haya perdido a alguien. Se da cuenta de ello y vuelve para seguir las prácticas del Buda. El punto fundamental en este caso no es la aceptación nihilista, sino reconocer que todo el mundo se enfrenta a situaciones difíciles, lo cual forma parte de nuestra vida como ser humano. Que yo sepa, ningún trabajo ha combinado la ACT con el narcisismo, pero sospecho que puede funcionar mejor para la parte más neurótica del NPD. Al mismo tiempo, un poco de verdad sopesada en el contexto adecuado podría tratar los aspectos más insensibles y grandiosos del NPD.

Medicación

Siempre surgen preguntas sobre las terapias psicofarmacológicas, o medicamentos, para el narcisismo y el NPD. No hay recomendaciones reales disponibles. Sin embargo, algunos antidepresivos o inhibidores selectivos de la recaptación de la serotonina (ISRS) se recomiendan para el trastorno límite de personalidad. En relación con esto, si el trastorno límite de personalidad de un paciente incluye una baja autoestima, un alto neuroticismo y un sentido inestable de sí mismo, el ISRS puede ser un enfoque razonable.

Los investigadores están explorando las posibilidades de nuevos medicamentos para la depresión, en especial la resistente al tratamiento. El tema más candente en estos momentos –aparte de los psicodélicos clásicos– es la ketamina, un fármaco disociativo utilizado para iniciar y mantener la anestesia. Induce un estado de trance para aliviar el dolor, la sedación y la pérdida de memoria. También conocida como «K» o «Special K», la ketamina se ha utilizado ilícitamente como droga recreativa o como ayuda alucinógena. Los psiquiatras de la Universidad de Yale son los pioneros de la investigación actual sobre la ketamina, y en marzo de 2019, la Food and Drug Administration aprobó un aerosol nasal que contiene esketamina, derivada de la ketamina, para tratar la depresión mayor. Activa el sistema de la serotonina, que parece funcionar en la depresión según los estudios publicados por Yale.[4] Para ser claros, es poco probable que esto afecte a los aspectos grandiosos del narcisismo. En el futuro, puede ser capaz de ayudar con la irritabilidad que puede manifestarse como antagonismo, básicamente dando a la gente una mecha un poco más larga, pero necesitamos más investigación para determinarlo con certeza.

Encontrar al terapeuta adecuado

Si cree que padece un trastorno de personalidad o está tratando de aconsejar a alguien que tiene un trastorno de personalidad, es importante encontrar el tratamiento y al terapeuta que mejor se adapten a la situación. Aunque me han pedido consejo sobre la selección del mejor terapeuta para el NPD muchas veces, no puedo dar una respuesta exacta. Diferentes tipos de terapeutas proporcionan distintos tipos de tratamientos, y al principio puede ser difícil distinguirlos. Los tipos y la disponibilidad también difieren según el territorio y el estado. En estas situaciones, suelo ofrecer algunas ideas para orientar la búsqueda.

En general, sugiero buscar un psicólogo clínico o psiquiatra formado en una universidad de investigación importante, como la Universidad de Georgia, la Universidad de Minnesota o la Universidad de California en Los Ángeles. Cualquier universidad importante de cualquier estado tendrá un programa de psicología clínica emblemático, especialmente los que están acreditados por la American Psychological Association (APA) y el Psychological Clinical Science Accreditation System (PCSAS). Los graduados de estos programas tendrán la mejor formación y serán las personas más adecuadas con esa formación. Esto no significa que sean los mejores terapeutas, pero al menos podemos contar con un control de calidad básico si trabajamos con alguien procedente de alguno de estos programas. También es probable que estén formados en las últimas terapias, que conozcan bien las técnicas cognitivo-conductuales y que sean hábiles a la hora de desglosar los problemas.

Las terapias psicodinámicas y los psicoanalistas tienden a hacer su trabajo en la ciudad de Nueva York y en los centros de la costa este y oeste. Si somos muy inteligentes e introspectivos, la terapia psicoanalítica podría ser útil porque nos da la opción de mirar hacia dentro, aprender y crecer, lo que podría ser motivador. Sin embargo, tiende a ser más caro, y es una opción limitada, dependiendo de dónde vivamos.

Además, es posible buscar psicoterapeutas especializados en trastornos de la personalidad. Esto también dependerá de la ubicación, pero si vivimos en una gran ciudad, deberíamos encontrar clínicas y profesionales con esta especialidad. Muchos de ellos se centrarán en el trastorno límite de la personalidad y en la DBT o en terapias relacionadas, pero son un buen lugar para empezar, ya que la formación es específica y dirigida. Además, estas terapias requieren un proceso que se enseña a los profesionales, por lo que suele ser consistente y fiable independientemente de la ubicación.

En última instancia, elegir un psicoterapeuta es como invertir. Se puede hablar todo el día sobre la mejor inversión: porcentajes de acciones, bonos, bienes raíces, o el oro, pero a la postre hay que invertir para obtener un rendimiento. Algunas inversiones son desacertadas, otras son un desastre y otras son un éxito. La acción de invertir es lo más importante, y los diferentes métodos no hacen más que modificar el modelo básico de ahorrar más dinero para obtener mejor rendimiento. Lo mismo ocurre con la psicoterapia y el narcisismo. A la postre, el mayor reto será comprometerse con la terapia, así que si podemos encontrar una que funcione y sentimos que estamos progresando (o que otros en nuestra vida lo están percibiendo), entonces esa es la terapia adecuada para nosotros. Y si no funciona, probamos con otra. Como nota final: no estoy diciendo que debamos quemar a todos los terapeutas de la ciudad para encontrar a alguien que esté de acuerdo con nosotros en que hay que culpar a alguien que no seamos nosotros mismos. En cambio, si invertimos en nosotros mismos a lo largo del tiempo, con la psicoterapia hay una posibilidad decente de mejorar, a pesar de todo lo que alguna vez pensemos sobre el NPD.

Encontrar refugio de los efectos del narcisismo

Como nota final de este capítulo, es necesario hablar con aquellos que quieren ayuda si están involucrados con narcisistas en el trabajo o en casa y quieren tornarse menos vulnerables a los trastornos que experimentan. Esto es difícil. La clave es buscar ayuda, pero no hay una terapia «antinarcisista». En una situación con un comportamiento que infringe la ley, como la violencia, la agresión y la difamación, se puede recurrir a los recursos legales. Si sufrimos consecuencias clínicas, como depresión, los tratamientos clínicos pueden funcionar mejor. Hay blogs *online* como One Mom's Battle, que se centra en el divorcio de un narcisista, pero no hay un enfoque terapéutico ideal que yo conozca a nivel profesional.

En general, las personas que tratan con narcisistas necesitan un control de la cordura en su vida, lo que yo considero una prueba de realidad. La idea es que necesitamos a alguien en quien confiemos –un terapeuta, un pastor, un padre, un cónyuge o un amigo– que apoye nuestra visión de la realidad y no la del narcisista. Si queremos que nos ayuden a salir de la relación, hay que reclutar a varias personas como aliadas, ya sean amigos, familiares o médicos. El apoyo social ayuda. Me gustaría que hubiera un cuerpo de investigación científica sobre esto, pero realmente no lo hay.

Una visión más profunda: psicoterapia por ubicación

La gente me pregunta a menudo por qué los modelos psicodinámicos se encuentran en la ciudad de Nueva York y en algunas otras ciudades de ambas costas del país. La psicología y sus variantes se extendieron por Estados Unidos en diferentes momentos y de distintas maneras. El psicoanálisis fue y sigue siendo una forma de terapia elitista y costosa. Cuando llegó de Europa, echó raíces en las grandes ciudades, sobre todo en Nueva York. Allí reinaron las ideas de Freud. En Nueva Inglaterra, William James encontró las ideas de Freud un tanto oscuras y favoreció la fuerza de voluntad y el buen carácter, y con él floreció un nuevo enfoque de la salud mental que restaba importancia a los diagnósticos y apoyaba la vida en comunidad, incluyendo la iglesia y el trabajo. La costa oeste, donde florecieron una psicología más humanista y la Gestalt, es una historia diferente. California fue el corazón del movimiento del potencial humano y del movimiento de la autoestima. El medio oeste fue la cuna de la psicología industrial, y el sur tiene grandes laboratorios de investigación psicológica, pero, en general, hay menos interés en la psicoterapia y más énfasis en la religión.

Entre bastidores: para los que buscan ayuda

Parte de la motivación para escribir este libro ha sido la de recabar tanta información como pudiera. Recibo docenas de correos electrónicos de personas que están desesperadas por encontrar una solución al narcisismo. Están tan desesperadas que envían un correo electrónico a un desconocido que presentó una charla TEDx y escribió el guion de una lección TED-Ed. De los que se ponen en contacto conmigo, hay pocos que estén luchando personalmente con el NPD. En cambio, la mayoría está luchando con un cónyuge narcisista, el cónyuge de su hijo o su jefe.

La gente busca la mejor respuesta, pero acaba enviándome un correo electrónico porque no hay respuestas fáciles u obvias. Pensemos en ello de esta manera: si hay alguien con fuertes tendencias narcisistas en nuestra vida, habrá herido o alejado a muchas personas. Algunas personas cortan con ellas, otras las demandan, otras intentan apaciguarlas y otras piensan que son increíbles; no hay un efecto específico del narcisismo que tratar. Por eso, creo que el mejor punto de partida es el asesoramiento general o la terapia. Debemos averiguar qué es lo que sucede y, luego, seguir el camino que sea mejor para nuestro propio bienestar.

15. La ciencia del futuro en torno al narcisismo

El progreso científico siempre se produce a causa de las nuevas teorías, herramientas y métodos de investigación, lo que hace que el estudio científico del narcisismo sea emocionante. Cuando los psicólogos, psiquiatras y psicoanalistas empezaron a tratar de entender el narcisismo, solo contaban con sus observaciones y percepciones, que son primeros pasos importantes pero propensos al sesgo y el error. A menudo terminamos viendo lo que queremos ver. La ciencia sigue siendo proclive al sesgo y el error, pero estamos progresando.

En este último capítulo, quiero mirar al futuro, y a la ciencia y los tratamientos relacionados que cambiarán nuestra forma de percibir y tratar el narcisismo, así como a la personalidad en general. Algunas de estas ideas despegarán por sí solas, otras se monetizarán y se impondrán a la gente, y otras seguirán siendo ilegales y permanecerán ocultas. Además de estas ideas, quiero llamar la atención sobre la ola masiva que supone la genética. El nacimiento de bebés modificados genéticamente en pacientes bajo el cuidado de He Jiankuiin, un investigador de biofísica en China, significa que incluso podríamos vivir para ver que ese procedimiento se generaliza, aunque la decisión del Gobierno chino de encarcelar al doctor He durante tres años frenará este trabajo.

Los avances tecnológicos y estadísticos están haciendo posible el estudio de las personas en tiempo real y con el contexto más rico posible. En cierto sentido, estamos pasando de las imágenes fijas a las películas. Por ejemplo, los *smartphones* pueden utilizarse para la «evaluación ambulatoria», que abarca una serie de métodos de evaluación que se utilizan para estudiar a las personas en su entorno habitual, incluidos los datos de observación, la información de autoinforme y las cifras biológicas, conductuales y fisiológicas. El análisis de los datos derivados de las palabras y las imágenes está siendo impulsado por los ordenadores, y tenemos herramientas de laboratorio que pueden leer las emociones de las caras y el lenguaje hablado. Además, los datos de rastreo pueden capturar información de nuestras tarjetas de crédito, *cookies* y brazaletes digitales. Por último, la neuroimagen de resonancia magnética funcional nos permite percibir los circuitos cerebrales que subyacen a la personalidad en situaciones específicas.

Primera mirada: avances en genética

En general, los últimos progresos en genética molecular permitirán avanzar en los conocimientos actuales sobre los matices de la personalidad. Los científicos saben desde hace décadas que la personalidad es hereditaria y que proviene, en parte, de nuestros padres biológicos. Los investigadores lo aprendieron estudiando a los gemelos. Como los gemelos idénticos son más parecidos genéticamente que los no idénticos, podían suponer que al menos algunas de las similitudes eran heredadas. Además, estudiaron a gemelos criados por familias diferentes para saber en qué medida las diferencias entre ellos se debían a la crianza. Ahora, la ciencia más reciente podría descubrir los genes implicados en la inteligencia, los «cinco grandes» rasgos y la personalidad, incluido el narcisismo.

Los investigadores saben que la personalidad no es el resultado de uno o dos genes, sino de decenas de ellos que explican, cada uno, una pequeña parte de la personalidad. Dado que no existe un gen (o un grupo conocido de genes) del «narcisismo» o de la «extraversión», tenemos que examinar los genomas de cientos de miles de personas que han realizado pruebas de personalidad. Esta investigación a gran escala se denomina estudio de asociación de todo el genoma, o GWAS. En la actualidad, las pruebas pueden mapear el genoma por unos 1 000 dólares, lo cual es increíble dado que el primer mapa del genoma costó más de 2 500 millones de dólares. El precio acabará alcanzando los 100 dólares. Hoy en día, los científicos tienen una buena idea de los muchos genes que componen la estatura. Dentro de diez o veinte años, puede que tengamos la misma información para el narcisismo. Es simplemente una cuestión de coste e interés utilizar los datos para detectar un patrón.

A partir de esa información, los psicólogos clínicos querrán saber cómo cambiar esos genes y rasgos de personalidad. Esto podría significar encontrar la manera de evitar la expresión de esos genes. Por ejemplo, a un paciente que se entera de que tiene una predisposición genética a padecer una enfermedad cardiaca se le aconseja que tome medidas preventivas a través de la dieta, el ejercicio y la reducción del estrés. Con la personalidad, eso podría ser diferente. Se ha desarrollado un nuevo e increíble procedimiento llamado CRISPR, o repeticiones palindrómicas cortas agrupadas y regularmente intercaladas, para la edición directa de genes en animales vivos mediante el uso de fragmentos de ADN para destruir ADN específico. Los científicos ya han utilizado el CRISPR para editar el ADN de bebés con el gen *CCR5* desactivado, responsable de dos tipos de resistencia al VIH. La edición del gen, en teoría, debería proteger a estos bebés del VIH. El trabajo inicial se llevó a cabo en China, y ahora se dice que un grupo en Rusia está trabajando en ello.

Mi opinión es que una variante de CRISPR se pondrá de moda como práctica preventiva en las clínicas de fertilidad. En cuanto a la personalidad, es probable que los primeros objetivos estén orientados a la reducción de la ansiedad. Al mismo tiempo, no sé si la intervención genética llegará al punto en que pueda cambiar la personalidad de forma fiable y deseable. Eso supondría trazar un mapa decente entre los genes complejos en el momento del nacimiento y la personalidad en un momento posterior, lo que podría no ser predecible con demasiada precisión, puesto que requeriría una gran cantidad de datos, ciencia compleja y modelos matemáticos intrincados. Además, hay que contar con la potencia de los ordenadores: la mayor parte de la ciencia psicológica de vanguardia actual depende de informáticos, estadísticos y físicos para capturar y modelar los datos.

Próximos pasos: nueva ciencia

Los enormes cambios tecnológicos de las últimas décadas han llegado a la ciencia psicológica. Se ha tardado algún tiempo en aprovechar estas herramientas, pero el esfuerzo está empezando a dar sus frutos, y es donde se producirán los avances más emocionantes en la próxima década. Dado que los desarrollos se superponen y se entrelazan, el futuro de la investigación sobre el narcisismo será diferente y más complejo. La tabla 15.1 ofrece una visión general de algunos métodos nuevos y prometedores.

Cuadro 15.1. La nueva ciencia de los estudios de personalidad

	EJEMPLO	TEMAS
EVALUACIÓN AMBULATORIA	Red inalámbrica de área corporal conectada a un *smartphone* para recoger el pulso	Datos, baterías, sensores
DATOS LINGÜÍSTICOS Y DE VIDEOANÁLISIS	Lingüística computacional *Software* de reconocimiento facial	Extraer el significado de textos y vídeos
NEUROIMAGEN	fMRI MEG EEG	Tamaño de la muestra, gasto, construcción de modelos humanos más complejos
DATOS DE RASTREO	Redes sociales	Privacidad, validez

Evaluación ambulatoria

Tal como se describe al principio de este capítulo, las posibilidades son ilimitadas en lo que respecta a la evaluación ambulatoria en términos de muestreo electrónico, métodos de muestreo experimental y evaluación electrónica. Antiguamente, los investigadores llevaban a cabo estudios de diarios en los que los participantes rellenaban un diario en papel. A continuación, los investigadores conectaban a las personas con localizadores

(¿se acuerdan de ellos?) y los hacían sonar cinco veces al día y les preguntaban: «¿cómo se siente?» para hacerse una idea de cómo se sentían las personas a lo largo del tiempo. Ahora, la evaluación ambulatoria puede recoger una gran cantidad de información sobre las personas y de una forma pasiva, no invasiva que no interfiera en las acciones cotidianas. Timothy Trull, de la Universidad de Missouri, ha analizado las posibilidades de utilizar los *smartphones*, los diarios electrónicos y la monitorización fisiológica para evaluar síntomas, predecir futuras incidencias, controlar tratamientos, prevenir recaídas y comprender nuevas intervenciones. Uno de los ejemplos más interesantes de esta idea es una red inalámbrica de área corporal (WBAN) que se apoya en un *smartphone* como centro de recogida y medición de datos. Pensemos en lo que puede recoger ahora: elevación, movimiento, localización espacial e incluso la voz, no solo las palabras, sino las entonaciones y la velocidad del habla. Los teléfonos inteligentes también pueden conectarse con otros dispositivos, como una pulsera que mide el pulso o los pasos.

Más allá de esto, el movimiento de cuantificación del yo, o autoseguimiento, se ha hecho popular para que la gente registre sus «estadísticas» o movimientos a lo largo del tiempo. En los últimos años, el psicólogo Ryne Sherman ha colocado cámaras de vídeo a personas que graban cada minuto de su día para entender las situaciones que se encuentran en su vida y cómo las afrontan. Esto crea una medida bastante decente de la vida de alguien, especialmente al capturar cómo cambia su voz, qué palabras utiliza y qué ve en determinados intervalos de tiempo. Los datos también se pueden relacionar con la ubicación y la hora. El problema, por supuesto, es que esto crea tantos datos que al principio es difícil saber cómo analizarlos y darles sentido.

Otros problemas, que los ingenieros mencionan a menudo, son la fiabilidad de las baterías y los sensores. Las baterías están mejorando, pero todavía no duran lo suficiente. Los sensores son cada vez más pequeños, pero podrían serlo aún más. Sin embargo, los avances en áreas como los estudios del sueño, donde las bandas de sueño pueden medir los datos, muestran que la ciencia está llegando. Estas herramientas cambiarán por completo el enfoque de la investigación.

Análisis de datos lingüísticos y de vídeo

Además de las cuestiones físicas, los investigadores en psicología se enfrentan a cuestiones relacionadas con la ciencia del lenguaje y la visión, o el estudio de los datos de vídeo. Anteriormente, los científicos analizaban las emociones de los vídeos a partir de las valoraciones o impresiones medias de un grupo de humanos. Esto requería mucho trabajo y tiempo. Ahora podemos dar un mejor sentido a los datos lingüísticos y de vídeo solo con la ayuda de ordenadores. En la Universidad de Texas en Austin, el psicólogo James Pennebaker creó el Linguistic Inquiry and Word Count (LIWC), un programa de análisis de texto que al principio simplemente contaba la presencia de palabras, pero más tarde descubrió que ciertas palabras «aparecían juntas», como pronombres o palabras con un tono agresivo. En mayo de 2019, un grupo de investigadores de todo el país, dirigido por Nicholas Holtzman, de la Universidad del Sur de Georgia, publicó un análisis del LIWC sobre palabras narcisistas. Descubrieron que los correlatos más fuertes del narcisismo eran las palabrotas, los pronombres en segunda persona y las palabras relacionadas con los deportes.[1] Los correlatos negativos incluían palabras tentativas, palabras de ansiedad/temor y palabras relacionadas con procesos sensoriales o perceptivos. Aunque esto es fascinante, estos programas no captan el contexto o el tono, como el uso del sarcasmo. La nueva oleada de investigación buscará el contexto y extraerá el significado observando una red de palabras.

Tras el análisis de texto, los investigadores están buscando el reconocimiento de vídeo y el aprendizaje automático para detectar expresiones faciales emocionales desde la perspectiva de la ciencia psicológica. Un ejemplo sencillo es el de las sonrisas de Duchenne frente a las que no lo son. A veces, la gente sonríe con la boca pero no con los ojos. Parece falsa y en ocasiones dañina porque resulta una sonrisa engañosa. En cambio, una sonrisa completa implica el compromiso de la boca y los ojos, que es la sonrisa de Duchenne, o lo que se denomina popularmente ahora «sonreír con los ojos». Los programas informáticos pueden reconocer esto, y una vez que estos programas sean lo bastante fiables como para cotejar los vídeos en tiempo real y la codificación lingüística, los investigadores descubrirán datos interesantes para entender el narcisismo.

Considerados casi como la inversa de la evaluación ambulatoria, los datos de rastreo proporcionan observaciones basadas en datos acumulados en el mundo conectado. Por ejemplo, los *smartphones* guardan entradas para conciertos, vuelos de avión, compras en línea, mapas GPS y selfis. Las personas dejan estas migas de pan –estos rastros– en las bases de datos de empresas de todo el mundo. En una universidad, por ejemplo, los estudiantes utilizan sus tarjetas de identificación para sacar libros de la biblioteca, ir al gimnasio, entrar en la residencia, visitar el centro de salud y comer en el comedor. Si los administradores reunieran los datos y los cotejaran con las calificaciones, podrían ver cuándo los estudiantes empiezan a tener problemas en el campus, ya sea por quedarse en la residencia todo el tiempo o por abandonar su plan de ejercicios. En el futuro, a medida que el análisis de datos se vuelva más sofisticado, este rastreo de datos podría utilizarse en la ciencia de la psicología para estudiar las adicciones, como el seguimiento de los jugadores que viajan a Las Vegas.

En relación con esto, la investigación de «Big Data» está avanzando en la ciencia de la personalidad, al igual que en muchos otros campos. En 2018, los investigadores de la Universidad del Noroeste utilizaron modelos cuantitativos complejos para definir nuevos grupos de personalidad, y determinaron cuatro tipos: reservado, modelo que imitar, promedio y egocéntrico.[2] Sus conclusiones parecen atenerse al modelo de los «cinco grandes». Los miembros del grupo del «modelo que imitar» tenían rasgos acusados, excepto neuroticismo, y los del grupo «egocéntricos» tenían altos niveles de extraversión, pero estaban por debajo de la media en amabilidad, conciencia y apertura. Este puede ser un nuevo modelo para estudiar el narcisismo.

Muchas otras áreas de investigación crecerán en la próxima década, incluidos los análisis de redes sociales que mapean las redes sociales de los narcisistas y cómo cambian con el tiempo. Estos datos de «mapeo del ego» también podrían rastrear el narcisismo en el contexto de un entorno concreto, como qué zona de la ciudad tiene la mayor densidad de narcisismo y en qué momento. Se desarrollarán numerosas técnicas para ayudarnos a comprender y reducir el narcisismo.

Neuroimagen

Aunque es más difícil ver la curva de costes en este ámbito que en el de la genética o la genética del comportamiento, la neuroimagen será otro ámbito importante para las nuevas investigaciones. La neuroimagen funcional, en particular, permite a las personas moverse e interactuar, aunque de forma restringida, lo que da una idea de cómo el oxígeno o la sangre oxigenada se mueven por el cerebro durante la obtención de imágenes. Los científicos utilizan herramientas sofisticadas para analizar las imágenes y crear historias interesantes, pero el mayor reto sigue siendo obtener suficientes muestras para encontrar medidas fiables y dar sentido a los datos.

La resonancia magnética estructural (como la que se hace en una rodilla) y la funcional (fMRI) permiten a los investigadores en psicología observar los procesos estructurales, la forma del cerebro, su morfología y los flujos de oxígeno y hierro. Hasta la fecha, los investigadores lo hacen mostrando a los participantes en el estudio determinadas imágenes, o pidiéndoles que realicen ciertas tareas y midiendo después las diferencias en las zonas del cerebro activadas durante ese periodo. Solo se han hecho un par de estudios con imágenes sobre el narcisismo, pero el potencial para medir las diferencias narcisistas está presente, especialmente cuando los científicos puedan utilizar muestras más grandes y aplicar técnicas de aprendizaje automático.

Como la fMRI mide el flujo de sangre y oxígeno, es lenta y no capta los cambios rápidos del cerebro. Para ello, los investigadores utilizan el electroencefalograma (EEG), que mide las ondas cerebrales, incluso en periodos de milisegundos. Sin embargo, el reto del EEG es que no permite determinar con exactitud dónde se produce la actividad cerebral. Aunque se puede medir bien la velocidad, la localización no es precisa.

El magnetoencefalograma (MEG), por su parte, mide el campo magnético alrededor del cerebro con tal sensibilidad que capta de inmediato los matices del campo en respuesta a los estímulos. Es menos habitual y bastante más caro. No permite localizar tan bien como la fMRI, pero puede precisar mejor que un EEG, y, cuando se combinan, estas herramientas pueden proporcionar resultados interesantes. La neuroimagen del narcisismo está en sus inicios. Los estudios son pequeños y no hay muchos debido a su coste, pero la esperanza es que, a medida que esta tecnología se desarrolle y baje de precio, los científicos obtengan una visión clara del narcisismo y de los circuitos cerebrales que se activan en determinadas situaciones clave, como la asunción de riesgos, la autovaloración y la agresión.

Para proporcionar un ejemplo de cómo puede ser la ciencia, un equipo de investigación de China me envió en época reciente un borrador de un estudio que utiliza técnicas de aprendizaje automático para predecir el narcisismo individual a partir de escáneres de resonancia magnética. Imaginemos que se toma una resonancia magnética de 200 personas y se utilizan esos datos para predecir la puntuación de narcisismo de cada una de ellas. En lugar de elaborar teorías sobre en qué se diferencian los cerebros narcisistas, la potencia informática bruta podría examinar miles de correlaciones y ver qué aspectos de los escáneres cerebrales predicen el narcisismo. El uso de este enfoque de aprendizaje automático en una sola muestra pequeña no funciona bien, pero, en cuanto los investigadores puedan entrenar estos modelos en varios conjuntos de datos masivos, harán un trabajo decente para predecir el narcisismo. Este proceso ha funcionado bien para empresas como Netflix, que utiliza nuestros datos de visualización junto con los datos de millones de otras personas para predecir lo que nos gustaría ver a continuación. El asiento de la personalidad en los circuitos cerebrales es una cuestión más compleja que las películas que le gustan a una persona, pero las matemáticas utilizadas son prácticamente las mismas.

La última frontera: nuevos tratamientos

En cuanto a los nuevos tratamientos, cuatro se encuentran actualmente en distintos niveles de uso. O bien están en la primera fase, pero no han sido adoptados de manera generalizada, o bien se encuentran en las últimas fases de los ensayos clínicos, o en la fase de traslación de lo que podría convertirse en el próximo gran tratamiento. La tabla 15.2 ofrece una selección de estas nuevas terapias para que nos hagamos una idea de lo que está por venir, incluidos los inconvenientes o las preocupaciones actuales que pueden obstaculizar el progreso.

Tabla 15.2. Nuevos tratamientos

	EJEMPLO	CUESTIONES
ESTIMULACIÓN CEREBRAL	Estimulación magnética transcraneal (ECT muy baja)	Eficacia, daño, más ansiedad
PSICODÉLICOS	MDMA Psilocibina	Ilegal en EE. UU., no se ha probado en el narcisismo, psicolítico versus psico-délico versus chamánico
REALIDAD VIRTUAL	Adquisición virtual Efecto Proteus	Virtual en lugar de presencial Eficacia

Estimulación cerebral

Las terapias de estimulación cerebral, que son algunas de las más interesantes, están diseñadas para afectar directamente a determinadas zonas del cerebro. El ejemplo más común es la estimulación magnética transcraneal, a veces descrita como terapia de electrochoque de bajo nivel, o terapia electroconvulsiva (ECT). Esta terapia parece revolver las neuronas, y, cuando se reinician y comienzan a activarse de nuevo, las personas se sienten mejor. La terapia electroconvulsiva, que se realiza bajo anestesia general, se utiliza sobre todo en pacientes aquejados de depresión grave o trastorno bipolar. Por el momento, la ECT no se utiliza para el narcisismo porque los científicos no pueden relacionarla con esos rasgos específicos. En su libro *¿Es usted un psicópata?*, Jon Ronson escribe sobre el uso de técnicas transcraneales para desactivar áreas de la corteza frontal que hacen que las personas actúen como individuos impulsivos y psicópatas.[3] En este caso, el tratamiento con ECT desplaza a las personas más hacia lo psicopático que hacia lo narcisista, pero esta técnica también podría ser adecuada para los síntomas neuróticos asociados al narcisismo vulnerable.

Sin embargo, el trabajo verdaderamente vanguardista trata de anestesiar haces nerviosos profundos para detener los efectos de la ansiedad, lo que es especialmente relevante para el trastorno de estrés postraumático extremo. En junio de 2019, el veterano de la Marina y receptor de la Medalla de Honor Dakota Meyer se sometió a este tratamiento y dijo que se sintió como si le hubieran quitado «un millón de kilos de encima».[4] Llamada bloqueo del ganglio estrellado (SGB), la inyección anestésica adormece los nervios de la base del cuello, adormeciendo la zona asociada a la respuesta de lucha o huida del cuerpo. Desarrollada por Eugene Lipov, que trabaja en el programa Service-Disabled Veteran-Owned Small Business en colaboración con el Department of Defense and Veterans Affairs, la inyección se utilizó por primera vez para tratar a las mujeres que sufrían sofocos por la menopausia y ahora ayuda a disminuir los síntomas del TEPT, como depresión, ansiedad e insomnio.

Meyer comparó su experiencia de tratamiento con estar en el centro de Nueva York en hora punta y, de repente, pasar a conducir por una tranquila carretera rural. Meyer había servido en la provincia de Kunar en Afganistán, en 2009, cuando su patrulla sufrió una emboscada de más de cincuenta combatientes enemigos. Hizo cinco viajes a la zona de la emboscada durante seis horas para salvar a todas las personas que pudo. Desde entonces, no había podido «quitarse la guerra de la cabeza». Un estudio de 2014 descubrió que una semana después de la primera inyección de SGB, alrededor del 70 % de los 166 veteranos que participaron en el estudio experimentaron alivio, y en muchos de ellos el alivio duró varios meses.[5] El Departamento de Defensa concedió al Ejército una subvención de 2 millones de dólares para llevar a cabo un estudio aleatorio de tres años sobre los efectos entre 240 veteranos con TEPT, que finalizó en 2019, por lo que deberíamos saber más en cuanto los resultados se hagan públicos. Estos tratamientos son prometedores para la ansiedad, la depresión y la hostilidad pero no necesariamente para el narcisismo o el antagonismo en general.

Psicodélicos

El interés y la investigación en torno a los psicodélicos también están en auge. Mediante la activación de la serotonina, los psicodélicos crean un estado alterado de conciencia y diferencias en el pensamiento, la visión y la escucha. La naturaleza de estos efectos depende en gran medida del escenario y el entorno de la experiencia, por lo que no existe un efecto psicodélico específico. Las principales drogas psicodélicas son la mescalina, el LSD, la psilocibina (hongos), el éxtasis (MDMA o *molly*) y el DMT. Esta última droga ha llamado la atención recientemente, sobre todo en formas de medicina vegetal como la ayahuasca, administrada por un chamán o curandero experimentado.

Aunque la gente ha informado de visiones profundas al usar DMT, la investigación sobre esta planta medicinal es demasiado reciente para ser concluyente en este momento. La planta de la ayahuasca no es ilegal en Estados Unidos, *per se*, pero el ingrediente activo, el DMT, está prohibido como droga de la Lista I. Se puede utilizar como planta medicinal ceremonial en virtud de la Primera Enmienda, pero es ilegal en entornos de investigación fuera del uso religioso. Además, el DMT no ha sido probado en el caso del narcisismo, si bien los psicodélicos tienden a reducir el neuroticismo, una mayor apertura y un cambio general en el ego.

En la década de 1950, los tratamientos psicodélicos se probaron mediante la terapia psicodélica, en la que el paciente se sometía a un psicoanálisis hablando de su infancia, sus miedos y sus sueños después de tomar una dosis de LSD u otro psicodélico. La ingesta de una droga psicodélica relajaba a los pacientes y les ayudaba a recuperar recuerdos y a establecer conexiones que, de otro modo, podrían perderse. En estudios modernos, los ensayos clínicos en curso están probando el MDMA como tratamiento para el TEPT en veteranos, en combinación con herramientas cognitivas de comportamiento.

Los primeros investigadores psicológicos también experimentaron con ellos mismos. Havelock Ellis, que fue el primero en utilizar científicamente el concepto de narcisismo, fue también el primer académico que utilizó los botones de cactus de peyote en Inglaterra y escribió sobre sus experiencias. Al igual que la ayahuasca, el peyote se utiliza en ceremonias psicodélicas chamánicas que crean un espacio seguro en el que el chamán puede cantar para alejar la energía negativa, invitar a los espíritus que intervienen y eliminar bloqueos o traumas. Más que una práctica psicoanalítica o psicoterapéutica, la ceremonia ocurre en un plano místico o espiritual, lo que lo torna difícil de debatir desde una perspectiva científica.

En general, las terapias psicodélicas pueden ser, potencialmente, los medicamentos más poderosos que existen. Aunque la mayoría son seguras, sobre todo cuando las personas son examinadas adecuadamente para detectar enfermedades mentales y los experimentos se llevan a cabo en un entorno controlado, las cuestiones legales dificultan las pruebas. Dado que estas terapias conducen a una «desvinculación» del yo que no suele ser posible en estados normales de conciencia, ofrecen una oportunidad única para el cambio psicológico. Aunque son una herramienta eficaz, los investigadores aún no saben cómo aprovecharla o utilizarla. Espero que, para cuando se publique este libro, tengamos algunos datos sobre la personalidad de los grupos que utilizan la ayahuasca en las ceremonias tradicionales.

Realidad virtual

El último ámbito de la ciencia extraordinaria, que no ha llegado tan rápido como se pensaba, pero que lo hará pronto, es la realidad virtual. Es posible que hayamos jugado con uno de los nuevos modelos de videojuegos que están a disposición del público, y algunos de ellos son estupendos, pero los modelos de investigación de que disponen los científicos son revolucionarios. En la Universidad de Georgia, el edificio de psicología se encuentra junto al de periodismo, donde la doctora Sun Joo «Grace» Ahn puso en marcha un laboratorio de realidad virtual para llevar a cabo investigaciones sobre comunicación, así como investigaciones en colaboración con otros departamentos del campus.

Cuando visité el laboratorio, alrededor del año 2014, una de sus estudiantes me puso un casco y me indicó que cruzara el puente oscuro que tenía delante. En realidad, era una tabla en el suelo, pero no podía ver la tabla, y me pareció que estaba realmente en un puente. Me sentía tan asustado que casi me agaché para agarrar la tabla. Fue una de las experiencias más inmersivas y sorprendentes que he tenido. Al salir, pensé que esta nueva tecnología cambiaría el mundo y que su poder sería similar a la experiencia de cambio de ego de los psicodélicos.

Con el paso de los años, la doctora Ahn y mi estudiante Jessica McCain desarrollaron un proyecto con una Kim Kardashian virtual, que incitaba al usuario a verse a sí mismo como Kim y a elegir artículos materiales atractivos frente a otros menos atractivos. Lo que pensábamos, basándonos en la teoría psicológica, era que los participantes experimentarían el efecto Proteo, que es la tendencia de las personas a adoptar las características de su avatar o representación digital. Por ejemplo, si juego a un juego de baloncesto *online* desempeñando el papel de Michael Jordan, debería jugar un poco mejor en el juego –y quizá incluso fuera del juego– porque interiorizo las creencias sobre su (y, por tanto, mi) habilidad. En este caso, curiosamente, no encontramos eso. Parece que los participantes se sintieron algo negativos al ser vistos como narcisistas y reaccionaron siendo menos narcisistas.

De nuevo, se trata de una mirada preliminar sobre cómo la realidad virtual puede cambiar la forma de ver y estudiar el ego. De momento, sin embargo, el dinero de la realidad virtual está siendo canalizando hacia el fútbol. Durante una reunión académica celebrada hace años, visité un centro de realidad virtual en Michigan, cuyo objetivo era enseñar a la gente a jugar mejor al fútbol, lo que probablemente marcará el camino en el desarrollo de esta ciencia. Tengo la esperanza de que la realidad virtual dé a la gente la oportunidad de probar la toma de perspectiva, que puede ser un mecanismo para cambiar el narcisismo, al permitir a los narcisistas ver tanto los efectos negativos que el narcisismo puede tener en los demás como el valor positivo que los demás les dan cuando no son narcisistas. Más allá de eso, la realidad virtual debería ser capaz de provocarnos esas experiencias de «asombro» que nos permiten ver lo pequeños que somos en comparación con el mundo y darnos cuenta de que nuestras vidas personales no importan tanto como creemos.

Nuevas tendencias en la investigación

Aunque parezca lo contrario de lo que cabría esperar, las nuevas investigaciones empiezan a mostrar un descenso del narcisismo en la población. En realidad, nuestra sociedad se encuentra en una fase complicada con un cambio de cultura. Al mismo tiempo que estamos viendo un aumento de los líderes populistas y narcisistas en todo el mundo, la gente también se está cansando del sentido narcisista del yo que estamos viendo *online*. La gente está empezando a denunciar a los *influencers* y a las publicaciones falsas de los *ninjas* del *marketing online* junto a los *jets* privados que han alquilado durante unas horas para parecer ricos y famosos. No sé qué ocurrirá con seguridad, pero mi opinión es que los niños que están creciendo con las redes sociales ahora mismo ya están viendo los aspectos negativos del yo narcisista, de la misma manera que algunos de nosotros vimos los aspectos negativos de la música disco y la cocaína y nos alejamos de esa tendencia. En lugar de celebrar un yo más narcisista, están cambiando a un ego más contenido.

Ya lo estamos viendo en plataformas como TikTok, donde los jóvenes usuarios publican vídeos cotidianos de bromas pesadas y rutinas de baile. En lugar de los anteriores vídeos virales de YouTube en los que la gente presentaba grandiosos despliegues de su «botín del día», o rostros y cosas geniales, los que publican en TikTok están interesados en conversaciones vulnerables y «reales» sobre la vida, o en simples entretenimientos para hacer que sus días sean divertidos o graciosos. Cuando me siento con mis hijos adolescentes y los veo reírse de las publicaciones de TikTok, veo un nuevo mundo menos centrado en el estatus y más en la creatividad. Aunque esto es pura especulación, tengo esperanzas. Es hora de centrar nuestra investigación en esta nueva generación.

Epílogo
Afrontar el futuro con esperanza

A estas alturas del libro, el lector sabe más acerca del narcisismo de lo que cualquier investigador sabía en la década de 1990 e incluso a principios de los 2000. Hemos visto que el narcisismo se basa en la personalidad básica y que desempeña un papel en las redes sociales, las relaciones y el liderazgo. Sabemos que el narcisismo puede ser utilizado y minimizado, y que, si es un trastorno de la personalidad, puede ser tratado. Y, lo que es más importante, también hemos aprendido lo que no sabemos, pero que esperamos aprender pronto.

Recordemos que los conocimientos científicos son siempre cambiantes. Algunas de las ideas de este libro pueden resultar incorrectas. Teniendo en cuenta esta advertencia, creo que hemos hecho algunos progresos reales en las últimas dos décadas en la investigación sobre el narcisismo. Y espero que el lector también haya recogido algunas formas útiles de aplicar estos conocimientos en su propia vida.

Uno de los beneficios que conlleva entender el narcisismo es que se vuelve menos aterrador. Cuando encendemos la televisión o abrimos las aplicaciones de noticias y vemos historias relacionadas con la corrupción política o nuevos casos en el movimiento #MeToo, el impulso es librar al mundo del narcisismo. Ese instinto visceral es comprensible teniendo en cuenta lo que ocurre en el mundo actual. Otros quieren tirar la toalla y creer que esta es la realidad a la que siempre nos enfrentaremos. Ahora bien yo veo otra forma de avanzar: crear (o recrear) sistemas que proporcionen transparencia y responsabilidad a quienes ocupan puestos de confianza pública. Esto incluye a los políticos pero también a los profesionales, como los académicos y los que dirigen las empresas públicas. No me refiero al espionaje tipo *Black Mirror*, sino a una responsabilidad renovada. En el ámbito de la ciencia, se trata del movimiento de la «ciencia abierta», que ha terminado con varias carreras construidas sobre arena.

En otros ámbitos, tenemos que apoyar el periodismo activo y de investigación que informa de las noticias y en el que la gente confía. El narcisismo prospera en un mundo de posverdad, que se ha desarrollado con el auge de las redes sociales, las «noticias falsas» y un sector informativo cambiante en el que las publicaciones de noticias locales están cerrando sus puertas. Cada año se crean nuevas organizaciones de medios de comunicación para llenar este vacío, y una forma de combatir los aspectos negativos del narcisismo en nuestro mundo es apoyar estos esfuerzos.

Más allá de eso, soy un gran creyente en las consecuencias naturales y en el principio de realidad, donde el narcisismo prospera a corto plazo, pero fracasa a más largo plazo. En nuestro actual «sueño americano», en el que mucha gente se siente obligada a construir una marca personal para sobrevivir, hemos creado un sistema que casi exige algunos aspectos de narcisismo para prosperar. La gente basa su éxito en la ostentación y el carisma iniciales, lo cual funciona bien si somos un joven que intenta presumir y saltar desde un acantilado al lago de abajo. Pero si somos la persona que tiene los códigos nucleares, la sociedad no se beneficiará de nuestro narcisismo. Por fortuna, creo que está llegando un momento en el que los líderes narcisistas no pueden confiar en su falta de honestidad y su naturaleza manipuladora porque la sociedad en su conjunto está empezando a ver más allá de la fachada.

En las redes sociales, por ejemplo, el contenido ya se está alejando de la promoción y la construcción de la marca para convertirse en entretenimiento y compartir información. Las empresas y los empresarios en solitario con más éxito enseñan a los demás y aportan un verdadero valor a través del aprendizaje, con lo que la marca pasa a ser algo secundario. Además, asistimos a un auge de los pódcast y los contenidos de larga duración. Aunque los estudios demuestran que nuestra capacidad de atención sigue disminuyendo, dedicamos más tiempo a los vídeos, audios y artículos más largos que creemos que merecen la pena.

En definitiva, apuesto por el optimismo y las perspectivas a largo plazo. Acabo de tener un cachorro, tengo mi dinero en la bolsa y estoy deseando ver a mis hijas crecer y empezar sus carreras. Tengo sentimientos positivos sobre el mundo y sobre los próximos diez o quince años. Cada vez más gente se aleja del materialismo y el consumismo y se orienta hacia la meditación, el yoga, el mindfulness y los beneficios más profundos de la espiritualidad. Se están haciendo más preguntas acerca del ego que antes.

El crecimiento del interés en la investigación del narcisismo aumenta este optimismo en lugar de restarle importancia. Cuando empecé a estudiar el narcisismo, relativamente poca gente lo entendía o sabía lo que era. De hecho, a mucha gente le costaba hablar de ello. Pero hoy en día, solo tenemos que pensar en la cantidad de artículos que se escriben sobre él y en las conversaciones que mantenemos al respecto. En general, estamos haciendo frente a las marcas globales, y las microcelebridades están reduciendo el enfoque centralizado en las megacelebridades que, en general, apoyan ideas más grandiosas de fama, riqueza y «estatus» vinculadas al narcisismo. Ahora que sabemos cómo hablar del narcisismo, podemos reconocerlo y dar cuenta de él en nuestras vidas, tanto en los aspectos positivos como en los negativos.

Durante esta próxima década, preveo que el péndulo volverá a oscilar. El prolífico narcisismo de la era del 2000 se desvanecerá a medida que más gente reconozca y rechace la falsedad de nuestros líderes narcisistas que llegaron al poder y fracasaron en su liderazgo. La fama es más efímera ahora que nunca, y la gente se está dando cuenta de ello.

Volvemos al autocuidado, a la renovación y a las comunidades más pequeñas basadas en las conexiones personales. Buscamos la felicidad, y la verdadera felicidad se construye en última instancia sobre el amor y las relaciones genuinas. El hecho de que busquemos lo nuevo, lo diferente y lo auténtico significa que tenemos la capacidad de alejarnos de comportamientos y estilos de vida perjudiciales. Aunque este cambio puede llevar tiempo, se mueve en la dirección correcta.

Es complicado, por supuesto, si bien creo que a la larga las cosas que aportan valor al mundo se expandirán, y las que no, no. Si nos centramos en lo que nos aporta valor real a nosotros y a nuestras comunidades, simplemente el amor y el trabajo significativo, y evitamos distraernos con el miedo o la codicia incontrolables, el futuro debería ser positivo.

Glosario
de inicio rápido

Los cinco grandes: los principales rasgos de personalidad, recordados como OCEAN o CANOE (apertura, responsabilidad, extraversión, agradabilidad, neuroticismo). En general, las personas quieren puntuar más alto en los cuatro primeros y más bajo en neuroticismo.

Correlación: la asociación, o correlación, entre dos variables. Las correlaciones pueden oscilar entre 1 (una relación totalmente positiva) y -1 (una relación completamente negativa). La mayoría de las investigaciones sobre la personalidad tratan de correlaciones en torno a 0,2 o 0,3.

Narcisistas grandiosos: estos individuos ambiciosos, impulsivos y dotados de cierto encanto tienen una alta autoestima y generalmente se sienten bien consigo mismos. Estos son los narcisistas que veremos con más frecuencia en nuestra vida. A menudo nos atrae su audacia, pero luego nos repele su egocentrismo y su falta de empatía.

Narcisismo: expresión de los rasgos centrales de autoimportancia, antagonismo y sensación de privilegio.

Trastorno narcisista de la personalidad (NPD): la variante extrema e inflexible del narcisismo que conduce a un deterioro de nivel clínico en el amor y el trabajo.

Trastornos de la personalidad: trastornos psicológicos que se basan en características de personalidad extremas e inflexibles que abocan a un deterioro significativo de la vida.

Rasgos de personalidad: descripciones de las personas que son estables a través de diferentes situaciones y momentos.

Ensayo controlado aleatorio: cuando se prueba un tratamiento, se selecciona un grupo al azar para recibir el tratamiento y otro grupo para recibir el control (como una píldora de placebo).

Fiabilidad: la consistencia con la que funciona una medida de personalidad. Una medida fiable funcionará de la misma manera con independencia de los objetos y el tiempo.

Autorregulación: la capacidad de controlarse a sí mismo en aras de alcanzar objetivos a largo plazo.

Modelo trifurcado de narcisismo: nuevo modelo de narcisismo que incluye tanto el narcisismo grandioso como el vulnerable, que comparten un núcleo de desagrado, autoimportancia y autoestima.

Validez: la medida en que un test de personalidad mide lo que se supone que mide (por ejemplo, ¿un test de extraversión mide la extraversión y no otra cosa?).

Narcisistas vulnerables: introvertidos, deprimidos y fácilmente vulnerables a las críticas. Declaran tener una baja autoestima, pero, a pesar de ello, se consideran merecedores de un trato especial.

Notas

Capítulo 1

1. Ben Candea, «Santa Barbara Killer Claimed He Was Victim in "Twisted Life" Memoir», ABC News, 24 de mayo de 2014, abc-news.go.com/US/santa-barbara-killer-claimedvictim-twisted-life-memoir/story?id=23861753.

Capítulo 2

1. Seth Rosenthal *et al.*, «The Narcissistic Grandiosity Scale: A Measure to Distinguish Narcissistic Grandiosity from High Self-Esteem» (publicado *online* antes de la impresión, 3 de julio de 2019), *Assessment* (2019), www.ncbi.nlm.nih.gov/pubmed/31267782.

Capítulo 3

1. Lewis Goldberg, «The Structure of Phenotypic Personality Traits», *American Psychologist* 48, n.º 1 (1993), págs. 26-34, psych.colorado.edu/~carey/Courses/PSYC5112/Lecturas/psnEstructura_Goldberg.pdf.
2. Paul Meehl, «Why Summaries of Research on Psychological Theories Are Often Uninterpretable», *Psychological Reports* 66

(1990), págs. 195-244, citeseerx.ist.psu.edu/viewdoc/download?-doi=10.1.1.392.6447&rep=rep1&type=pdf.

3. Jochen Gebauer *et al.*, «Agency and Communion in Grandiose Narcissism», cap. 8 en *Agency and Communion in Social Psychology*, ed. Andrea Abele y Bogdan Wojciszke. Andrea Abele y Bogdan Wojciszke (Abingdon, Reino Unido: Routledge, 2017), doi. org/10.4324/9780203703663-8.

4. Michael Ashton *et al.*, «Honesty-Humility, the Big Five, and the Five-Factor Model», *Journal of Personality* 73, n.º 5 (octubre de 2005), págs. 1321-1354, doi.org/10.1111/j.1467-6494.2005.00351.x.

5. Angela Book *et al.*, «Unpacking Evil: Claiming the Core of the Dark Triad», *Personality and Individual Diferences* 101 (octubre 2016), pág. 468, doi.org/10.1016 /j.paid.2016.05.094.

Capítulo 4

1. Mandy Cantron, «To Fall in Love with Anyone, Do This», Modern Love, *New York Times*, 9 de enero de 2015, nytimes.com/2015/01/11/style/modern-love-to-falling-love- with-anyone-do-this.html.

Capítulo 5

1. American Psychiatric Association, *Manual diagnóstico y estadístico de los trastornos mentales (DSM-5)* (Washington, DC: APA Publishing, 2013).

Capítulo 6

1. Erin Buckels *et al.*, «Behavioral Confirmation of Everyday Sadism», *Psychological Science* 24, n.º 11 (2013), págs. 2201-2209, doi.org/10.1177/0956797613490749.

2. Erich Fromm, *The Heart of Man: Its Genius for Good and Evil* (Nueva York: Lantern Books, 1964).

3. Mila Goldner-Vukov *et al.*, «Malignant Narcissism: From Fairy Tales to Harsh Reality», *Psychiatria Danubina* 22, n.º 3 (2010), págs. 392-405.

4. Delroy Paulhus, «Toward a Taxonomy of Dark Personalities», *Current Directions in Psychological Science* 23, n.º 6 (2014), págs. 421-426, doi.org/10.1177/0963721414547737.

5. Linda Rodríguez McRobbie, «Why a Little Evil Is Good-And a Lot of Empathy Is Bad», *Boston Globe*, 27 de octubre de 2018, bostonglobe.com/ideas/2018/10/27/why-little-evil-good-and-lot-empathy-bad/lsJyWqUrkHWrYLcTtnTQyI/story.html.

6. Josh Miller *et al.*, «A Critical Appraisal of the Dark Triad Literature and Suggestions for Moving Forward», PsyArXiv Preprints, Cornell University, 14 de febrero de 2019, psyarxiv.com/mbkr8/.

7. H. Unterrainer *et al.*, «Vulnerable Dark Triad Personality Facets Are Associated with Religious Fundamentalist Tendencies», *Psychopathology* 49, n.º 1 (2016), págs. 47-52, doi.org/10.1159/000443901.

8. B. Edwards *et al.*, «Dark and Vulnerable Personality Trait Correlates of Dimensions of Criminal Behavior Among Adult Offenders», *Journal of Abnormal Psychology* 126, n.º 7 (2017), págs. 921-927, doi.org/10.1037/abn0000281.

9. Scott Kaufman *et al.*, «The Light vs. Dark Triad of Personality: Contrasting Two Very Diferent Profiles of Human Nature», *Fron-*

tiers in Psychology 10 (12 de marzo de 2019), doi.org/10.3389/fpsyg.2019.00467.

10. Lane Siedor, «Narcissism and Hypomania Revisited: A Test of the Similarities and Differences in Their Empirical Networks», *Current Psychology: A Journal for Diverse Perspectives on Diverse Psychological Issues* 35 (2016), págs. 244-254.

Capítulo 7

1. Keith Campbell, «Narcissism and Romantic Attraction», *Journal of Personality and Social Psychology* 77, n.º 6 (1999), págs. 1254-1270, doi.org/10.1037/0022-3514.77.6.1254.

2. C.S. Hyatt *et al.*, «The Relation Between Narcissism and Laboratory Aggression Is Not Contingent on Environmental Cues of Competition», Personality Disorders: Theory, Research, and Treatment 9, n.º 6 (2018): págs. 543-552, doi.org/10.1037/per0000284.

3. Brad J. Bushman *et al.*, «Narcissism, Sexual Refusal, and Aggression: Testing a Narcissistic Reactance Model of Sexual Coercion», *Journal of Personality and Social Psychology* 84, n.º 5 (2003), págs. 1027-1040, doi.org/10.1037/0022-3514.84.5.1027.

4. Kelly Dickinson *et al.*, «Interpersonal Analysis of Grandiose and Vulnerable Narcissism», *Journal of Personality Disorders* 17, n.º 3 (2003), págs. 188-207, pdfs.semanticscholar .org/8db5/d181e5ec-85fd61de162d3c43e70611eaf4a4.pdf.

5. Avi Besser *et al.*, «Grandiose Narcissism Versus Vulnerable Narcissism in Threatening Situations: Emotional Reactions to Achievement Failure and Interpersonal Rejection: Emotional Reactions to Achievement Failure and Interpersonal Rejection», *Journal of*

Social and Clinical Psychology 29, n.º 8 (2010), págs. 874-902, college.sapir.ac.il/sapir/dept/hrm/katedra/Besser_Priel_(2010b).pdf.

6. Linda Jackson *et al.*, «Narcissism and Body Image», *Journal of Research in Personality* 26, n.º 4 (1992), págs. 357-370, doi.org/10.1016/0092-6566(92)90065-C.

7. Marsha Gabriel *et al.*, «Narcissistic Illusions in Self-Evaluations of Intelligence and Attractiveness», *Journal of Personality* 62, n.º. 1 (1994), págs. 143-155, doi.org/10.1111/j.1467-6494.1994.tb00798.x.

8. Richard Robins *et al.*, «Effects of Visual Perspective and Narcissism on Self-Perception: Is Seeing Believing?», *Psychological Science* 8, n.º 1 (1997), págs. 37-42, simine.com/240/readings/Robins_and_John_(10).pdf.

9. Nicholas Holtzman *et al.*, «Narcissism and Attractiveness», *Journal of Research in Personality* 44, n.º 1 (2010), págs.133-136, doi.org/10.1016/j.jrp.2009.10.004.

10. Nicholas Holtzman y Michael Strube, «People with Dark Personalities Tend to Create a Physically Attractive Veneer», *Social Psychological and Personality Science* 4, n.º 4 (2013), págs. 461-467, doi.org/10.1177/1948550612461284.

11. Mitja Back *et al.*, «Why Are Narcissists So Charming at First Sight? Decoding Narcissism-Popularity Link at Zero Acquaintance», *Journal of Personality and Social Psychology* 98, n.º 1 (2010), págs. 132-145, doi.org/10.1037/a0016338.

12. Marius Leckelt *et al.*, «Behavioral Processes Underlying the Decline of Narcissists' Popularity Over Time», *Journal of Personality and Social Psychology* 109, n.º 5 (2015), págs. 856-871, doi.org/10.1037/pspp0000057.

13. Joanna Lamkin *et al.*, «An Exploration of the Correlates of Gran-

diose and Vulnerable Narcissism in Romantic Relationships: Homophily, Partner Characteristics, and Dyadic Adjustment», *Personality and Individual Differences* 79 (2015), págs. 166-171, doi. org/10.1016/j.paid.2015.01.029.

14. Michael Grosz *et al.*, «¿Who Is Open to a Narcissistic Romantic Partner?», *Journal of Research in Personality* 58 (2015), págs. 84-94, doi.org/10.1016/j.jrp.2015.05.007.

15. E.A. Krusemark *et al.*, «Comparing Self-Report Measures of Grandiose Narcissism, Vulnerable Narcissism, and Narcissistic Personality Disorder in a Male Ofender Sample», Psychological Assessment 30, n.º 7 (2018), págs. 984-990, doi.org/10.1037/pas0000579.

16. Anna Czarna *et al.*, «Do Narcissism and Emotional Intelligence Win Us Friends? Modeling Dynamics of Peer Popularity Using Inferential Network Analysis», *Personality and Social Psychology Bulletin* 42, n.º 11 (2016), págs. 1588-1599, doi. org/10.1177/0146167216666265.

17. W.K. Campbell *et al.*, «Narcissism and Commitment in Romantic Relationships: An Investment Model Analysis», *Personality and Social Psychology Bulletin* 28, n.º 4 (2002), págs. 484-495, doi. org/10.1177/0146167202287006.

18. Mitja Back *et al.*, «Narcissistic Admiration and Rivalry: Disentangling the Bright and Dark Sides of Narcissism», *Journal of Personality and Social Psychology* 105, n.º 6 (2014), págs. 1013 1037, doi. org/10.1037/a0034431.

19. E.H. O'Boyle *et al.*, «A Meta-Analytic Review of the Dark Triad-Intelligence Connection», *Journal of Research in Personality* 47, n.º 6 (2013), págs. 789-794, doi.org /10.1016/j.jrp.2013.08.001.

20. E. Grijalva *et al.*, «Narcissism: An Integrative Synthesis and Dominance Complementarity Model», *Academy of Management*

Perspectives 28, n.º 2 (2014), págs. 108-127, doi.org /10.5465/ amp.2012.0048.

Capítulo 8

1. Bandy Lee, *The Dangerous Case of Donald Trump: 37 Psychiatrists and Mental Health Experts Assess a President* (Nueva York: Thomas Dunne Books, 2017).

2. Keith Campbell, «Trump, Narcissism and Removal from Office per the 25th Amendment», Medium, 19 de mayo de 2017, medium. com/@wkcampbell/trump-narcissism-and-removal-from-office-per-the-25th-amendment-cd30036a799.

3. Timothy Judge *et al.*, «Personality and Leadership: A Qualitative and Quantitative Review», *Journal of Applied Psychology* 87, n.º 4 (2002), págs. 765-780, doi.org/10.1037//0021-9010.87.4.765.

4. Susan Cain, *Quiet: The Power of Introverts in a World That Can't Stop Talking* (Nueva York: Broadway Books, 2012).

5. Glenn Ball, «Clergy and Narcissism in the Presbyterian Church in Canada» (DMin diss., Trinity Theological Seminary, 2014), academia.edu/8945796/clergy_and_narcissism_in_the_presbyterian_church_in_canada

6. J.T. Cheng *et al.*, «Pride, Personality, and the Evolutionary Foundations of Human Social Status», *Evolution and Human Behavior* 31 (2010), págs. 334-347.

7. Ashley Watts, «The Double-Edged Sword of Grandiose Narcissism: Implications for Successful and Unsuccessful Leadership Among US Presidents», *Psychological Science* 24, n.º 12 (2013), págs. 2379-2389, doi.org/10.1177/0956797613491970.

8. Scott Lilienfeld *et al.*, «The Goldwater Rule: Perspective from, and Implications for, Psychological Science», PsyArXiv Preprints, Cornell University, última actualización: 2 de julio de 2018, psyarxiv. com/j3gmf/.

Capítulo 9

1. «Selfie Is Oxford Dictionaries' Word of the Year», *Guardian*, 19 de noviembre de 2013, theguardian.com/books/2013/nov/19/selfie-word-of-the-yearoed-olinguito-twerk.

2. Jung-Ah Lee *et al.*, «Hide-and-Seek: Narcissism and 'Selfie'-Related Behavior», *Cyberpsychology, Behavior, and Social Networking* 19, n.º 5 (2016), págs. 347-351, doi. org/10.1089/cyber.2015.0486.

3. Jessica McCain *et al.*, «Narcissism and Social Media Use: A Meta-Analytic Review», *Psychology of Popular Media Culture* 7, n.º 3 (2016), págs. 308-327, doi.org/10.1037 /ppm0000137.

4. Samuel Taylor, «An Experimental Test of How Selfies Change Social Judgments on Facebook», *Cyberpsychology, Behavior, and Social Networking* 20, n.º 10 (2017), págs. 610-614, doi.org/10.1089/ cyber.2016.0759.

5. N. Ferenczi *et al.*, «Are Sex Diferences in Antisocial and Prosocial Facebook Use Explained by Narcissism and Relational Self-Construal?», *Computers in Human Behavior* 77 (2017), págs. 25-31, doi. org/10.1016/j.chb.2017.08.033.

6. Jessica McCain *et al.*, «Narcissism and Social Media Use: A Meta-Analytic Review», *Psychology of Popular Media Culture* 7, n.º 3 (2018), págs. 308-327, doi.org/10.1037 /ppm0000137.

7. Brittany Gentile *et al.*, «The Effect of Social Networking Websites

on Positive Self- Views: An Experimental Investigation», *Computers in Human Behavior* 28, n.º 5 (2012), págs. 1929-1933, doi.org/10.1016/j.chb.2012.05.012.

8. Megan McCluskey, «Instagram Star Essena O'Neill Breaks Her Silence on Quitting Social Media», *Time*, 5 de enero de 2016, time.com/4167856/essena-oneill-breaks-silence-on-quitting-social-media/.

9. Chadwick Moore, «The Instahunks: Inside the Swelling Selfie-Industrial Complex», *Out*, 17 de agosto de 2016, out.com/out-exclusives/2016/8/17/insta-hunks-inside-swelling--selfie-industrial-complex.

10. Brittany Ward *et al.*, «Nasal Distortion in Short-Distance Photographs: The Selfie Effect», *JAMA Facial Plastic Surgery* 20, n.º 4 (2018), págs. 333-335, doi.org/10.1001/jamafacial.2018.0009.

11. Jesse Fox *et al.*, «The Dark Triad and Trait Self-Objectification as Predictors of Men's Use and Self-Presentation Behaviors on Social Networking Sites», *Personality and Individual Differences* 76 (2015), págs. 161-165, doi.org/10.1016/j.paid.2014.12.017.

Capítulo 10

1. Jessica McCain *et al.*, «A Psychological Exploration of Engagement in Geek Culture», *PLOS One* 10, n.º 11 (2015), e0142200.

2. Vladislav Iouchkov, «The Hero with a Thousand Graces': A Socio-Criminological Examination of the "Real-Life Superhero" Phenomenon» (tesis doctoral, Western Sydney University, 2017), researchdirect.westernsydney.edu.au/islandora/object/uws:46253/datastream/PDF/view.

3. Jakob W. Maase, «Keeping the Magic: Fursona Identity and Performance in the Furry Fandom» (tesis de máster, Western Kentucky University, 2015), digitalcommons.wku.edu/theses/1512.

4. Stephen Reysen *et al.*, «A Social Identity Perspective of Personality Differences Between Fan and Non-fan Identities», *World Journal of Social Science Research* 2, n.º 1 (2015), doi.org/10.22158/wjssr.v2n1p91.

5. Catherine Schroy *et al.*, «Different Motivations as Predictors of Psychological Connection to Fan Interest and Fan Groups in Anime, Furry, and Fantasy Sport Fandoms», *The Phoenix Papers* 2, n.º 2 (2016), págs. 148-167.

6. E. Diener *et al.*, «Effects of Deindividuation Variables on Stealing Among Halloween Trick-or-Treaters», *Journal of Personality and Social Psychology* 33, n.º 2 (1976), págs. 178-183, doi. org/10.1037/0022-3514.33.2.178.

Capítulo 11

1. Harry Wallace *et al.*, «The Performance of Narcissists Rises and Falls with Perceived Opportunity for Glory», *Journal of Personality and Social Psychology* 82, n.º 5 (2012), págs. 819-834, doi. org/10.1037/0022-3514.82.5.819.

2. Ellen Nyhus *et al.*, «The Effects of Personality on Earnings», *Journal of Economic Psychology* 26, n.º 3 (2004), págs. 363-384, doi. org/10.1016/j.joep.2004.07.001.

3. Timothy Judge *et al.*, «Do Nice Guys-and Gals-Really Finish Last? The Joint Effects of Sex and Agreeableness on Income», *Journal of Personality and Social Psychology* 102, n.º 2 (2012), págs. 390-407, doi.org/10.1037/a0026021.

4. Brenda Major, «From Social Inequality to Personal Entitlement: The Role of Social Comparisons, Legitimacy Appraisals, and Group Membership», *Advances in Experimental Social Psychology* 26 (1994), págs. 293-355, doi.org/10.1016/S0065-2601(08)60156-2.

5. Robert Axelrod, *The Evolution of Cooperation* (Nueva York: Basic Books, 1984).

Capítulo 12

1. J.D. Miller *et al.*, «Personality Disorder Traits: Perceptions of Likability, Impairment, and Ability to Change as Correlates and Moderators of Desired Level», *Personality Disorders: Theory, Research, and Treatment* 9, n.º 5 (2018), págs. 478-483, doi.org/10.1037/per0000263.

2. Eli Finkel *et al.*, «The Metamorphosis of Narcissus: Communal Activation Promotes Relationship Commitment Among Narcissist», *Personality and Social Psychology Bulletin* 35, n.º 10 (2009), págs. 1271-1284, doi.org/10.1177/0146167209340904.

3. Erica Hepper, *et al.*, «Moving Narcissus: Can Narcissists Be Empathic?», *Journal of Personality and Social Psychology* 40, n.º 9 (2014), págs. 1079-1091, doi.org/10.1177/0146167214535812.

Capítulo 13

1. William James, *The Principles of Psychology* (Nueva York: Henry Holt, 1890), pág. 121, gutenberg.org/ebooks/57628.

2. Brent Roberts *et al.*, «A Systematic Review of Personality Trait

Change Trough Intervention», *Psychological Bulletin* 143, n.º 2 (2017), págs. 117-141, doi.org/10.1037 /bul0000088.

3. N.W. Hudson *et al.*, «Volitional Personality Trait Change: ¿Can People Choose to Change Their Personality Traits??», *Journal of Personality and Social Psychology* 109, n.º 3 (2015), págs. 490-507, doi.org/10.1037/pspp0000021.

4. Jonathan Allan *et al.*, «Application of a 10-Week Coaching Program Designed to Facilitate Volitional Personality Change: Overall Effects on Personality and the Impact of Targeting», *International Journal of Evidence Based Coaching and Mentoring* 16, n.º 1 (2018), págs. 80-94, doi.org/10.24384/000470.

5. Amy Canevello *et al.*, «Interpersonal Goals, Others' Regard for the Self, and Self-Esteem: The Paradoxical Consequences of Self-Image and Compassionate Goals», *European Journal of Social Psychology* 41, n.º 4 (2011), págs. 422-434, doi.org/10.1002/ejsp.808.

6. E. Wetzel *et al.*, «You're Still So Vain: Changes in Narcissism from Young Adulthood to Middle Age», *Journal of Personality and Social Psychology* (avance *online* de la publicación; 2019), doi. org/10.1037/pspp0000266.

7. Po-Hsin Ho *et al.*, «CEO Overconfidence and Financial Crisis: Evidence from Bank Lending and Leverage», *Journal of Financial Economics* 120, n.º 1 (2016), págs. 194-209.

8. Paul Piff *et al.*, «Awe, the Small Self, and Prosocial Behavior», *Journal of Personality and Social Psychology* 108, n.º 6 (2015), págs. 883-899, doi.org/10.1037/pspi0000018.

9. Michael Saini, «A Meta-Analysis of the Psychological Treatment of Anger: Developing Guidelines for Evidence-Based Practice», *Journal of the American Academy of Psychiatry and the Law* 37, n.º 4 (2009), págs. 473-88.

10. Jennifer Lodi-Smith *et al.*, «Social Investment and Personality: A Meta-Analysis of the Relationship of Personality Traits to Investment in Work, Family, Religion, and Volunteerism», *Personality and Social Psychology Review* 11, n.º 1 (2007), págs. 68-86, doi. org/10.1177/1088868306294590.

Capítulo 14

1. John Ogrodniczuk *et al.*, «Interpersonal Problems Associated with Narcissism Among Psychiatric Outpatients», *Journal of Psychiatric Research* 43, n.º 9 (2009), págs. 837-842, doi.org/10.1016/j. jpsychires.2008.12.005.

2. Wendy Behary, *Disarming the Narcissist: Surviving and Thriving with the Self-Absorbed* (Oakland, CA: New Harbinger Publications, 2013).

3. David Kealy *et al.*, «Therapisis' Perspectives on Optimal Treatment for Pathological Narcissism», *Personality Disorders: Theory, Research, and Treatment* 8, n.º 1 (2015), págs. 35-45, dx.doi. org/10.1037/per0000164.

4. John Krystal *et al.*, «Ketamine: A Paradigm Shift for Depression Research and Treatment», *Neuron* 101, n.º 5 (2019), págs. 774-778, doi.org/10.1016/j.neuron.2019.02.005.

Capítulo 15

1. Nicholas Holtzman *et al.*, «Linguistic Markers of Grandiose Narcissism: A LIWC Analysis of 15 Samples», *Journal of Language*

and Social Psychology 38, n.º 5-6 (2019), págs. 773-786, doi.org/10.1177/0261927X19871084.

2. Martin Gerlach *et al*., «A Robust Data-Driven Approach Identifies Four Personality Types Across Four Large Data Sets», *Nature Human Behavior* 2 (2018), págs. 735-742, doi.org/10.1038/s41562-018-0419-z.

3. Jon Ronson, *The Psychopath Test: A Journey Through the Madness Industry* (Nueva York: Riverhead Books, 2011).

4. J.D. Simkins, «Medal of Honor Recipient Praises Revolutionary Neck Injection Treatment for PTSD», *Military Culture*, *Military Times*, 18 de junio de 2019, military-times.com/off-duty/military-culture/2019/06/18/medal-of-honor-recipient-praises-revolutionary-neck-injection-treatment-for-ptsd/.

5. Sean Mulvaney *et al*., «Stellate Ganglion Block Used to Treat Symptoms Associated with Combat-Related Post-Traumatic Stress Disorder: A Case Series of 166 Patients», *Military Medicine* 179, n.º 10 (2014), págs. 1133-1140, doi.org/10.7205/milmed-d-14-00151.

Lecturas recomendadas

El objetivo del presente volumen es proporcionar la información y las herramientas necesarias para entender el narcisismo
desde una perspectiva científica. Para ello, proporciono una
lista de lecturas clave. Se trata de revisiones amplias o docu-
mentos conceptuales sobre temas importantes. Asimismo, he
incluido algunas de las lecturas clásicas en este campo.

La investigación académica se publica en revistas académicas. Si intentamos localizar un artículo en alguna de estas
revistas, debemos tener acceso a través de una biblioteca, o nos
cobrarán una buena suma de dinero, y nada de ese dinero va
a los autores. Así es como navego por la literatura académica:
si quisiera mirar el narcisismo y los deportes extremos, por
ejemplo, uso el motor de búsqueda de Google Scholar y escribo «narcisismo deportes extremos». Aparece una larga lista
de artículos, ordenados por relevancia, que se pueden filtrar.

¿Y luego qué? Lo ideal sería que uno de esos artículos fuera
una revisión o un metaanálisis, que es una revisión estadística
de varios estudios en un solo documento. En este caso, sin embargo, no ha habido suerte. Otra opción es encontrar el artículo
más citado (por ejemplo, «citado por 120») y empezar por ahí.
Las citas significan que el artículo está referenciado por otros
investigadores, por lo que un artículo muy citado es importante
porque «importa» en un sentido académico. A continuación, se
pueden buscar artículos que citen este artículo para encontrar

investigaciones más recientes. Básicamente, podemos movernos en diferentes direcciones en la red académica hasta que estemos satisfechos con lo que encontremos.

Otra opción, que es cómo funcionan muchos campos académicos, es buscar un laboratorio de investigación individual. Algunos investigadores en el campo del narcisismo se mencionan con frecuencia, así que podemos buscarlos en Google Scholar y ver todo lo que han escrito. Si los seguimos en Twitter, podremos ver los últimos trabajos que se han distribuido. La ciencia es increíblemente social y tribal; encontraremos que cualquier tema interesante tiene campos opuestos.

Una vez que localicemos un artículo en Google Scholar, el PDF o el enlace, si es que existen, estarán junto al título. Muchas investigaciones académicas se publican *online* de forma gratuita. Si el artículo no está publicado, a menudo hay una versión preimpresa disponible en algún servidor, especialmente para los artículos nuevos. Por ejemplo, mi estudiante escribe un artículo y lo publica *online* en Open Science Framework (OSF). Si el artículo se publica en una revista oficial, es posible que suba a Internet la versión no editada. Este «mercado gris» de la literatura está creciendo rápidamente. Como mi estudiante también es un experto en tecnología, puede subir también el código y los datos de muestra.

Si un artículo no está disponible *online*, los académicos pueden utilizar un sitio de área gris iniciado por una mujer en Kazajistán para hacer que la ciencia sea abierta. No lo nombraré aquí porque no sé cuáles pueden ser los problemas legales, pero búsquenlo. Me alegraré cuando reciba un Premio Nobel.

Cuando se leen artículos de psicología, el resumen inicial

indica el contenido del artículo en cien o doscientas palabras. Esto permite hojearlo rápidamente, pero no sustituye a una lectura completa. Más allá del resumen, los artículos de las revistas tienen cuatro partes principales: una introducción, que incluye las hipótesis que se prueban; los métodos; los resultados, y la discusión. A menudo, el lugar más fácil para obtener el corazón del artículo es el comienzo de la discusión y las figuras/tablas. Se observan las imágenes mientras se lee la recapitulación del estudio por parte de los investigadores en uno o dos párrafos. Dado que los artículos de investigación comparten la misma estructura, podemos leer lo que queramos rápidamente, pero también obtener una amplia información de fondo si lo deseamos.

Dicho esto, a continuación se presentan algunas lecturas clave sobre el narcisismo. Hay cientos de estudios disponibles, pero los citados son un buen punto de partida.

Modelos de rasgos de narcisismo

Varios grupos han convergido en el modelo de tres factores del narcisismo de maneras un tanto distintas. Esto me infunde más confianza en que el «modelo trifurcado» tiene cierta validez.

Krizan, Z. y A.D. Herlache. «The Narcissism Spectrum Model: A Synthetic View of Narcissistic Personality», *Personality and Social Psychology Review* 22, n.º 1 (2018), págs. 3-31.

Rogoza, R., M. Żemojtel-Piotrowska, M.M. Kwiatkowska y K. Kwiatkowska. «The Bright, the Dark, and the Blue Face of Narcissism: The Spectrum of Narcissism in Its

Relations to the Metatraits of Personality, Self-Esteem, and the Nomological Network of Shyness, Loneliness, and Empathy», *Frontiers in Psychology* 9 (2018), pág. 343.

Weiss, B., W.K. Campbell, D.R. Lynam y J.D. Miller. «A Trifurcated Model of Narcissism: On the Pivotal Role of Trait Antagonism», en: *The Handbook of Antagonism: Conceptualizations, Assessment, Consequences, and Treatment of the Low End of Agreeableness*, editado por Joshua Miller y Donald Lynam, págs. 221-235. San Diego, CA: Elsevier, 2019.

A la gente también le encanta la investigación de la tríada oscura, de manera que aquí está el artículo clásico de Paulhus. Una reciente revisión metaanalítica de Vize no encuentra demasiada diferencia entre psicópatas y maquiavélicos. Este es un debate que sigue abierto.

Paulhus, D.L. y K.M. Williams. «The Dark Triad of Personality: Narcissism, Machiavellianism, and Psychopathy», *Journal of Research in Personality* 36, n.º 6 (2002), págs, 556-563.

Vize, C.E., D.R. Lynam, K.L. Collison y J.D. Miller. «Differences Among Dark Triad Components: A Meta-Analytic Investigation». *Personality Disorders: Theory, Research, and Treatment* 9, n.º 2 (2018), págs. 101-111.

Este fue el primer esfuerzo de nuestro equipo para analizar sistemáticamente las redes nomológicas del narcisismo grandioso y vulnerable. Como veremos, encontramos muchísimos datos.

Miller, J.D., B.J. Hoffman, E.T. Gaughan, B. Gentile, J. Maples y W.K. Campbell. «Grandiose and Vulnerable Narcissism: A Nomological Network Analysis», *Journal of Personality* 79, n.º 5 (2011), págs. 1013-1042.

Modelos dinámicos del narcisismo

El artículo de Morf fue el modelo dinámico más influyente en el trabajo psicológico social sobre el narcisismo. Ya es un clásico.

Morf, C.C. y F. Rhodewalt. «Unraveling the Paradoxes of Narcissism: A Dynamic Self-Regulatory Processing Model», *Psychological Inquiry* 12, n.º 4 (2001), págs. 177-196.

Este es un enfoque dinámico más reciente sobre el narcisismo, realizado por Back *et al*. Hay mucho trabajo desarrollado en esta área.

Back, M.D., A.C. Küfner, M. Dufner, T.M. Gerlach, J.F. Rauthmann y J.J. Denissen. «Narcissistic Admiration and Rivalry: Disentangling the Bright and Dark Sides of Narcissism», *Journal of Personality and Social Psychology* 105, n.º 6 (2013), págs, 1013-1037.

Esta es mi tesis, que describe un modelo de autorregulación de la atracción.

Campbell, W.K. «Narcissism and Romantic Attraction»,

Journal of Personality and Social Psychology 77, n.º 6 (1999), pág. 1254.

Foster ha realizado varios trabajos sobre el papel de la orientación de aproximación en el narcisismo. Este es un buen artículo para empezar.

Foster, J.D. y R.F. Trimm IV. «On Being Eager and Uninhibited: Narcissism and Approach-Avoidance Motivation», *Personality and Social Psychology Bulletin* 34, n.º 7 (2008), págs. 1004-1017.

Este es el reciente modelo dinámico de liderazgo organizativo narcisista de nuestro equipo.

Sedikides, C. y W.K. Campbell. «Narcissistic Force Meets Systemic Resistance: The Energy Clash Model», *Perspectives on Psychological Science* 12, n.º 3 (2017), págs. 400-421.

Debates clínicos

Algunos trabajos analizan los debates en torno al narcisismo cuando pasa de ser un trastorno clínico a un rasgo, y de ser grandioso a ser vulnerable.

Cain, N.M., A.L. Pincus y E.B. Ansell. «Narcissism at the Crossroads: Phenotypic Description of Pathological Narcissism Across Clinical Theory, Social/Personality

Psychology, and Psychiatric Diagnosis», *Clinical Psychology Review* 28, n.º 4 (2008), 638-656.

Miller, J.D., D.R. Lynam, C.S. Hyatt y W.K. Campbell. «Controversies in Narcissism», *Annual Review of Clinical Psychology* 13 (2017), págs. 291-315.

Wright, A.G. y E.A. Edershile. «Issues Resolved and Unresolved in Pathological Narcissism», *Current Opinion in Psychology* 21 (2018), págs. 74-79.

Estudios interesantes

El factor «interesante» se torna evidente ya en el título de estos, los cuales aparecen en este libro.

Back, M.D., S.C. Schmukle y B. Egloff. «Why Are Narcissists So Charming at First Sight? Decoding the Narcissism-Popularity Link at Zero Acquaintance», *Journal of Personality and Social Psychology* 98, n.º 1 (2010), págs. 132-145.

Brummelman, E., S. Thomaes, S.A. Nelemans, B.O. De Castro, G. Overbeek y B.J. Bushman. «Origins of Narcissism in Children», *Proceedings of the National Academy of Sciences* 112, n.º 12 (2015), págs. 3659-3662.

Campbell, W.K., C.P. Bush, A.B. Brunell y J. Shelton. «Understanding the Social Costs of Narcissism: The Case of the Tragedy of the Commons», *Personality and Social Psychology Bulletin* 31, n.º 10 (2005), págs. 1358-1368.

Gebauer, J.E., C. Sedikides, B. Verplanken y G.R. Maio. «Communal Narcissism», *Journal of Personality and Social Psychology* 103, n.º 5 (2012), pág. 854.

Hyatt, C., W.K. Campbell, D.R. Lynam y J.D. Miller. «¿Dr. Jekyll or Mr. Hyde? President Donald Trump's Personality Profile as Perceived from Different Political Viewpoints», *Collabra: Psychology* 4, n.º 1 (2018), xx.

McCain, J., B. Gentile y W.K. Campbell. «A Psychological Exploration of Engagement in Geek Culture», *PLOS One* 10, n.º 11 (2015), e0142200.

Tracy, J.L., J.T. Cheng, R.W. Robins y K.H. Trzesniewski. «Authentic and Hubristic Pride: The Affective Core of Self-Esteem and Narcissism», *Self and Identity* 8, n.º 2-3 (2009), págs. 196-213.

Vazire, S., L.P. Naumann, P.J. Rentfrow y S.D. Gosling. «Portrait of a Narcissist: Manifestations of Narcissism in Physical Appearance», *Journal of Research in Personality* 42, n.º 6 (2008), págs. 1439-1447.

Watts, A.L., S.O. Lilienfeld, S.F. Smith, J.D. Miller, W.K. Campbell, I.D. Waldman y T.J. Faschingbauer. «The Double-Edged Sword of Grandiose Narcissism: Implications for Successful and Unsuccessful Leadership Among US Presidents», *Psychological Science* 24, n.º 12 (2013), págs. 2379-2389.

Young, S.M. y D. Pinsky. «Narcisissm and Celebrity», *Journal of Research in Personality* 40, n.º 5 (2006), págs. 463-471.

Comentarios

He aquí una selección de las críticas más amplias existentes.

Bosson, J.K., C.E. Lakey, W.K. Campbell, V. Zeigler-Hill, C.H. Jordan y M.H. Kernis. «Untangling the Links Between

Narcissism and Self-Esteem: A Theoretical and Empirical Review», *Social and Personality Psychology Compass* 2, n.º 3 (2008), págs. 1415-1439.

Campbell, W.K., B.J. Hoffman, S.M. Campbell y G. Marchisio. «Narcissism in Organizational Contexts», *Human Resource Management Review* 21, n.º 4 (2011), págs. 268-284.

Gnambs, T. y M. Appel. «Narcissism in Organizational Contexts», *Journal of Personality* 86, n.º 2 (2018), págs. 200-212.

Grijalva, E. y D.A. Newman. «Narcissism and Counterproductive Work Behavior (CWB): Meta-Analysis and Consideration of Collectivist Culture, Big Five Personality, and Narcissism's Facet Structure», *Applied Psychology* 64, n.º 1 (2015), págs. 93-126.

Grijalva, E., D.A. Newman, L. Tay, M.B. Donnellan, P.D. Harms, R.W. Robins, y T. Yan. «Gender Differences in Narcissism: A Meta-Analytic Review», *Psychological Bulletin* 141, n.º 2 (2015), págs. 261-310.

Holtzman, N.S. y M.J. Strube. «Narcissism and Attractiveness», *Journal of Research in Personality* 44, n.º 1 (2010), págs. 133-136.

Liu, D. y R.F. Baumeister. «Social Networking Online and Personality of Self-Worth: A Meta-Analysis», *Journal of Research in Personality* 64 (2016), págs. 79-89.

McCain, J.L. y W.K. Campbell. «Narcissism and Social Media Use: A Meta-Analytic Review», *Psychology of Popular Media Culture* 7, n.º 3 (2018), págs. 308-327.

O'Boyle, E.H., D. Forsyth, G.C. Banks y P.A. Story. «A Meta-Analytic Review of the Dark Triad-Intelligence

Connection», *Journal of Research in Personality* 47, n.º 6 (2013), págs. 789-794.

Samuel, D.B. y T.A. Widiger. «A Meta-Analytic Review of the Relationships Between the Five-Factor Model and DSM-IV-TR Personality Disorders: A Facet Level Analysis», *Clinical Psychology Review* 28, n.º 8 (2008), págs. 1326-1342.

Algunas escalas comunes

A continuación, se citan algunas de las escalas de narcisismo más utilizadas.

Inventario de personalidad narcisista (NPI)

Gentile, B., J.D. Miller, B.J. Hoffman, D.E. Reidy, A. Zeichner y W.K. Campbell. «A Test of Two Brief Measures of Grandiose Narcissism: The Narcissistic Personality Inventory-13 and the Narcissistic Personality Inventory-16», *Psychological Assessment* 25, n.º 4 (2013), págs. 1120-1136.

Raskin, R. y H. Terry. «A Principal-Components Analysis of the Narcissistic Personality Inventory and Further Evidence of Its Construct Validity», *Journal of Personality and Social Psychology* 54, n.º 5 (1988), págs. 890-902.

Inventario de narcisismo patológico (PNI)

Pincus, A.L., E.B. Ansell, C.A. Pimentel, N.M. Cain, A.G. Wright y K.N. Levy. «Initial Construction and Validation of the Pathological Narcissism Inventory», *Psychological Assessment* 21, n.º 3 (2009), pág. 365.

Escala de narcisismo hipersensible (HSNS)

Hendin, H.M. y J.M. Cheek. «Assessing Hypersensitive Narcissism: A Reexamination of Murray's Narcism Scale», *Journal of Research in Personality* 31, n.º 4 (1997), págs. 588-599.

Inventario de narcisismo de cinco factores (FFNI)

Miller, J.D., L.R. Few, L. Wilson, B. Gentile, T.A. Widiger, J. MacKillop y K.W. Campbell. «The Five-Factor Narcissism Inventory (FFNI): A Test of the Convergent, Discriminant, and Incremental Validity of FFNI Scores in Clinical and Community Samples», *Psychological Assessment* 25, n.º 3 (2013), págs. 748-758.

Sherman, E.D., J.D. Miller, L.R. Few, W.K. Campbell, T. A. Widiger, C. Crego y D.R. Lynam. «Development of a Short Form of the Five-Factor Narcissism Inventory: The FFNI-SF», *Psychological Evaluation* 27, n.º 3 (2015), págs. 1110-1116.

Cuestionario de narcisismo,
admiración y rivalidad (NARQ)

Back, M.D., A.C. Küfner, M. Dufner, T.M. Gerlach, J.F. Rauthmann y J.J. Denissen. «Narcissistic Admiration and Rivalry: Disentangling the Bright and Dark Sides of Narcissism», *Journal of Personality and Social Psychology* 105, n.º 6 (2013), págs. 1013-1037.

Leckelt, M., E. Wetzel, T.M. Gerlach, R.A. Ackerman, J.D. Miller, W.J. Chopik y D. Richter. «Validation of the Narcissistic Admiration and Rivalry Questionnaire Short

Scale (NARQ-S) in Convenience and Representative Samples», *Psychological Assesment* 30, n.º 1 (2018), págs. 86-96.

Escala de grandiosidad narcisista (NGS)

Crowe, M., N.T. Carter, W.K. Campbell y J.D. Miller. «Validation of the Narcissistic Grandiosity Scale and Creation of Reduced Item Variants», *Psychological Assessment* 28, n.º 12 (2016), págs. 1550-1560.

Escala de vulnerabilidad narcisista (NVS)

Crowe, M.L., E.A. Edershile, A.G. Wright, W.K. Campbell, D.R. Lynam y J.D. Miller. «Development and Validation of the Narcissistic Vulnerability Scale: An Adjective Rating Scale», *Psychological Evaluation* 30, n.º 7 (2018), págs. 978-983.

Escala de privilegio psicológico (PES)

Campbell, W.K., A.M. Bonacci, J. Shelton, J.J. Exline y B.J. Bushman. «Psychological Entitlement: Interpersonal Consequences and Validation of a Self-Report Measure», *Journal of Personality Assessment* 83, n.º 1 (2004), págs. 29-45.

Índice